2017 CPA·CTA
개정세법 완벽반영

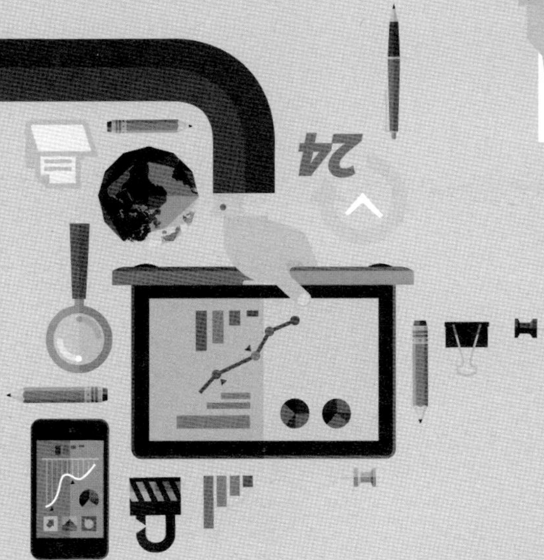

Tax Law Sketch

양소영 회계사의 **강의필기노트**

세법스케치 II

부가가치세법 / 소득세법

| 양소영 |

비앤엠 북스

머리말

세법스케치는 도도하다.

도	도식으로 이해한다.	도식은 세법규정에 대한 논리를 보다 쉽고 빠르게 이해할 수 있게 해줍니다.
도	도식으로 외운다.	도식은 인상효과를 주기 때문에 좀 더 오래 기억에 남게 해줍니다.

- 세법스케치의 구성

1. 강의 시 판서하는 내용과 도식을 빠짐없이 담아 필기부담을 줄였습니다.
2. 주제별 내용과 도식을 한 컷씩 담아 가독성을 높였습니다.
3. 핵심적인 내용을 간추려 담아 요점정리를 효율적으로 할 수 있게 하였습니다.
4. 강의노트와 동일한 목차로 담고 2권으로 분권화하여 휴대가 편리하게 하였습니다.

세목	강의노트	필기노트
1. 법인세법	지니세법I	세법스케치I
2. 부가가치세법, 소득세법	지니세법II	세법스케치II

차례

제1부 부가가치세

제1장 부가가치세의 기초이론

* **Value Added Tax :** 사업자가 창출한 부가가치에 대해 과세하는 조세

과세유형	과세방법
소비형부가가치세	전단계세액공제법

· **부가가치세**

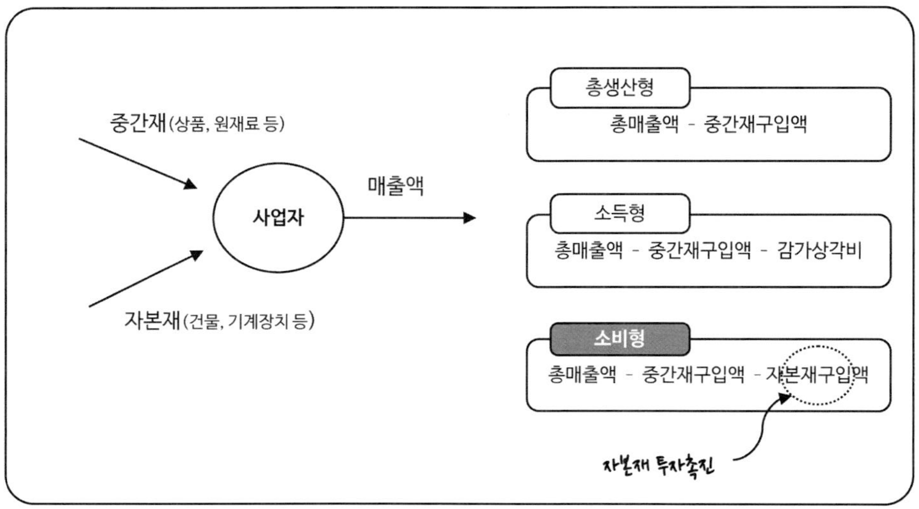

· **소비형 부가가치세**

부가가치 : 총매출액 - 중간재구입액 - 자본재구입액

→ 자본재 구입시 그에 대한 매입세액을 공제함으로써 투자를 촉진

(1,500 − 1,000) × 10% = 50
(매출액 − 매입액) × 세율 = VAT

전단계거래액공제법

(1,500 × 10%) − (1,000 × 10%) = 50
매출액 × 세율 − 매입세액 = VAT

전단계세액공제법

(매출액 ← 과세표준, 매입세액 ← By 세금계산서)

· **공제법**
부가가치 = 매출액 − 매입액

· **가산법**
부가가치 = 임금 + 지대 + 이자 + 이윤

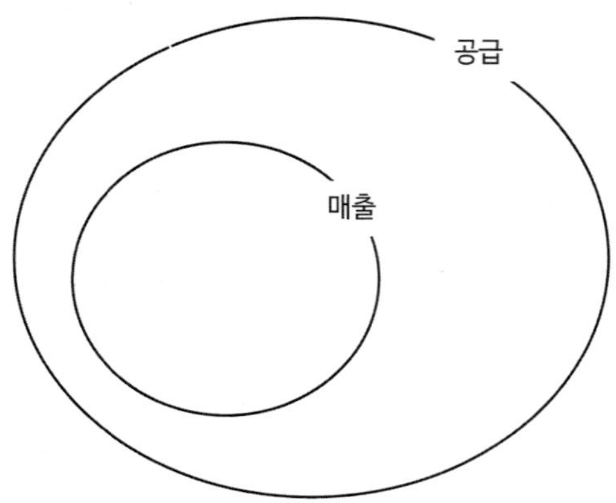

· **전단계세액공제법**

① 과세대상 : 재화·용역의 공급
② 과세표준 : 재화·용역의 공급가액

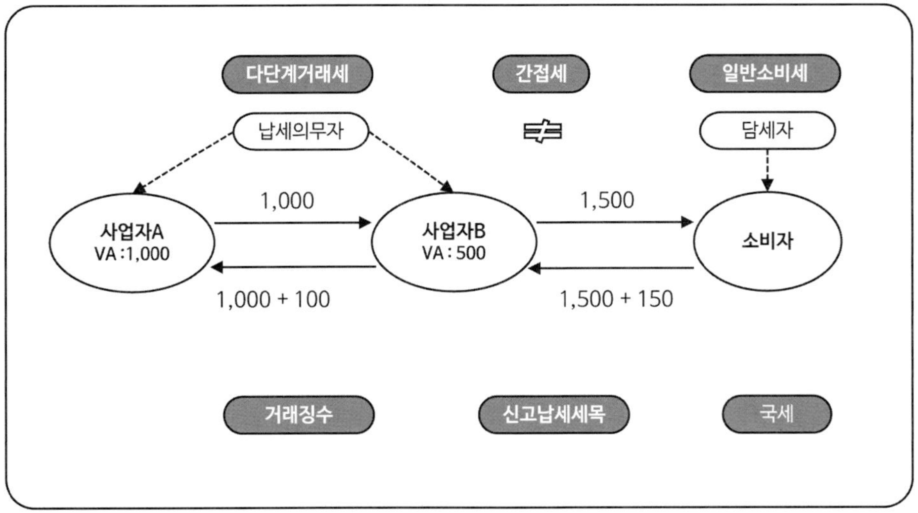

· **부가가치세의 특징**

일반소비세 : 모든 재화·용역의 공급에 과세
cf) 개별소비세

간접세 : 납세의무자 ≠ 담세자
cf) 직접세

다단계거래세 : 여러 개의 거래단계에서 각 단계별 과세
cf) 단단계거래세

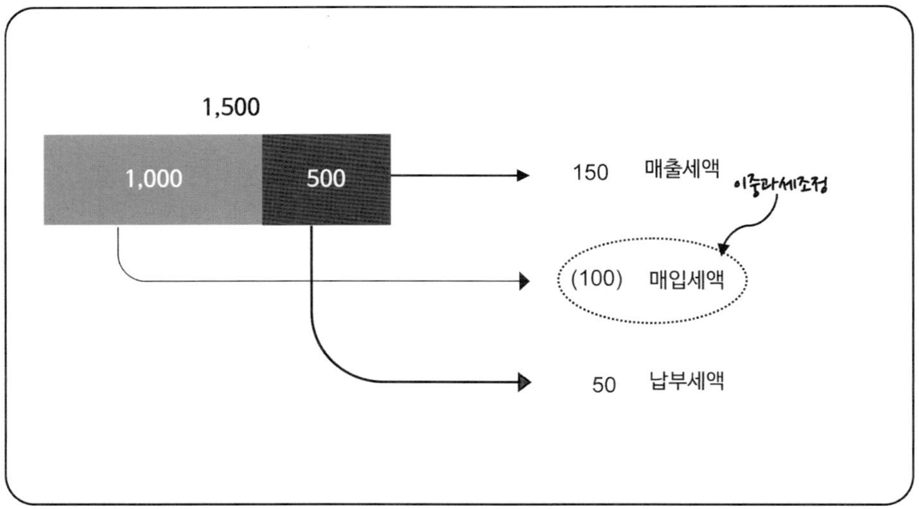

· **전단계세액공제법**

납부세액 = 공급가액 × 세율 – 매입세액

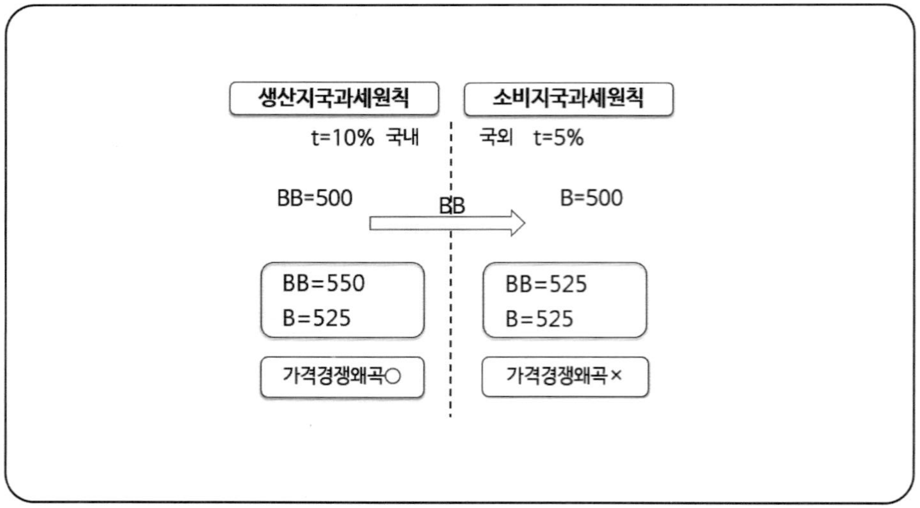

· **생산지국과세원칙 vs 소비지국과세원칙**

(1) 생산지국과세원칙
생산지국세율로 생산지국에서만 과세

(2) 소비지국과세원칙
소비지국세율로 소비지국에서만 과세

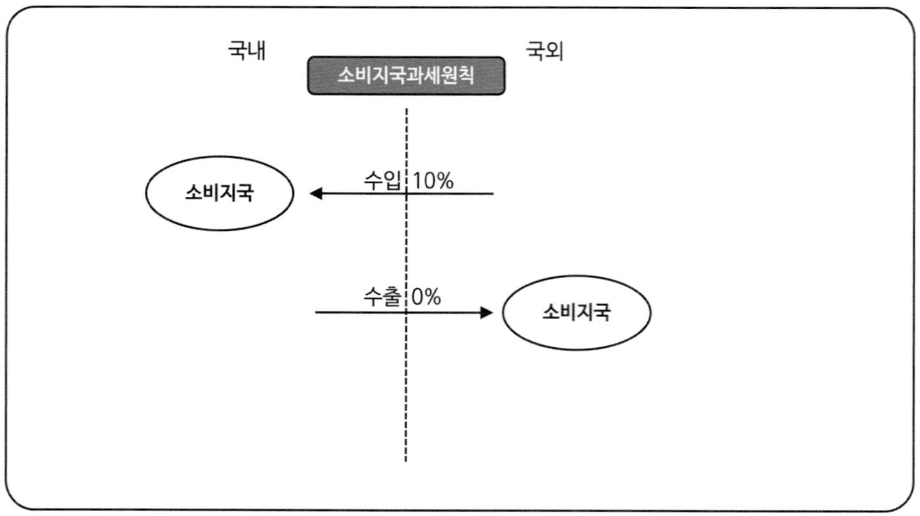

· **소비지국과세원칙**

소비지국세율로 소비지국에서만 과세
→ 시장경쟁왜곡 초래 ×

· **If) 사업자 B → 영세율사업자(납부의무 有)**

과세표준 × 0% - 매입세액 = 납부세액(환급세액)
1,500 × 0% - 100 = △100

① 매출세액 : 0
② 매입세액 : 공제(환급) 됨

· **If) 사업자 B → 면세사업자(납무의무 無)**

납부세액 無

① 매출세액 : 無
② 매입세액 : 공제(환급) 되지 않음

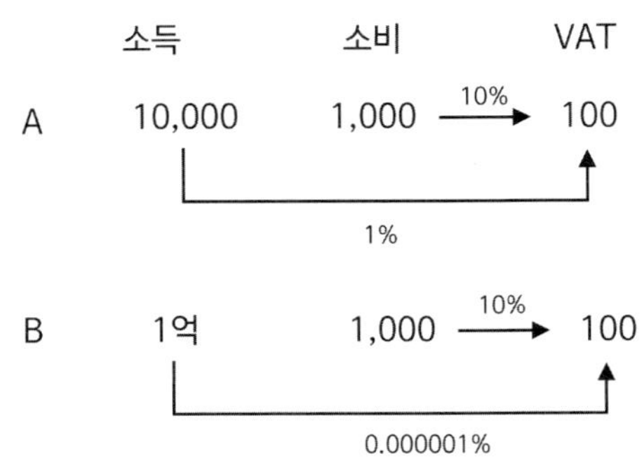

· **세부담 역진성**

면세 : 세부담역진성 완화를 위해서 기초생활필수품 등의 공급에 부가가치세를 과세하지 않는 제도이다.

구분	일반사업자	영세율사업자	면세사업자
가격	1,650 1,500(VA) + 150(VAT)	1,500 1,500(VA) + 0(VAT)	1,600 1,500(VA) + 100(VAT)

가격차이 150
1,500(총부가가치) × 10%

가격차이 50
500(면세사업자 부가가치) × 10%

· **영세율 : 완전면세**
총부가가치 누적액에 대하여 면세된다.

· **면세 : 부분면세**
면세사업자가 창출한 부가가치에 대해서만 면세된다.

제2장

부가가치세법 총칙

1. 납세의무자

사업자
재화수입자

2. 과세기간

계속사업자
신규사업자
폐업자
간이과세포기

3. 납세지

사업장
주사업장 총괄납부
사업자단위과세제도

4. 사업자등록

사업자등록절차
미등록 시 제재

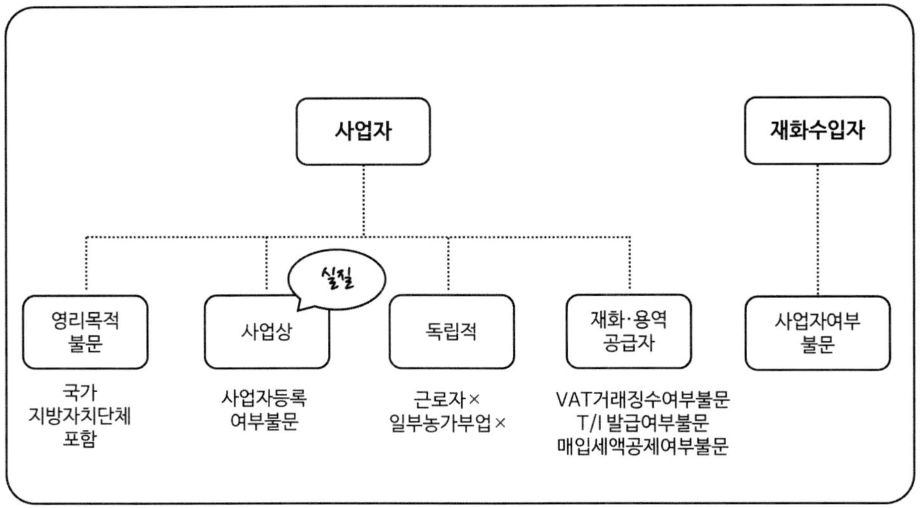

· 사업자

영리목적 유무를 불문하고 사업상 독립적으로 재화 또는 용역을 공급하는 자

· 재화수입자

사업자여부 불문하고 납세의무有

분류		사업자등록	T/I발급	신고·납부
사업자 – 과세사업자	일반과세자	○	○	○
사업자 – 과세사업자	간이과세자	○	×	○
사업자	면세사업자	×	×	×

* 간이과세자 : 직전연도의 공급대가의 합계액이 4,800만원에 미달하는 개인사업자

· 과세사업자 : 납세의무 有

· 면세사업자 : 납세의무 無

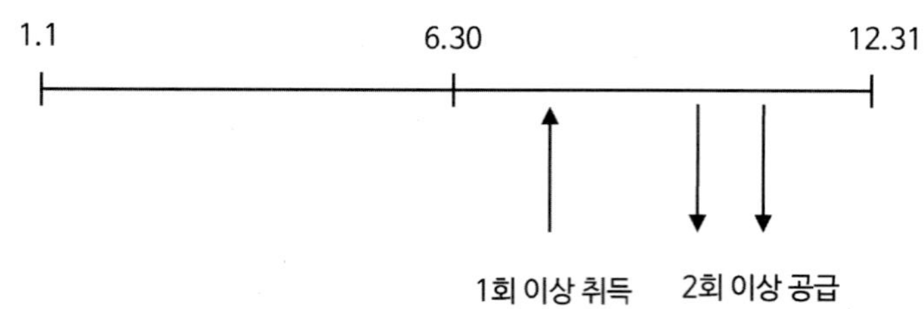

· 부동산매매업의 판정기준

① 부동산 매매(주거용 또는 비거주용 건축물 및 그 밖의 건축물을 자영건설하여 분양·판매하는 경우를 포함) 또는 중개를 그 사업목적으로 나타내여 부동산을 판매하는 사업

② 사업상 목적으로 1과세기간 중에 1회 이상 부동산을 취득하고 2회 이상 판매하는 사업

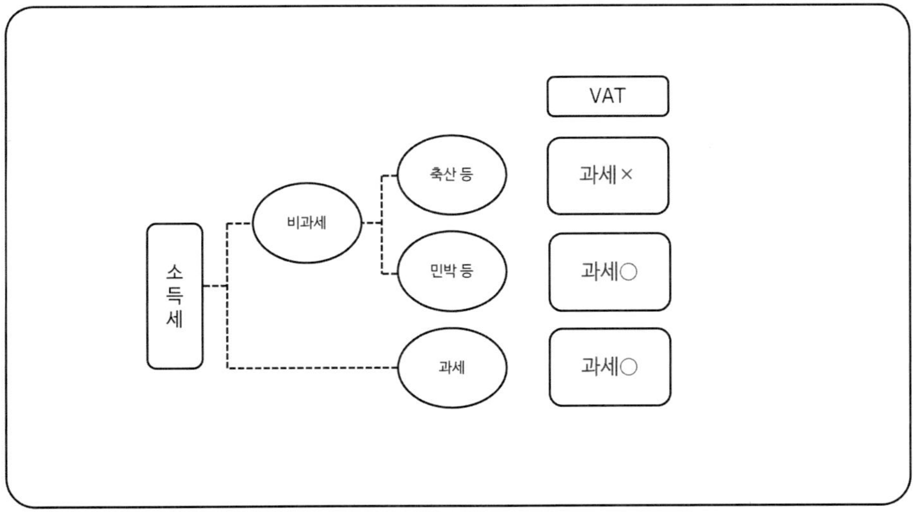

· **농가부업소득**

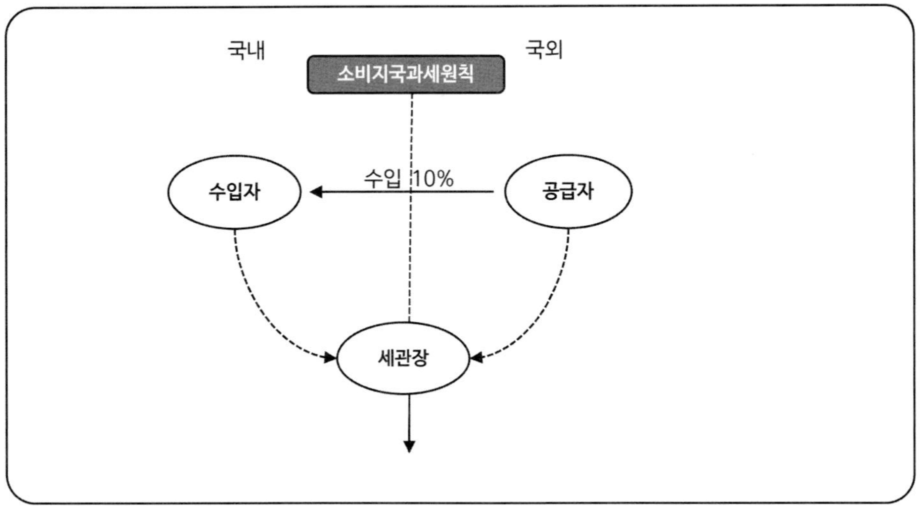

· **재화수입자**

재화를 수입하는 자는 **사업자여부를 불문**하고 납세의무가 있다.

재화를 수입하는 자가 관세법에 따라 관세를 신고·납부하는 경우에는 재화의 수입에 대한 부가가치세를 함께 신고·납부하여야 하며, 관세를 신고·납부하는 경우가 아니면 세관장이 수입자에게 부가가치세를 징수한다.

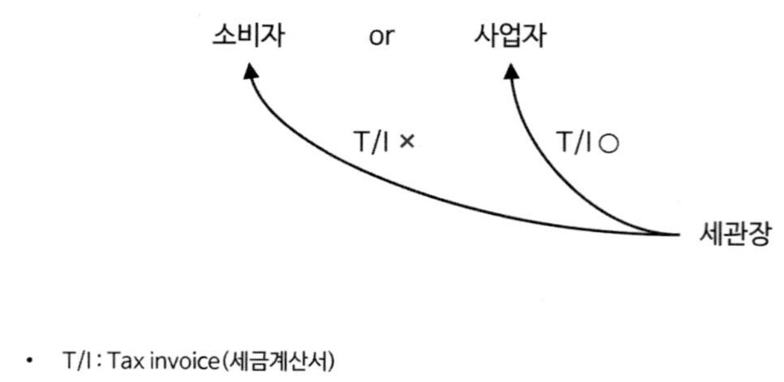

· **수입세금계산서**

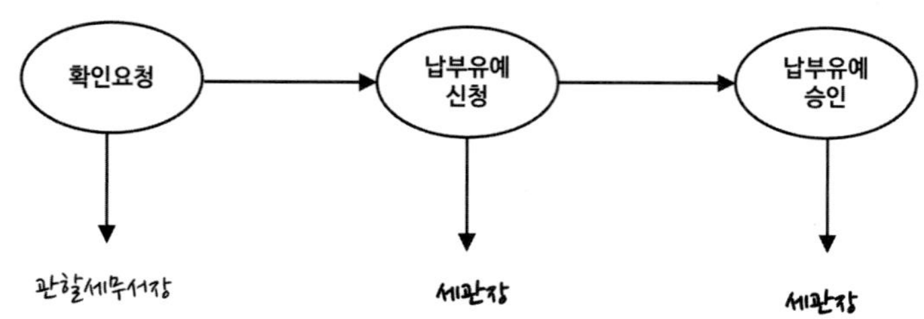

· **재화의 수입에 대한 부가가치세 납부의 유예**

다음의 요건을 모두 충족한 중소·중견사업자는 재화의 수입에 대한 부가가치세의 납부유예를 신청할 수 있다.

① 제조업 + 중소·중견 법인사업자일 것
② 수출액이 차지하는 비율이 높거나 금액이 많을 것
③ 체납한 사실이 없고 처벌받은 사실이 없을 것

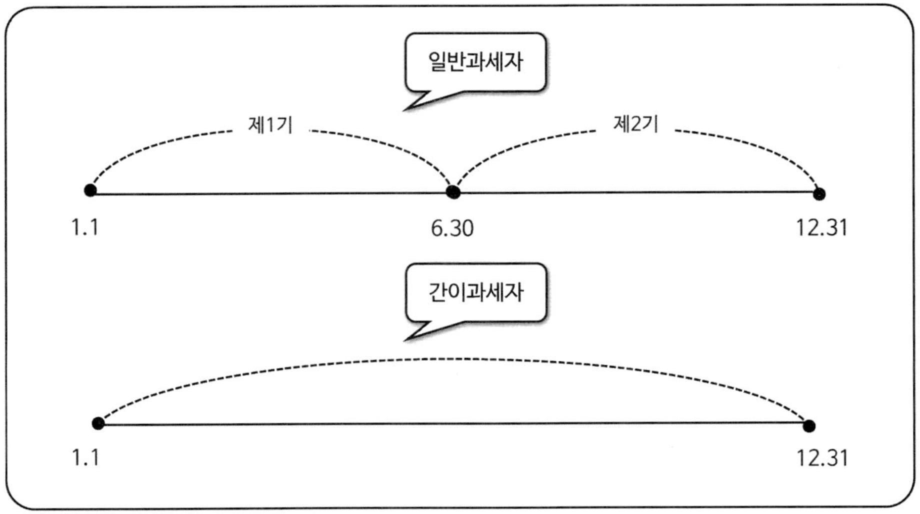

· **과세기간**

① **일반과세자**
1기(1.1~6.30)
2기(7.1~12.31)

② **간이과세자**
1.1~12.31

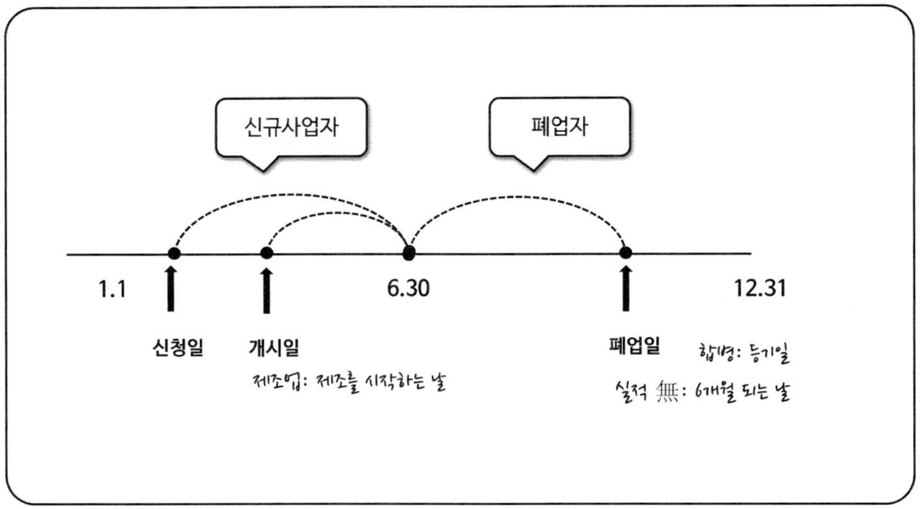

③ **신규사업자**
사업개시일 ~ 과세기간종료일
등록신청일 ~ 과세기간종료일(개시전 등록신청의 경우)

④ **폐업자**
과세기간 개시일 ~ 폐업일

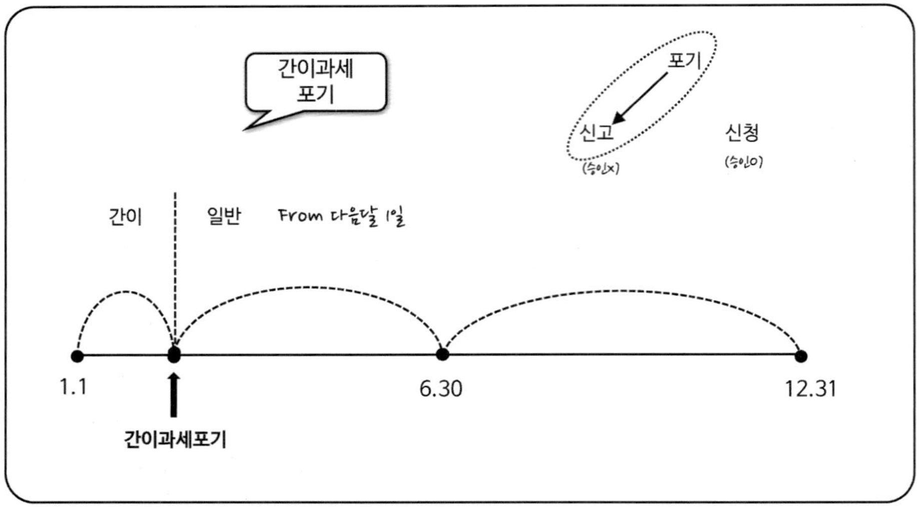

⑤ 간이과세포기

과세기간 개시일 ~ 포기 신고일이 속하는 달의 말일
(간이과세자)

포기 신고일이 속하는 달의 **다음달** 1일 ~ 과세기간 종료일
(일반과세자)

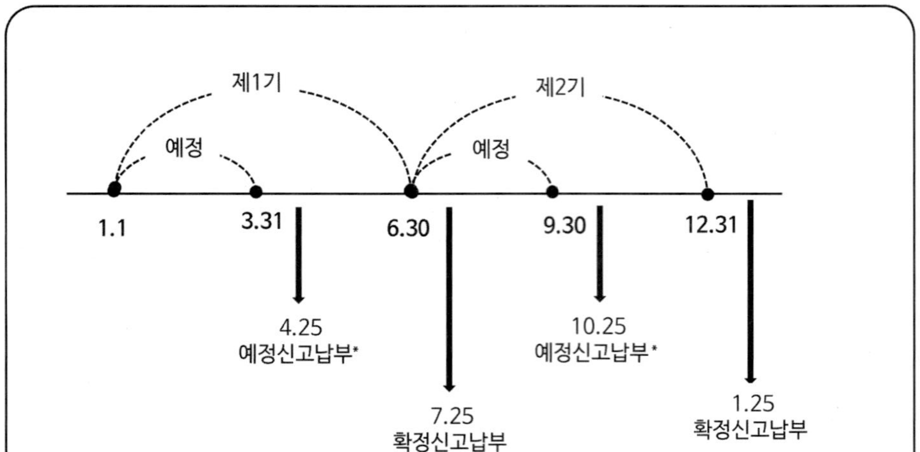

* 개인사업자는 원칙적으로 예정고지징수한다.

· 신고납부

① 예정신고와 납부

예정신고기간이 끝난 후 25일 이내 신고·납부
단, 조기환급신고에 있어서 이미 신고한 내용은 예정신고의 대상에서 제외한다.

② 확정신고와 납부

과세기간이 끝난 후 25일(폐업하는 경우에는 폐업일이 속한 달의 다음달 25일)이내 신고·납부
단, 예정신고 및 조기환급신고에 있어서 이미 신고한 내용은 확정신고대상에서 제외한다.

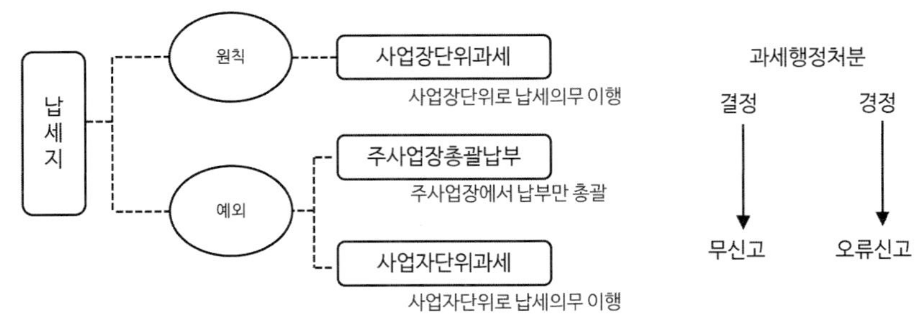

* 재화수입의 경우 관세법에 따라 수입을 신고하는 세관의 소재지를 납세지로 한다.

· 납세지

납세의무이행장소 & 과세행정처분장소

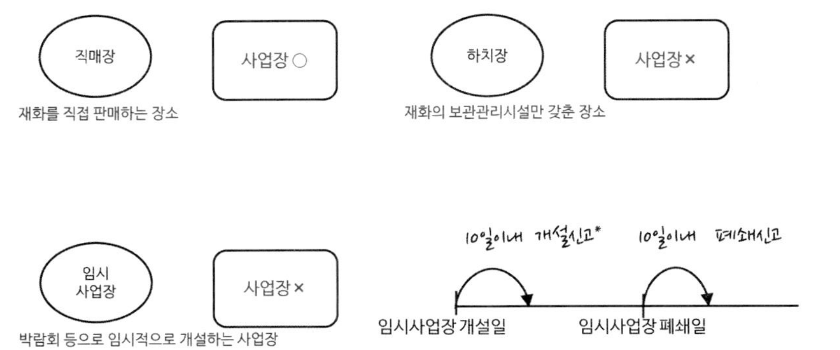

* 임시사업장 설치기간이 10일 이내인 경우에는 개설신고생략가능

· 사업장

사업자가 사업을 하기 위하여 거래의 전부 또는 **일부**를 하는 **고정**된 장소

건설업·운수업·부동산매매업	부동산임대업
법인사업자 : 법인의 등기부상의 소재지 개인사업자 : 업무총괄장소	부동산의 등기부상 소재지

cf) 부동산상의 권리대여 or 전기사업자 등의 부동산 임대업
→ 업무총괄장소

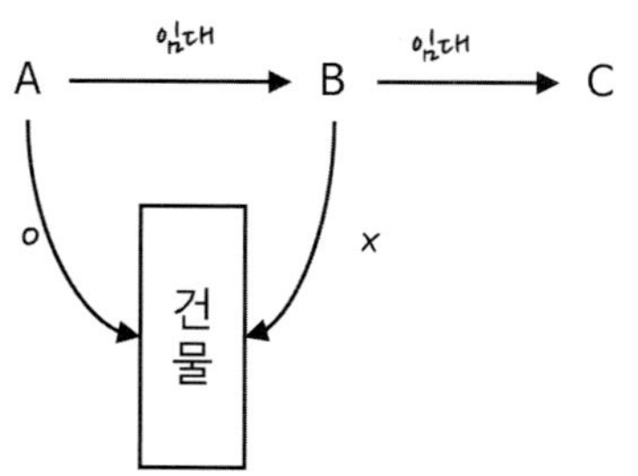

A의 사업장 : 부동산의 등기부상 소재지(부동산임대)
B의 사업장 : 업무총괄장소(부동산상의 권리대여)

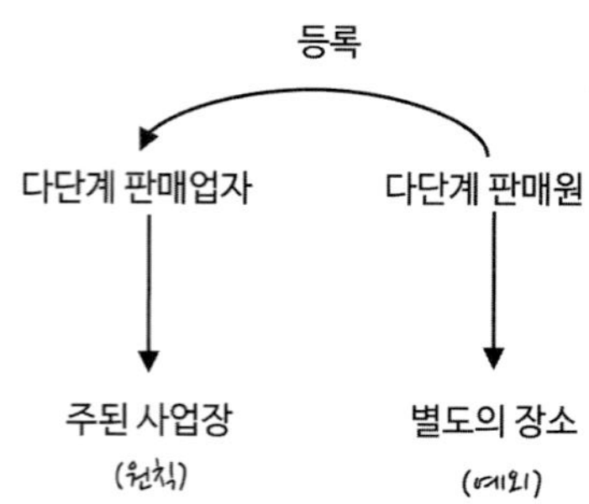

· 부동산상의 권리의 대여

부동산상의 권리의 대여로 인한 부동산임대업의 경우에는 업무를 총괄하는 장소를 사업장으로 한다.

· 다단계판매원(개인사업자)

다단계판매원이 재화나 용역을 공급하는 사업은 해당 다단계판매원이 「방문판매 등에 관한 법률」에 따라 등록한 다단계판매업자의 주된 사업장 소재지를 사업장으로 한다. 다만, 다단계판매원이 상시 주재하여 거래의 전부 또는 일부를 하는 별도의 장소가 있는 경우에는 그 장소로 한다.

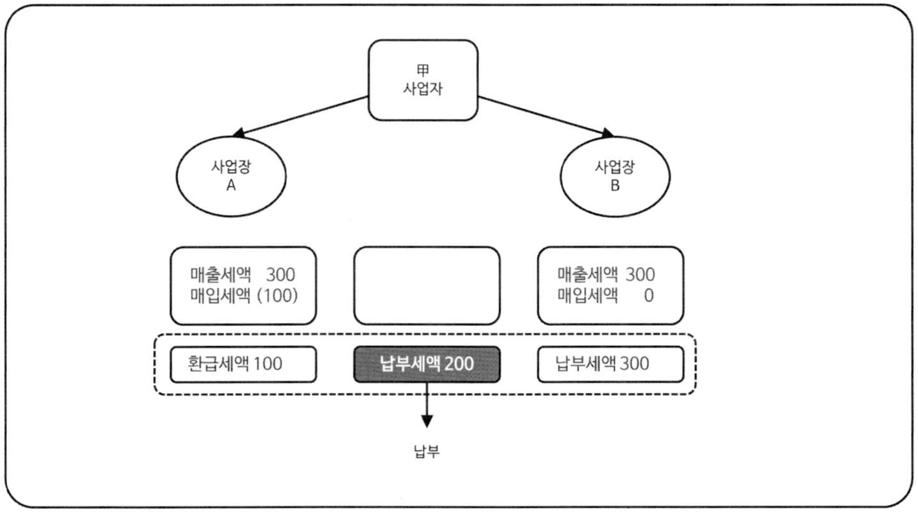

· 주사업장총괄납부

If 사업장별 납부시

A 사업장
환급세액 : 확정신고기한으로부터 30일 이내 환급

B 사업장
납부세액 : 확정신고기한까지 납부

If 주사업장총괄납부

각 사업장의 납부세액 또는 환급세액을 통산하여 주된 사업장에서 납부 또는 환급

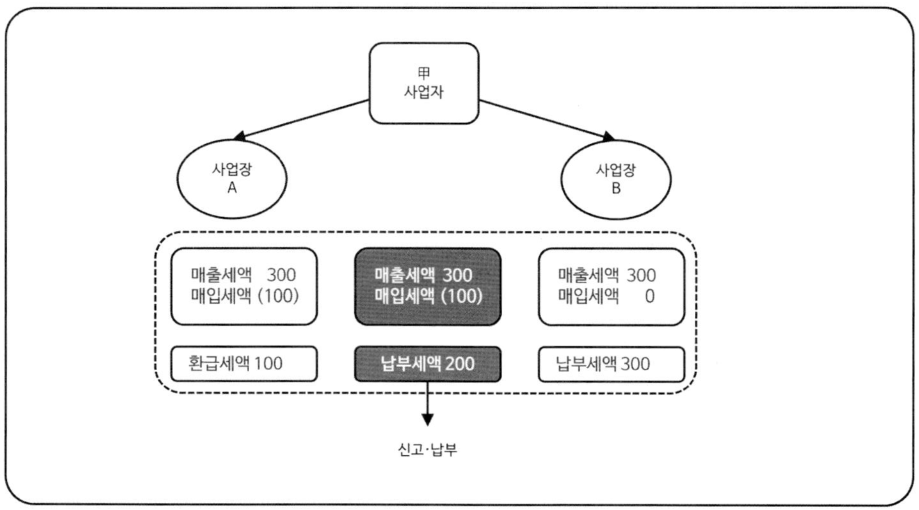

· 사업자단위과세

본점 또는 주사무소에서 총괄하여 신고·납부

구 분	사업장단위과세	주사업장총괄납부	사업자단위과세
① 사업자등록	사업장단위	사업장단위	사업자단위
② T/I 발급·수취	사업장단위	사업장단위	사업자단위
③ VAT신고	사업장단위	사업장단위	사업자단위
④ VAT납부	사업장단위	주사업장총괄	사업자단위
⑤ 결정.경정	사업장단위	사업장단위	사업자단위

· 주사업장 총괄납부

2 이상의 사업장을 가진 사업자가 주된 사업장 관할세무서장에게 총괄납부신청한 경우 각 사업장의 납부세액 또는 환급세액을 통산하여 주된 사업장에서 납부하거나 환급받을 수 있는 제도

· 사업자단위과세

2 이상의 사업장을 가진 사업자가 사업자단위로 등록한 경우 해당 사업자의 본점 또는 주사무소에서 총괄하여 신고·납부, 사업자등록 및 세금계산서 발급 등을 할 수 있는 제도

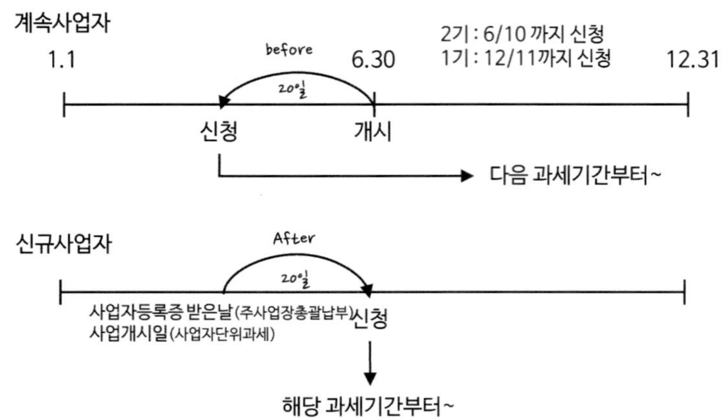

· 신청(승인불필요)

주사업장 총괄납부

- 계속사업자 : 총괄납부하려는 과세기간 개시 20일 전에 주된 사업장의 관할세무서장에게 신청
- 신규사업자 : 신규사업자의 경우 주된 사업장 사업자 등록증을 받은 날부터 20일 이내에 신청

사업자단위과세

- 계속사업자 : 사업장마다 사업자등록을 한 사업자가 사업자단위로 등록하려면 사업자단위 과세사업자로 적용받으려는 과세기간 개시 20일 전까지 사업자단위과세로 변경등록
- 신규사업자 : 사업개시일부터 사업자단위과세를 적용받고자 하는 사업자는 사업개시일부터 20일 이내에 해당 사업자의 본점 또는 주사무소 관할세무서장에게 등록

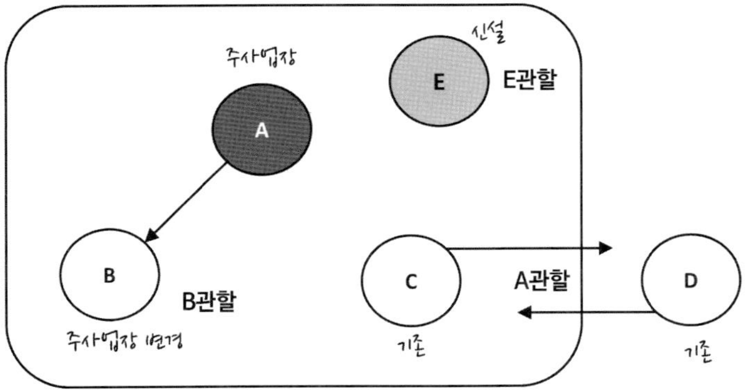

구 분	주사업장총괄납부	사업자단위과세
① 주된 사업장	법인 : 본점 또는 **지점** 개인 : 주된 사무소	법인 : 본점 개인 : 주된 사무소
② 신청(승인×) 및 등록	**신규사업자 : 20일 After 사업자등록증 받은 날** 계속사업자 : 20일 Before 과세기간개시일	**신규사업자 : 20일 After 사업개시일** 계속사업자 : 20일 Before 과세기간개시일
③ 변경/정정	**변경신청**	**사업자등록 정정사유**
④ 포기신고	20일 Before 과세기간개시일	20일 Before 과세기간개시일
⑤ 포기의 제한	無	無
⑥ 적용제외	**有**	無

· 총괄납부의 변경신청

변경사유	관할세무서장
① 종된 사업장을 신설하는 경우	그 신설하는 종된 사업장 관할세무서장
② 종된 사업장을 주된 사업장으로 변경하려는 경우	주된 사업장으로 변경하려는 사업장 관할세무서장
③ 사업자등록정정사유가 발생한 경우	그 정정사유가 발생한 사업장 관할세무서장. 단, 법인의 대표자를 변경하는 경우에는 주된사업장 관할세무서장
④ 일부 종된 사업장을 총괄납부대상사업장에서 제외하고자 하는 경우	주된 사업장 관할세무서장
⑤ 기존의 사업장을 총괄납부대상사업장에 추가하고자 하는 경우	주된 사업장 관할세무서장

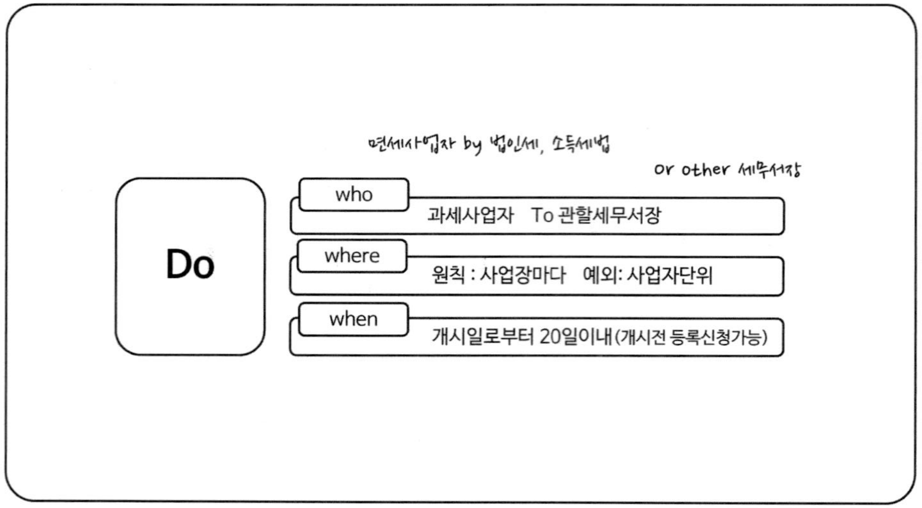

· **사업자등록**

사업자는 사업장마다 **<u>사업개시일로부터 20일 이내</u>**에 사업장 관할세무서장에게 사업자등록을 신청하여야 한다.

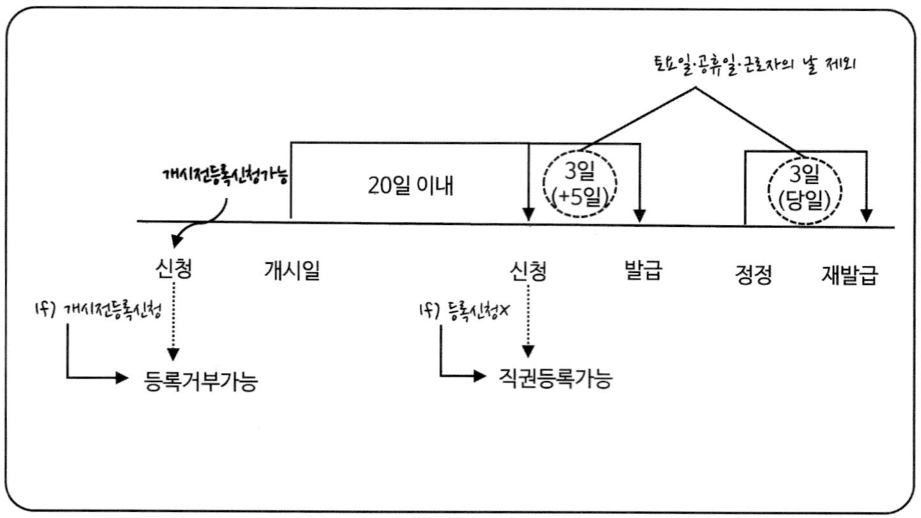

· **사업자등록**

· 미등록시 제재

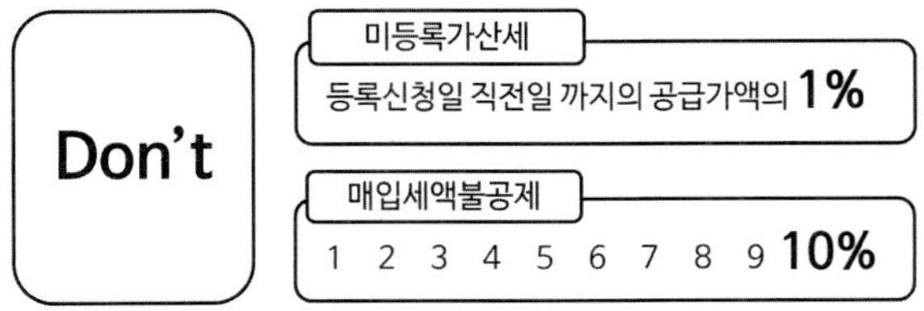

· 사업자등록 신청 전 매입세액

등록전 매입세액은 불공제한다.
단, 공급시기가 속하는 과세기간이 지난 후 20일 이내에 등록신청한 경우 등록신청일부터 공급시기가 속하는 과세기간 기산일까지 역산한 기간 이내의 매입세액은 공제한다.

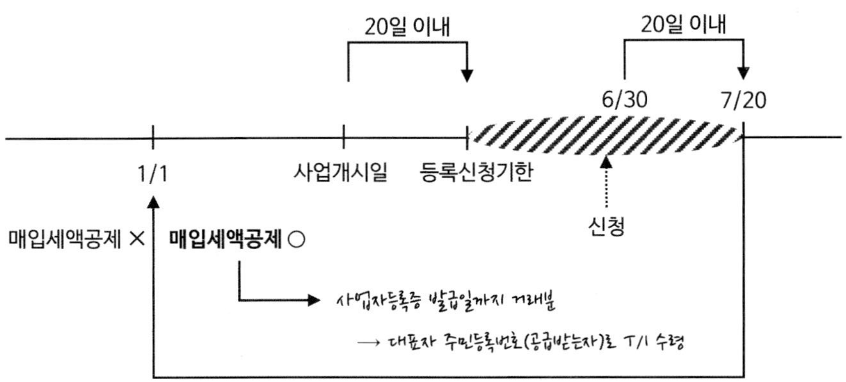

제3장 과세거래

1. 재화의 공급

재화의 공급인 것
재화의 공급이 아닌 것

2. 용역의 공급

용역의 공급인 것
용역의 공급이 아닌 것

3. 재화의 수입

From 외국 반입
After 선적 반입

4. 부수재화용역

주된 거래에 부수
주된 사업에 부수

· 과세거래

재화의 공급(사업자가 공급하는 것에 한함)
용역의 공급(사업자가 공급하는 것에 한함)
재화의 수입(수입자의 사업자여부불문)

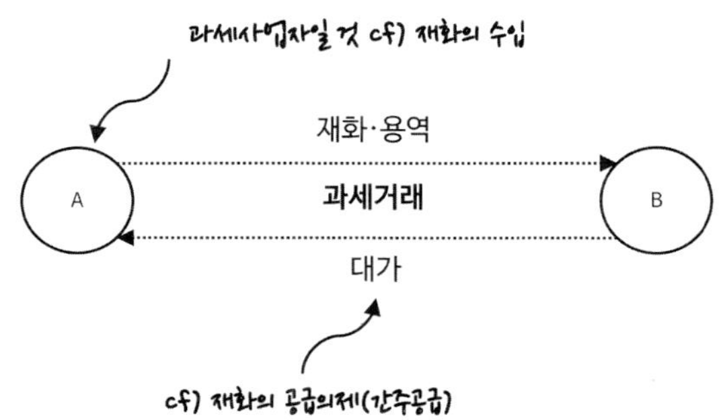

· 과세거래의 일반적인 원칙

① 과세사업자가 재화용역을 공급할 것
② 재화용역의 공급에 대한 대가를 받을 것

cf) 재화의 수입의 경우 수입자의 사업자여부를 불문하고 과세거래에 해당함

cf) 재화의 경우 무상공급의 경우에도 공급으로 의제되는 경우가 있음

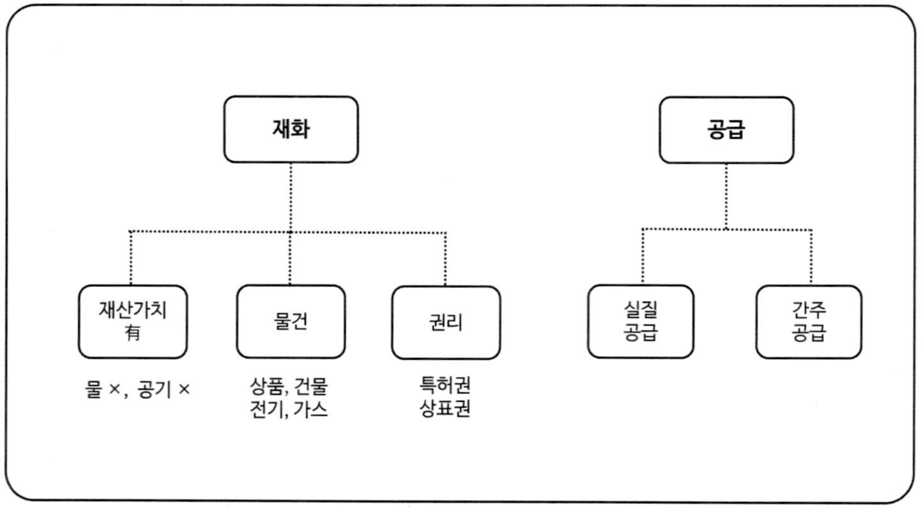

· **재화의 공급**

계약상 또는 법률상의 모든 원인에 의하여
재화를 인도 또는 양도하는 것

cf) 재화가 아닌 것
① 화폐대용증권(수표, 어음, 상품권)
② 유가증권(주식, 채권)
③ 임치물이 반환이 수반되지 아니하는 창고증권

cf) 공급이 아닌 것
① 계약상 또는 법률상 원인 외에
수재·화재·도난·파손·재고감모손 등으로 인하여
재화가 망실 또는 멸실된 경우
② 재화 또는 용역의 공급에 대한 대가가 아닌
경우(손해배상금·지체상금·위약금 수령 등)

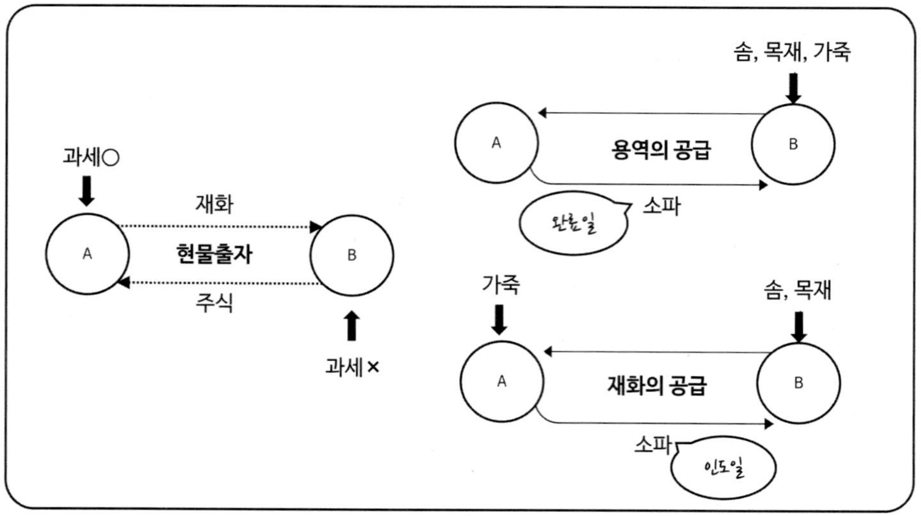

· **재화의 공급**

매매계약·가공계약·교환계약·현물출자·대물변제 등

cf) 재화의 공급으로 보지 아니하는 것
· By 법 경매, By 법 수용, 조세물납
· 담보제공, 사업의 포괄양도

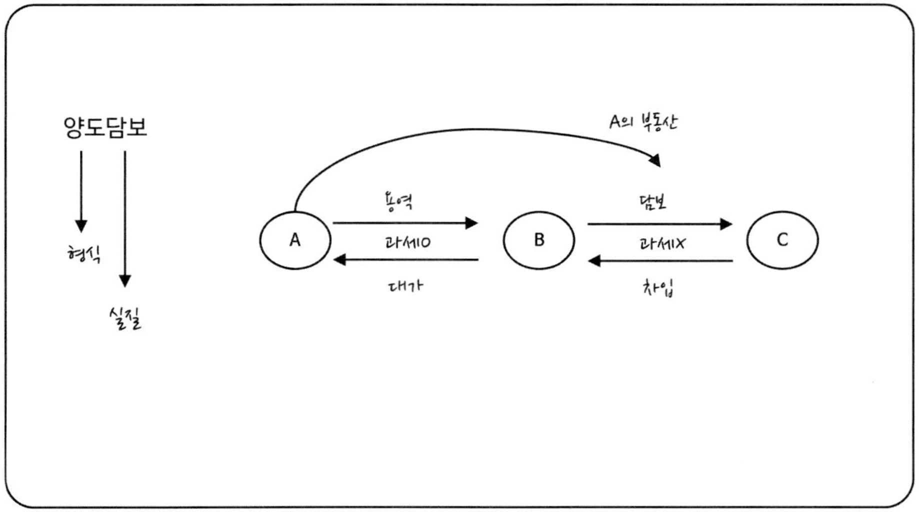

·담보제공

질권, 저당권 또는 양도담보의 목적으로 동산, 부동산 및 부동산상의 권리를 제공하는 것은 재화의 공급으로 과세되지 않는다.

cf) 사업자가 자기소유의 부동산을 타인의 채무에 대한 담보물로 제공하고 그 담보물 제공에 따른 대가를 받는 경우 부가가치세가 과세된다.

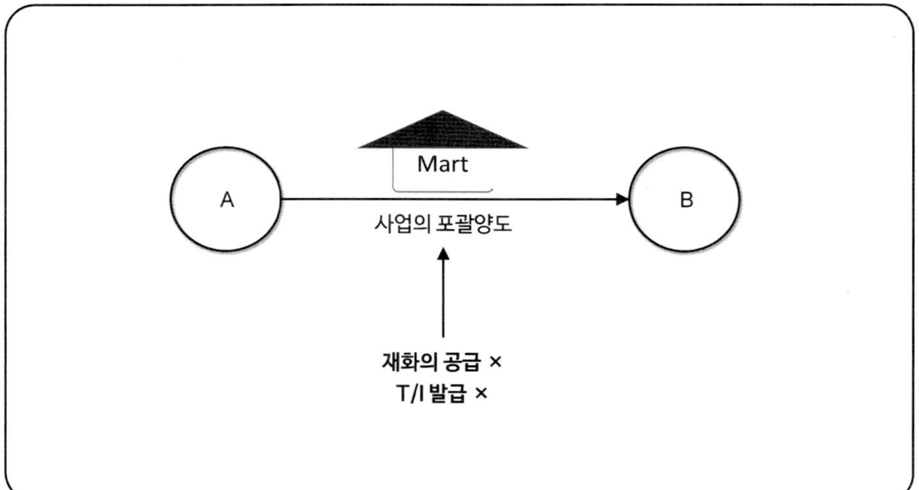

· 사업의 포괄양도

① 양수자가 승계받은 사업 외에 새로운 사업의 종류를 추가하거나 사업의 종류를 변경한 경우에도 재화의 공급으로 보지 않는다.

② 일반과세자로부터 양수한 사업을 경영하는 사업자는 간이과세자로 보지 아니한다. 다만, 사업을 양수한 이후 공급대가의 합계액이 4,800만원에 미달하는 경우는 제외한다.

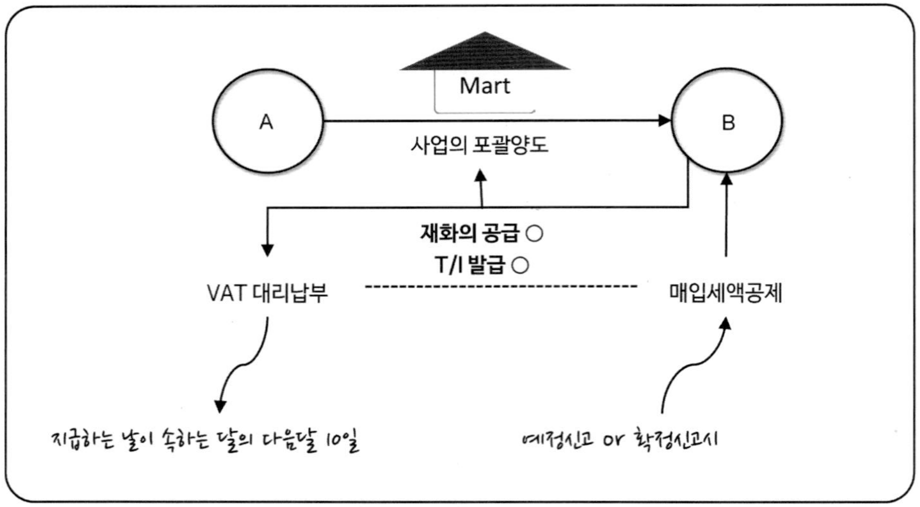

· **포괄양수도 거래시 양수자 대리납부**

사업의 양도에 따라 그 사업을 양수받은 자는 그 대가를 지급하는 때에 그 대가를 받은 자로부터 부가가치세를 징수하여 그 대가를 지급하는 날이 속하는 달의 **다음달 10일**까지 사업장 관할세무서장에게 납부할 수 있다.

이렇게 사업의 포괄양수도를 하면서 사업양수자가 사업양도자를 대리하여 부가가치세를 징수하여 납부한 경우에는 매입세액을 공제받을 수 있는 재화의 공급으로 본다.

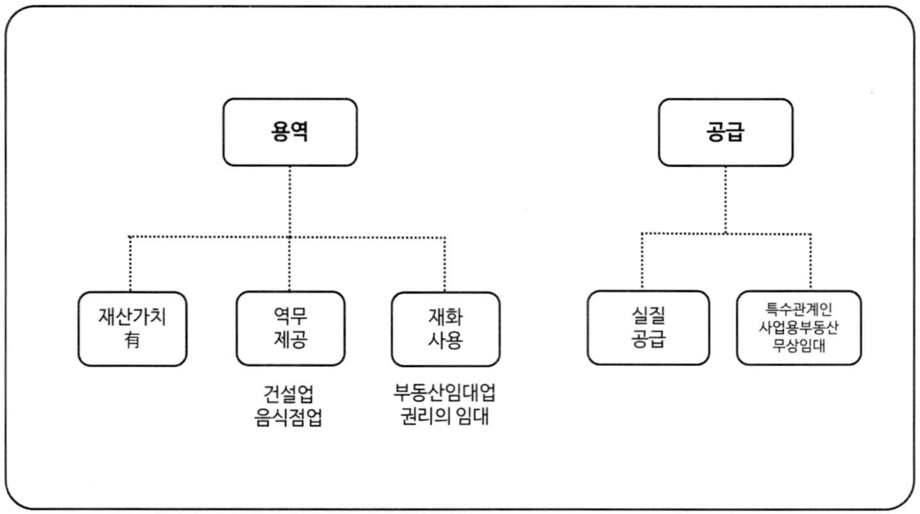

· **용역의 공급**

계약상 또는 법률상 모든 원인에 의하여 역무를 제공하거나 재화·시설물 또는 권리를 사용하게 하는 것

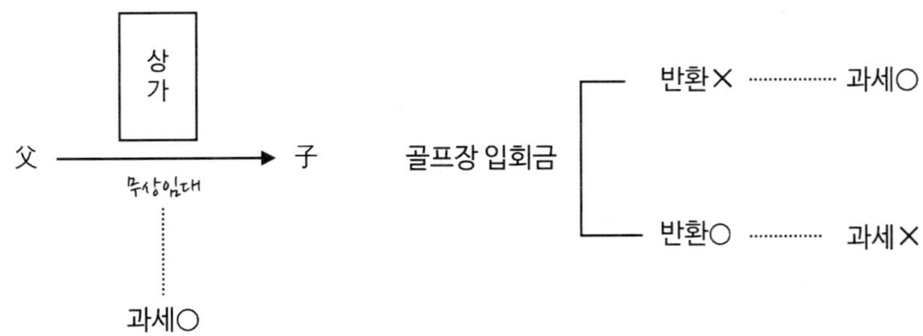

· **용역의 공급이 아닌 것**

① 전·답·과수원·목장용지·임야 또는 염전 임대업
② 근로의 제공
③ 무상공급과 자가공급. 다만, 특수관계인(산학협력단은 대학과 특수관계 있는 자에서 제외함)에게 사업용 부동산의 임대용역을 무상공급하는 경우에는 용역의 공급으로 본다.
④ 골프장·테니스장 등의 경영자가 동 장소 이용자로부터 받는 입회금으로서 일정기간 거치 후 반환하지 아니하는 입회금은 과세대상이 되지만, 일정기간 거치 후 반환하는 입회금은 부채이므로 과세대상이 되지 않는다.

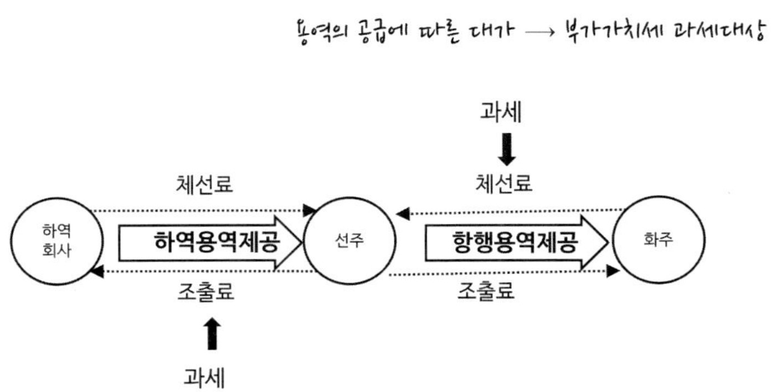

· **조출료와 체선료**

① 선주와 하역회사간의 관계
→ 공급자 : 하역회사

② 선주와 화주와의 관계
→ 공급자 : 선주

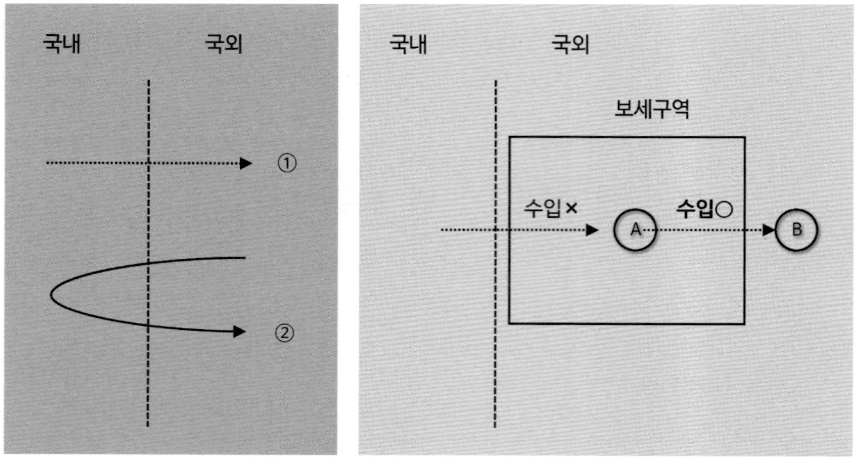

· **재화의 수입 : 물품을 국내로 반입하는 것**

① From 외국 반입
② After 선적 반입

· **보세구역을 통한 거래의 과세여부**

① 외국 → 보세구역
재화의 수입이 아님

② 보세구역 → 보세구역 외
관세과세분 : 재화의 수입
그 이외의 것 : 재화·용역의 국내공급

독립된 거래x
독립된 거래O

구 분		주된 재화·용역	부수 재화·용역
거래부수	대가관계	쌀	배달용역
	공급관계	자동차	A/S
사업부수	일시·우연	은행	건물
	부산물	복숭아통조림	복숭아씨

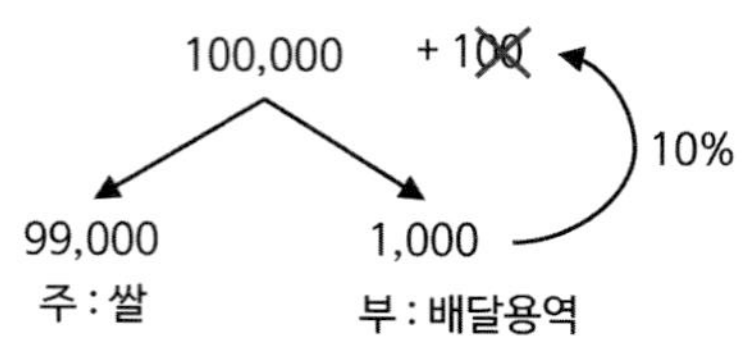

· **부수재화 또는 용역**

주된 거래 또는 사업에 부수하는 재화·용역은 주된 거래 또는 사업의 과세·면세 여부에 따라 과세·면세를 결정한다.

주된 사업과 관련하여 우연히 또는 일시적으로 공급되는 재화 또는 용역

주된 사업	부수 재화. 용역	과세. 면세 여부
과세사업	과세대상	과세
	면세대상	**면세**
면세사업	과세대상	면세
	면세대상	면세

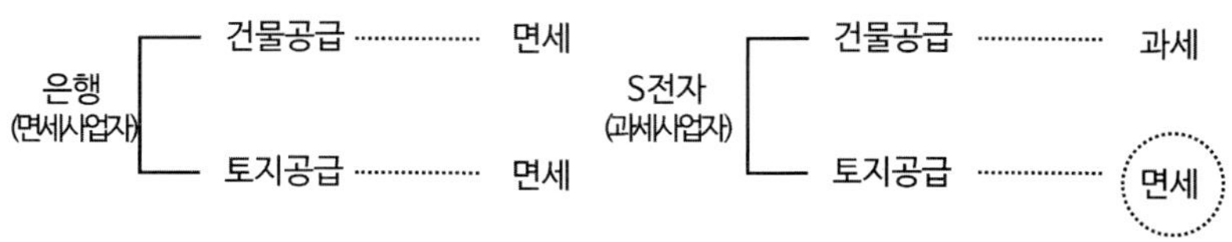

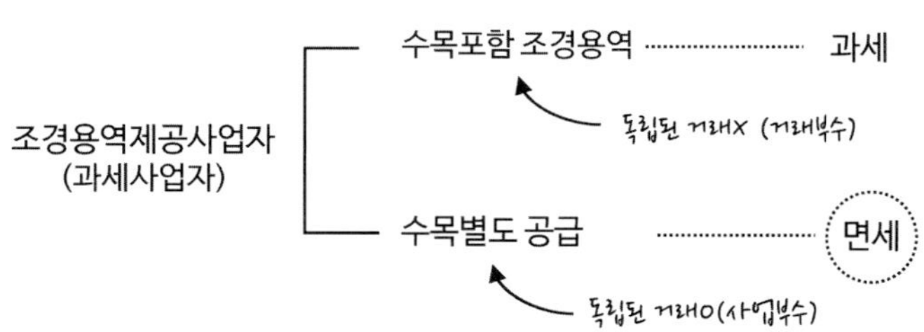

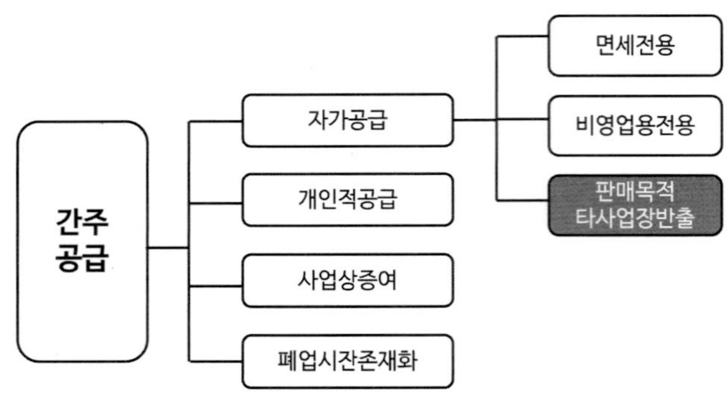

· **재화의 공급의제**

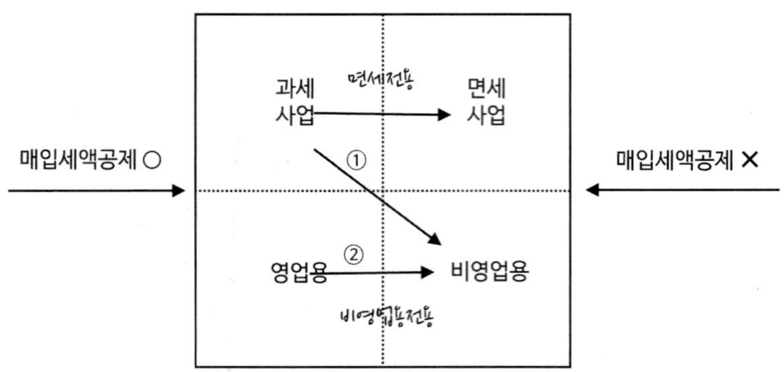

· **면세전용 & 비영업용전용**

① 사례
- 자동차부품판매업자가 업무용 소형승용차에 부품을 장착하는 경우
- 주유소 경영업자가 업무용 소형승용차에 주유하는 경우

② 사례
- 운수업자가 운수사업용 소형승용차를 업무용으로 사용하는 경우
- 자동차판매업자가 판매용 소형승용차를 업무용으로 사용하는 경우

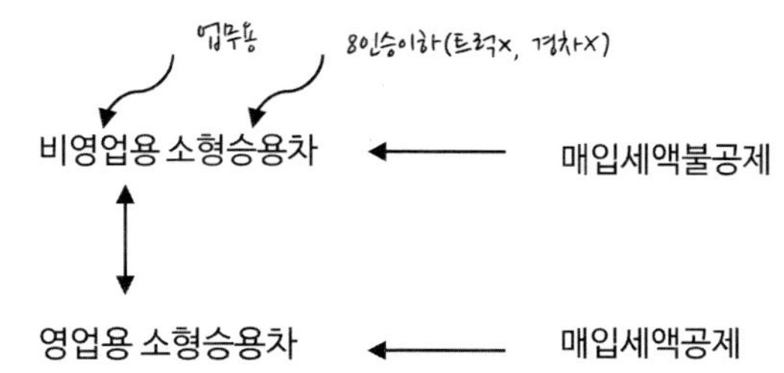

· **비영업용 소형승용차**

(1) 비영업용
운수업, 자동차판매업, 자동차임대업, 운전학원업, 경비업(출동차량에 한함) 등 업종에 직접 영업으로 사용되는 것이 아닌 것

(2) 소형승용차 : 개별소비세 과세대상 승용차

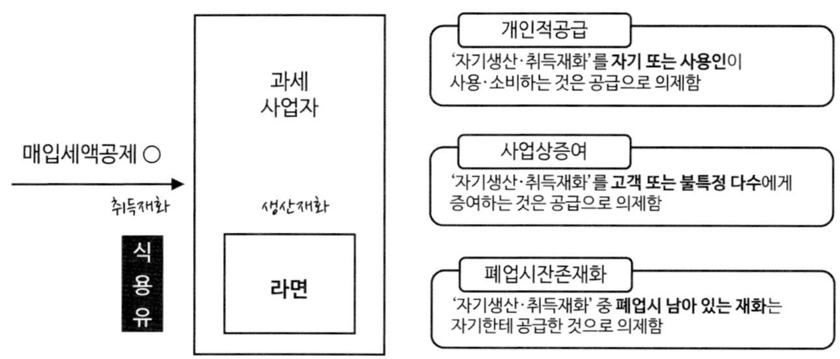

* '자기생산·취득재화' : 사업자가 자기의 과세사업과 관련하여 생산하거나 취득한 재화로서 매입세액이 공제된 재화를 말한다.

· **개인적공급 & 사업상증여 & 폐업시잔존재화**

(1) 개인적공급

cf) 다음의 경우는 제외
① 작업복·작업모·작업화
② 직장체육비·직장연예비관련 재화

(2) 사업상증여

cf) 다음의 경우는 제외
① 무상으로 다른 사업자에게 인도하거나 양도하는 **견본품**
② 광고선전용으로 불특정 다수인에게 배포하는 **광고선전물**
③ 주된 거래인 재화의 공급대가에 포함된 **증정품**
④ 특별재난지역에 증여하는 물품
⑤ 자기적립 마일리지 등으로만 전액을 결제받고 공급하는 재화

(3) 폐업시잔존재화

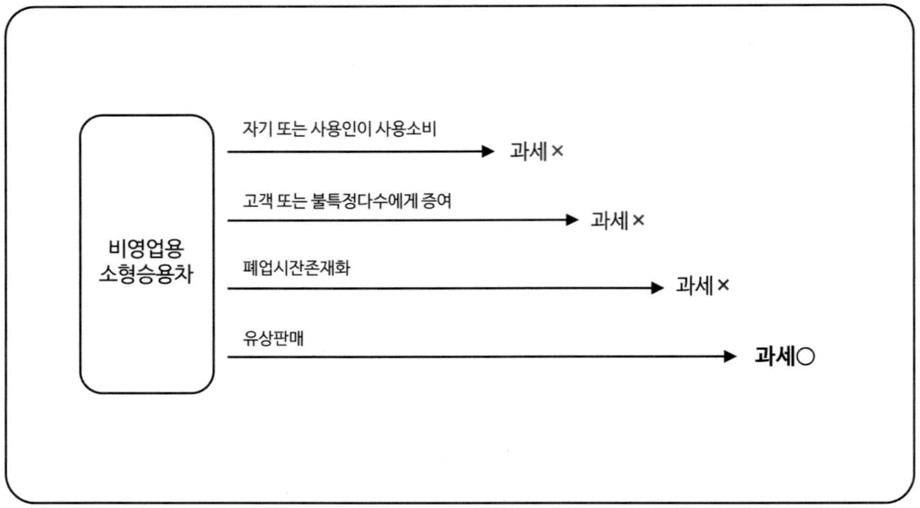

· **비영업용 소형승용차**

① 간주공급
비영업용소형승용차에 대한 매입세액은 불공제되므로 비영업용소형승용차를 자기 또는 사용인이 사용소비하는 경우 등은 공급으로 의제되지 않는다.

② 실질공급
비영업용 소형승용차를 매각한 경우 실질공급으로 부가가치세가 과세된다.

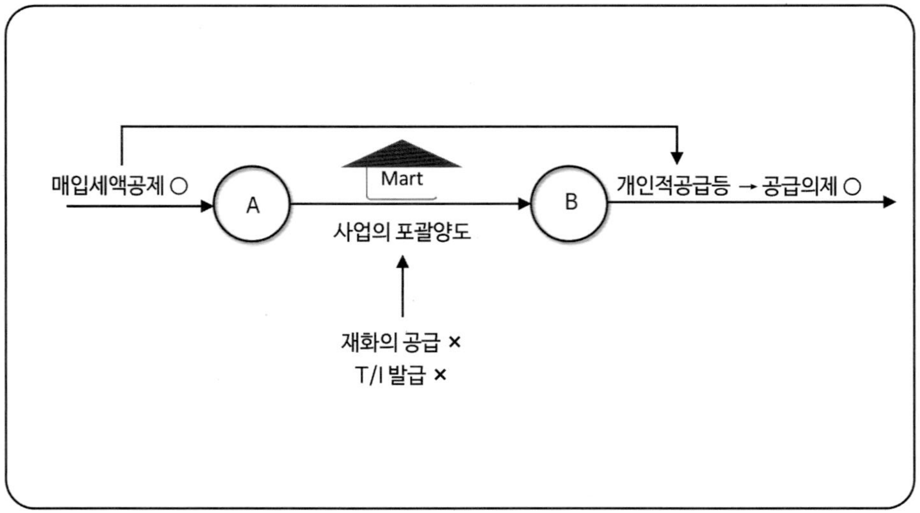

· **'자기생산·취득재화'**

'자기생산·취득재화'에는 사업양도로 취득한 재화로서 사업양도자가 매입세액을 공제받은 재화를 포함한다.

· 판매목적 타사업장 반출

사업장이 둘 이상인 사업자(주사업장총괄납부 또는 사업자단위과세가 적용되는 경우 제외)가 자기의 사업과 관련하여 생산 또는 취득한 재화를 판매할 목적으로 자기의 다른 사업장에 반출하는 것은 재화의 공급으로 본다.

cf) 공급의제에 해당하지 않는 것
① 판매목적 이외의 목적으로 타 사업장에 반출(불량품 교환, 상품진열 등)
② 타사업장에서 사용·소비할 목적으로 반출(원자재 반출, 시험용, 수선비 등 대체, 사후 무료서비스 제공용)

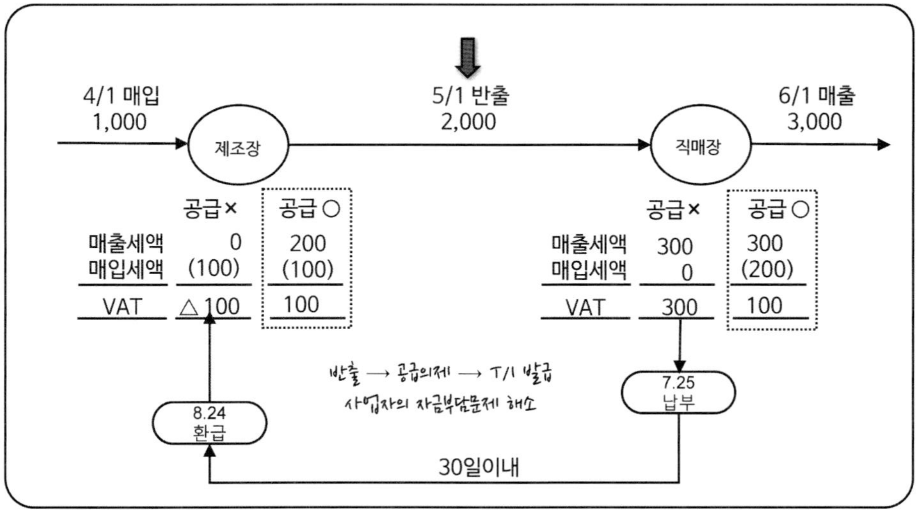

· 재화의 공급의제

For 사업자X — 1번 / For 사업자O — 2번

구분	1번 자기생산 · 취득재화	2번 판매목적타사업장반출
T/I발급	×	○
매입세액공제○	공급○	공급○*
매입세액공제×	공급×	공급○*

* 다만, 주사업장총괄납부 또는 사업자단위과세가 적용되는 과세기간에 반출하는 경우에는 재화의 공급으로 보지 아니한다.

판매목적타사업장 반출시	간주공급		T/I발급
사업장단위과세	○	→	○
주사업장총괄납부(원칙) 사업자단위과세	×	→	×
주사업장총괄납부(예외)	○	←	○

· 자기생산·취득재화 vs 판매목적타사업장반출

구분	자기생산·취득재화	판매목적
취지	VAT부담없는 소비방지	사업자의 자금부담완화
예외	매입세액불공제	총괄납부, 사업자단위
T/I	발급×	발급○
공급시기	사용·소비, 증여, 폐업일	반출한 때
과세표준	시가	원가+α

· **매입세액공제와 재화의 공급(의제)관계**

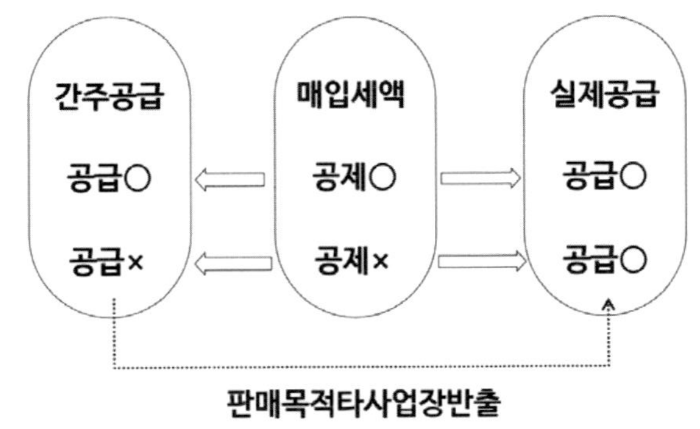

· **공급시기**

과세기간 and 세금계산서 발급시기

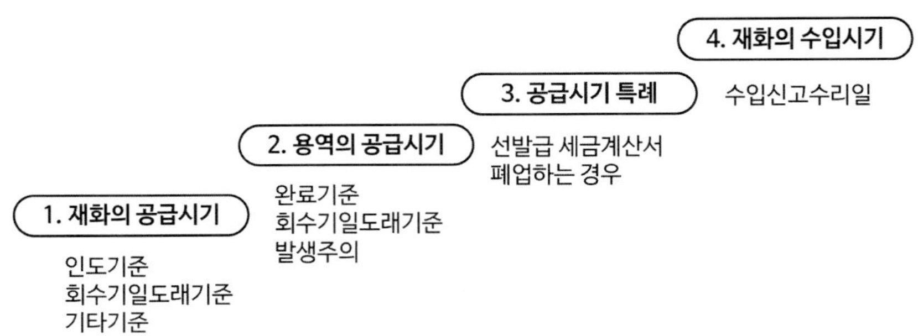

인도기준	회수기일도래기준	기타기준
현금,외상,할부 상품권판매 가공계약 수출재화 판매목적타사업장반출	장기할부 중간지급조건부 완성도기준지급 계속적공급	개인적공급 사업상증여 폐업시잔존재화 조건부판매 무인판매기 수입재화

회수기준	≠	회수기일도래기준
대가를 받은 때		대가를 받기로 한 때
현금주의		약정주의

· 재화의 공급시기

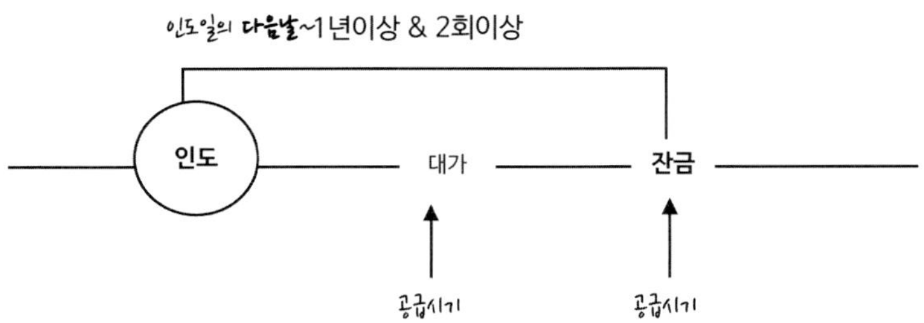

· **장기할부판매**

① 해당 재화의 인도일의 **다음날**부터 최종 할부금 지급기일까지의 기간이 1년 이상인 것
② 2회 이상으로 분할하여 대가를 받을 것

공급시기 : 대가의 각 부분을 받기로 한 때

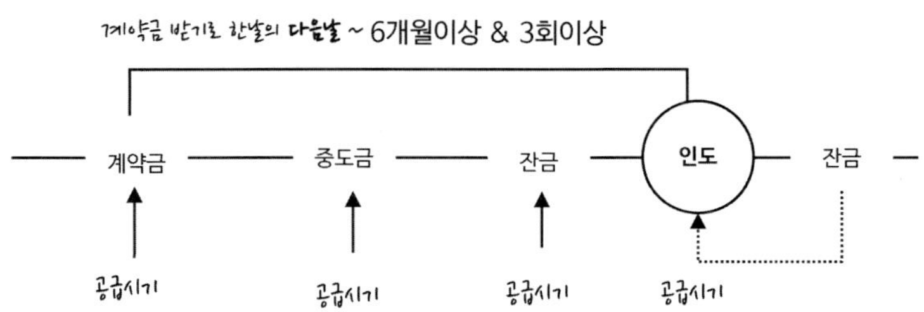

· **중간지급조건부**

① 계약금을 받기로 한 날의 **다음날**부터 재화를 인도하는 날 또는 재화를 이용가능하게 하는 날까지의 기간이 6개월 이상인 것
② ①의 기간 내에 계약금 외의 대가를 분할하여 받는 것(계약금 포함 3회 이상 분할)

공급시기 : 대가의 각 부분을 받기로 한 때
* 중간지급조건부 공급 및 완성도기준지급조건부 공급의 경우로 재화가 인도되거나 이용가능하게 되는 날 이후에 받기로 한 대가의 부분 : 재화가 인도되거나 이용가능하게 되는 날

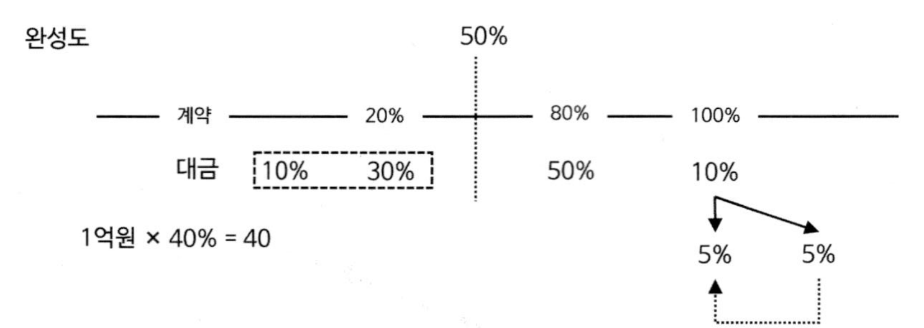

· **완성도기준지급조건부**

재화의 완성비율(작업진행률)에 따라 대금을 지급받는 것

공급시기 : 대가의 각 부분을 받기로 한 때

* 중간지급조건부 공급 및 완성도기준지급조건부 공급의 경우로 재화가 인도되거나 이용가능하게 되는 날 이후에 받기로 한 대가의 부분 : 재화가 인도되거나 이용가능하게 되는 날

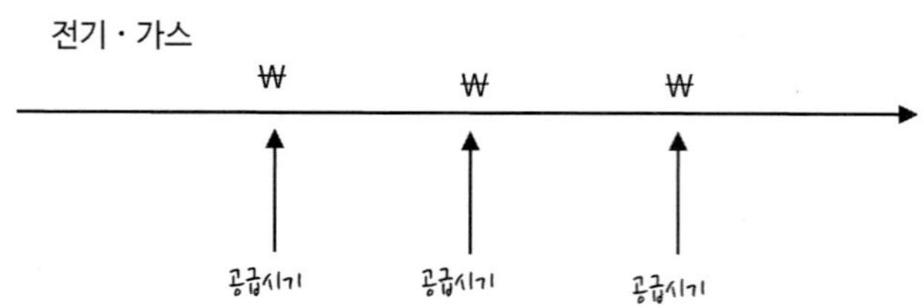

· **계속적공급**

전력 기타 공급단위를 구획할 수 없는 재화의 계속적 공급

공급시기 : 대가의 각 부분을 받기로 한 때

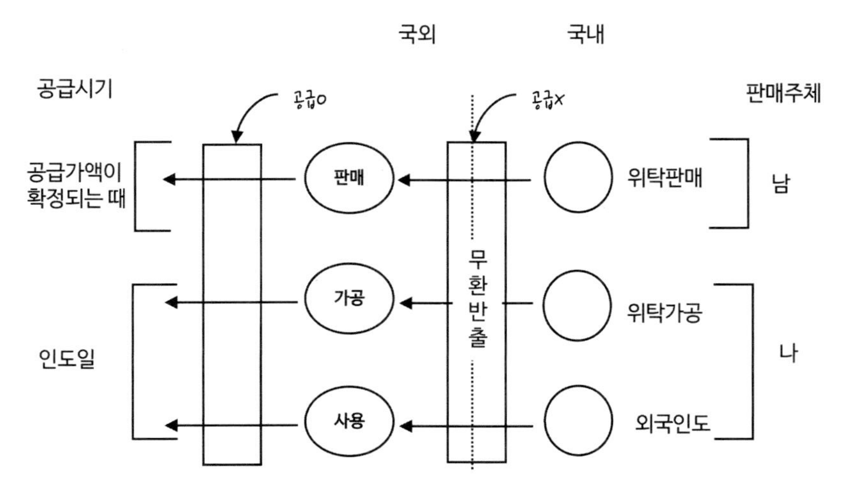

· **수출재화의 공급시기**

① 내국물품의 국외반출 · 중계무역방식수출
→ 수출재화의 선(기)적일
② 원양어업 · 위탁판매수출
→ 수출재화의 공급가액이 확정되는 때
③ 위탁가공무역수출·외국인도수출·국외위탁가공 원료의 반출
→ 외국에서 해당 재화가 인도되는 때

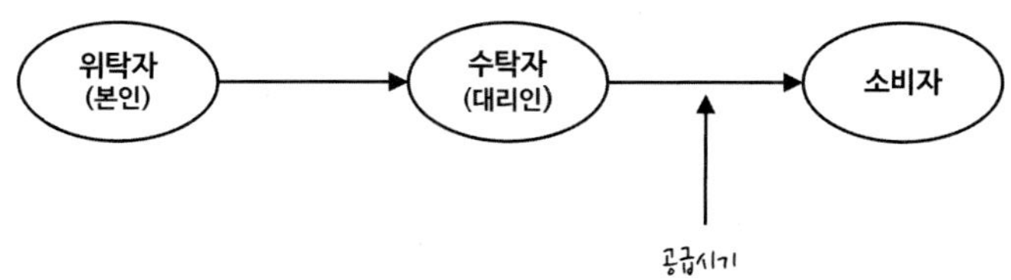

· **위탁(대리인)매매**

위탁(대리인)매매의 경우에는 **수탁자(대리인)의 공급을 기준**으로 거래형태별 공급시기 규정적용[다만, 위탁자 또는 본인을 알 수 없는 경우에는 위탁자와 수탁자(본인과 대리인) 사이에도 별개의 공급이 이루어진 것으로 보아 거래형태별 공급시기 규정적용]

완료기준	회수기일도래기준	기간종료일
일반적인 용역	장기할부 중간지급조건부 완성도기준지급 계속적공급	선·후불 임대료 간주임대료 선불 연회비 등 BOT

· **용역의 공급시기**

용역의 계속적 공급 : 일정기간 동안 계속적으로 부동산 임대용역·경비용역·컴퓨터유지보수용역 등의 용역을 제공하는 것을 말한다.

· **단기임대료**

공급시기 : 대가의 각 부분을 받기로 한 때

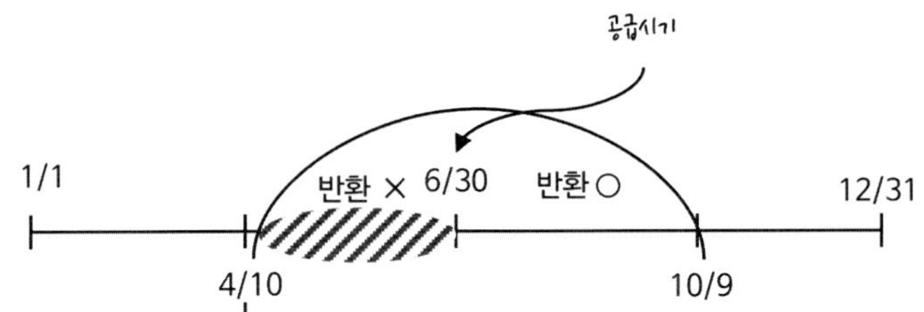

$$6백만원 \times \frac{3月}{6月} = 3백만원$$

$$1억원 \times 12\% \times \frac{82日}{365日} ≒ 3백만원$$

· **장기임대료**

2 이상의 과세기간에 걸쳐 부동산 임대용역을 공급하고 그 대가를 선불 또는 후불로 받는 경우

공급시기 : 예정신고기간종료일 또는 과세기간종료일
공급가액 : 월할계산(초월산입·말월불산입)

· **간주임대료**

보증금에 대한 이자상당액

공급시기 : 예정신고기간종료일 또는 과세기간종료일
공급가액 : 일할계산(초일산입·말일불산입)

· **연회비 등**
2 이상의 과세기간에 걸쳐 법 소정용역을 계속적으로 제공하고 그 대가를 선불로 받는 경우

공급시기 : 예정신고기간종료일 또는 과세기간종료일
공급가액 : 월할계산(초월산입·말월불산입)

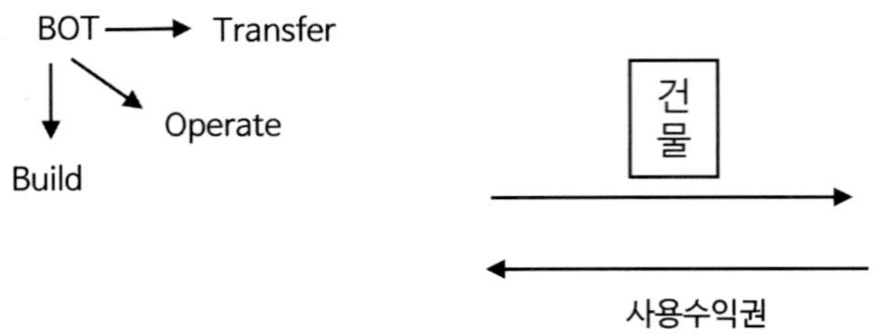

· **BOT**

사업자가 BOT방식을 준용하여 설치한 시설에 대하여 2 이상의 과세기간에 걸쳐 계속적으로 시설을 이용하게 하고 그 대가를 받는 경우

공급시기 : 예정신고기간종료일 또는 과세기간종료일

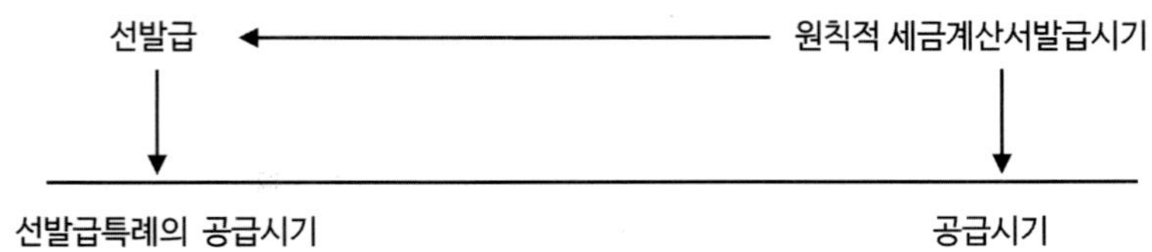

① 대가 → T/I 발급 영수증역할

② T/I 발급 → 대가 7일(30일) 청구서역할

③ 장기할부/계속적공급

· **선발급특례**

선발급특례에 해당하는 경우 원칙적인 공급시기가 도래하기 전에 세금계산서(영수증 포함)를 발급하는 경우 **그 발급하는 때**를 공급시기로 본다.

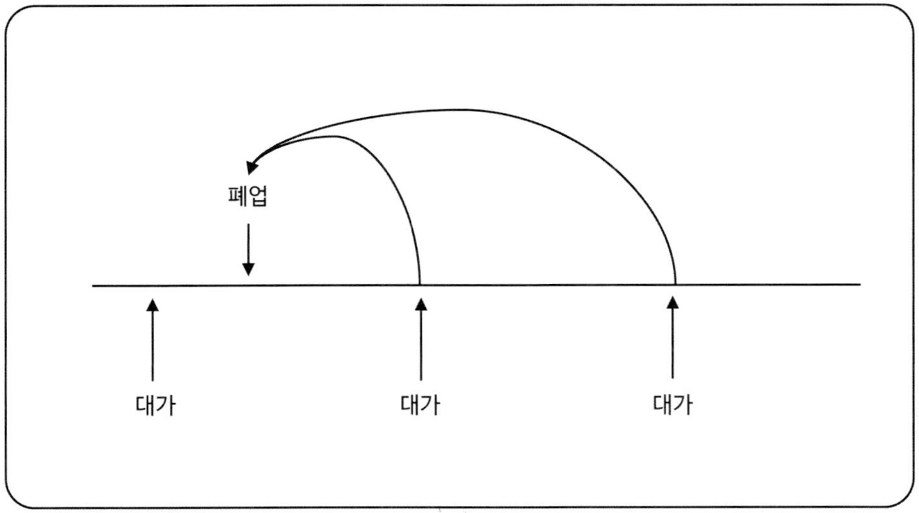

· **폐업하는 경우**

폐업 전에 공급한 재화 또는 용역의 공급시기가 폐업일 이후에 도래하는 경우에는 그 **폐업일**을 공급시기로 한다.

제4장

영세율과 면세

구분	영세율	면세
목적	소비지국 과세원칙 구현	부가가치세의 역진성 완화
적용대상	수출 등 외화획득 재화·용역	기초생활필수품 등
성격	완전면세	부분면세
매입세액	매입세액 공제	매입세액 불공제
의무	매출·매입처별 T/I 합계표 제출의무	매입처별 T/I 합계표 제출의무·대리납부

· **영세율과 면세**

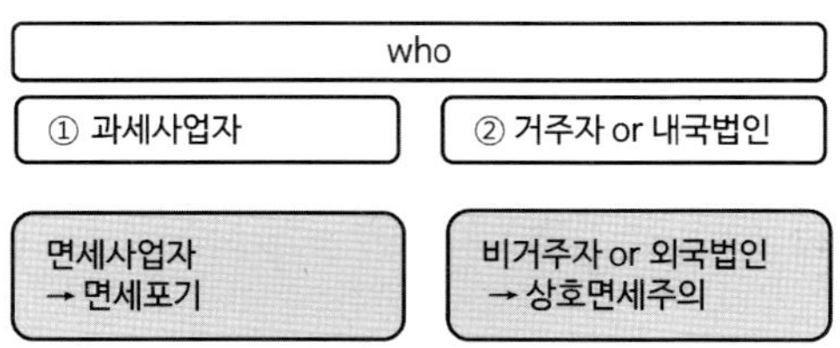

· **영세율 적용대상자**

과세사업자 & 거주자·내국법인

① 면세사업자가 면세포기를 한 경우에는 영세율 적용이 가능하다.
② 상호면세주의 : 사업자가 비거주자 또는 외국법인이면 그 해당 국가에서 대한민국의 거주자 또는 내국법인에 대하여 동일하게 면세하는 경우에만 영세율을 적용한다.

수출하는 재화

① 직수출
② 내국신용장 등 공급
③ To 한국국제협력단 등 공급
④ 수탁가공무역

국외제공용역

외국항행용역

기타외화획득 재화·용역

① To 비거주자 등 국내공급
② 수출재화임가공용역
③ To 외국항행선박 등 공급
④ To 외교공관 등 공급

· 영세율 적용대상거래

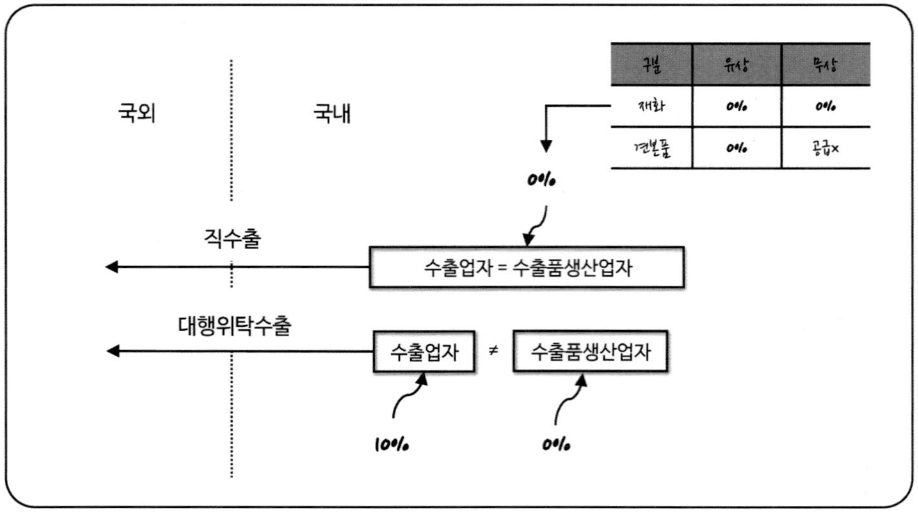

· 영세율 적용대상거래

① 대행위탁수출(수출품생산업자 ≠ 수출업자)의 경우 수출품생산업자에게 영세율을 적용하며, 수출업자의 수출대행수수료는 10%로 과세한다.

② 재화의 무상반출의 경우에도 영세율을 적용한다. 단, 견본품의 무상반출은 재화의 공급으로 보지 않는다.

· **위탁가공무역 & 국외위탁가공 원료의 반출**

① 재화의 공급으로 보지 아니하는 것

사업자가 위탁가공을 위하여 원자재를
국외의 수탁가공사업자에게 대가 없이 반출하는 것

② 영세율

원료를 대가 없이 국외의 수탁가공 사업자에게 반출하여
가공한 재화를 **양도**하는 경우에 그 원료의 반출

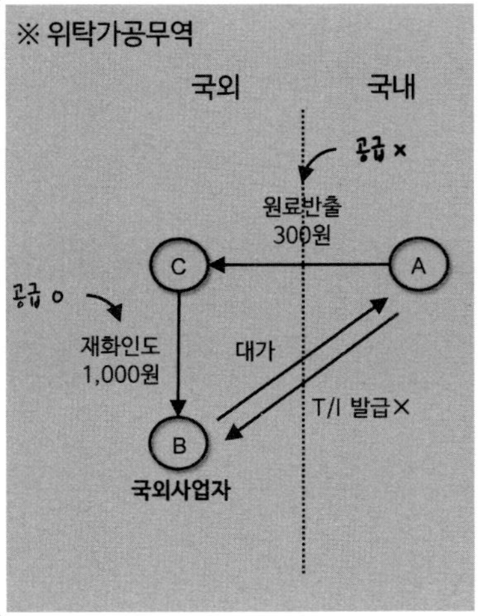

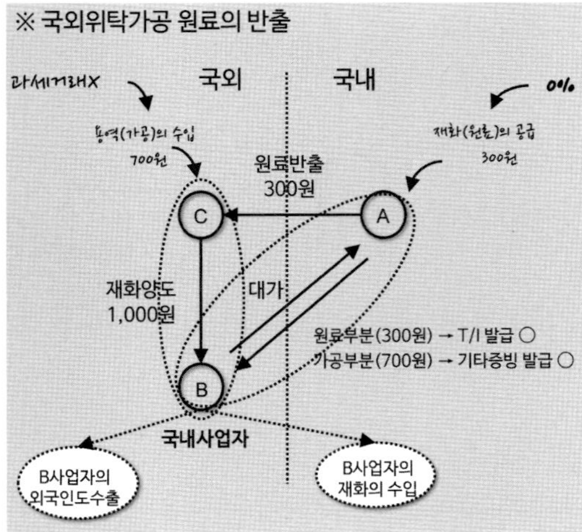

· **내국신용장**(구매확인서)**에 의한 수출**

내국신용장(구매확인서)에 의하여 공급하는 재화(금지금은 제외)

과세기간 종료 후 25일 이내에 개설한
내국신용장(구매확인서)에 대해서도 영세율을 적용한다.

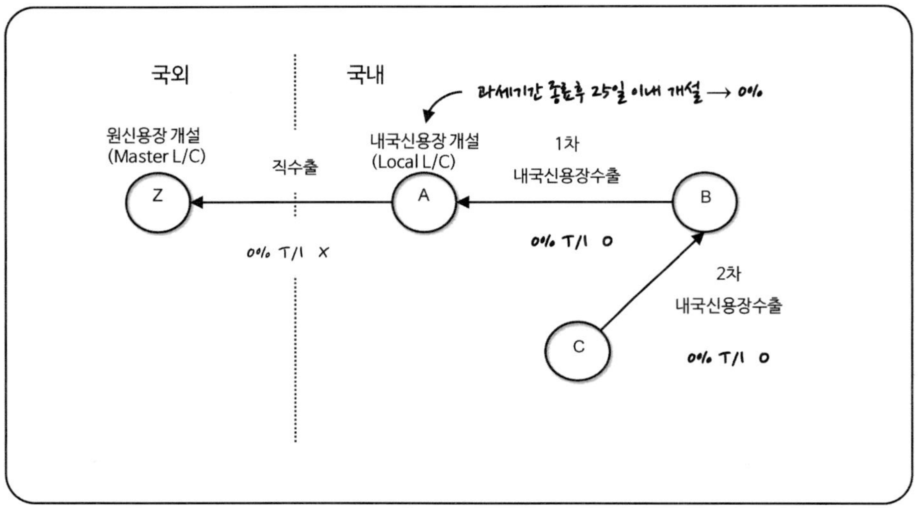

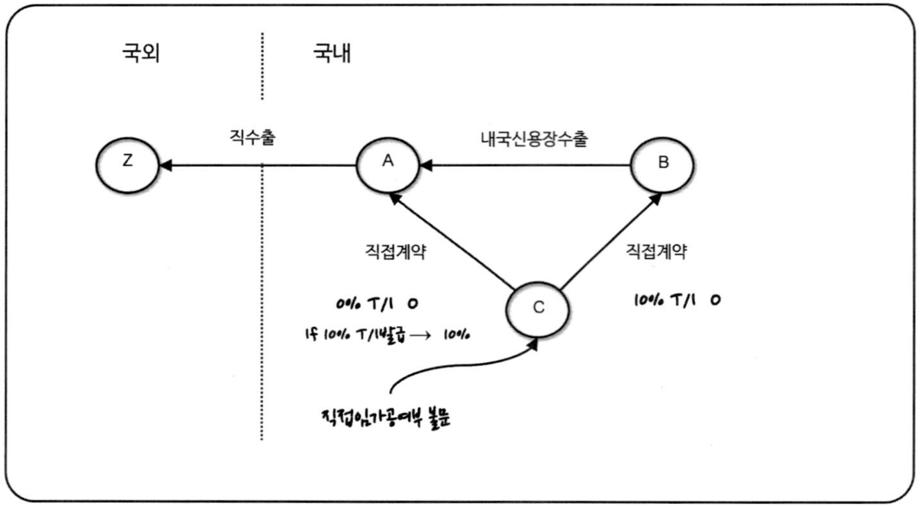

· **수출재화 임가공용역**

① 수출업자(내국신용장에 의하여 수출재화를 수출업자에게 공급하는 사업자는 제외)와 직접 도급계약에 의하여 수출재화를 임가공하는 수출재화임가공용역(수출재화염색임가공 포함) 다만, 사업자가 부가가치세를 별도로 적은 세금계산서를 발급한 경우는 제외한다.

② 내국신용장 또는 구매확인서에 의하여 공급하는 수출재화임가공용역

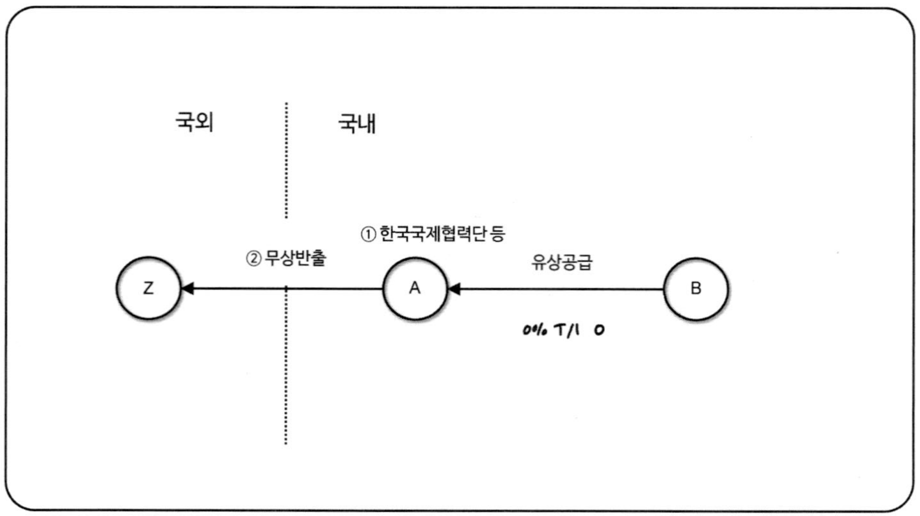

· **한국국제협력단등 공급**

한국국제협력단·한국국제보건의료재단·대한적십자사에 공급하는 재화(한국국제협력단 등이 사업을 위하여 외국에 무상으로 반출하는 재화에 한함)

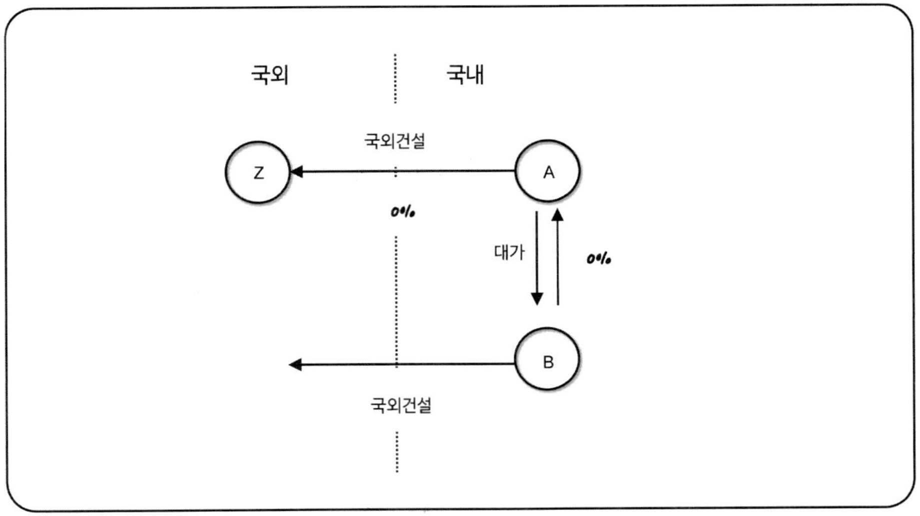

· **국외제공용역**

거주자 또는 내국법인이 제공하는 용역의 장소가 국외이기만 하면 거래상대방(내국인 또는 외국인)이나 대금의 결제방법(원화 또는 외화)에 관계없이 영세율을 적용한다.

다만, 사업장이 국내인 거주자 또는 내국법인의 경우에 한한다.

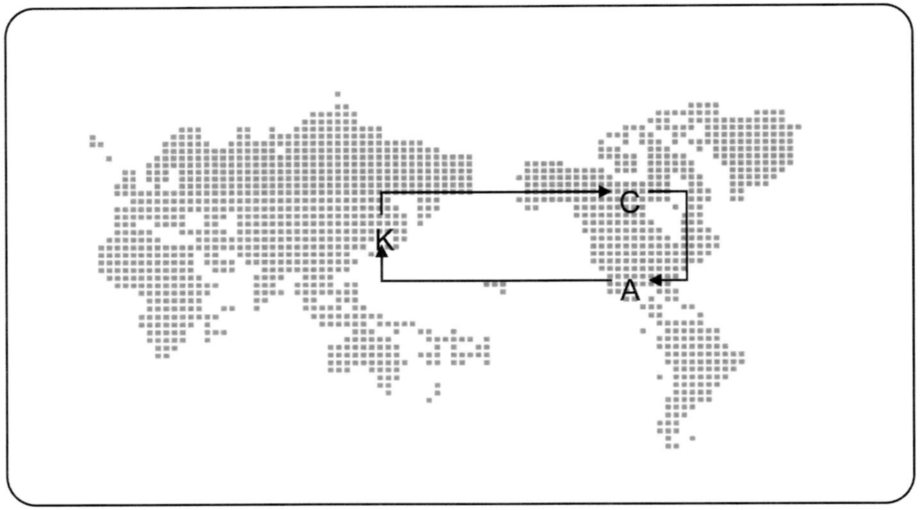

· **외국항행용역**

외국항행용역은 선박 또는 항공기에 의하여 여객이나 화물을 국내에서 국외로, 국외에서 국내로 또는 국외에서 국외로 수송하는 것을 말한다.

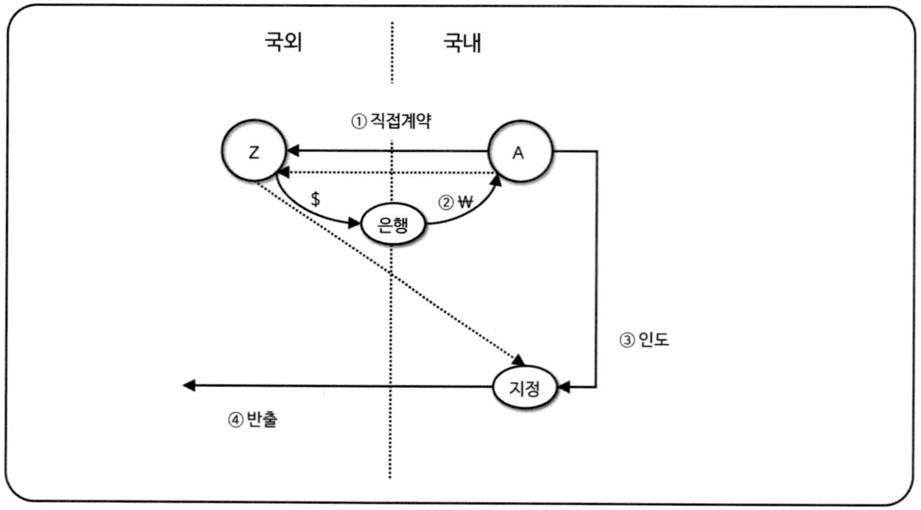

· **수탁가공무역**

다음의 요건을 모두 갖추어 공급하는 재화
① 국외의 비거주자 등과 직접 계약에 따라 공급할 것
② 대금을 외국환은행에서 원화로 받을 것
③ 비거주자 등이 지정하는 국내의 다른 사업자에게 인도할 것
④ 국내의 다른 사업자가 비거주자 등과 계약에 따라 인도받은 재화를 그대로 반출하거나 제조·가공한 후 반출할 것

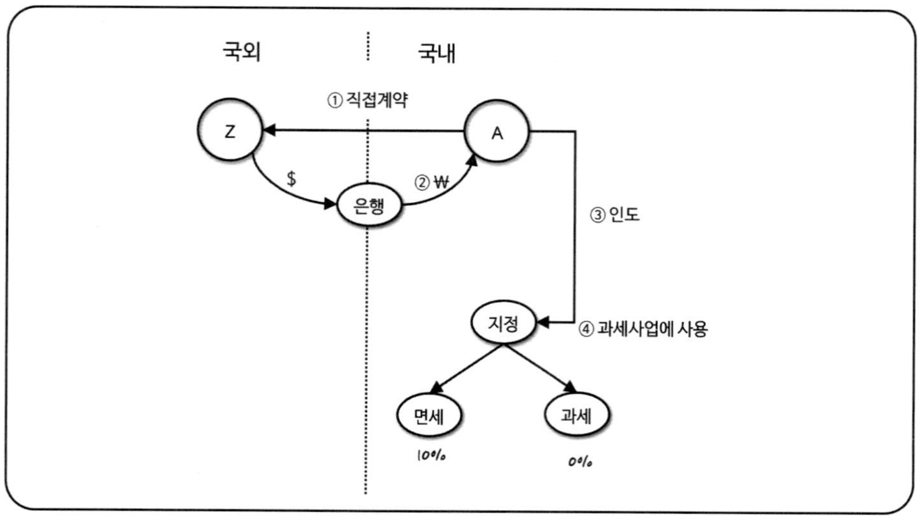

· **To 비거주자 등 국내공급**

다음의 요건을 모두 갖추어 공급하는 재화
① 국외의 비거주자 등과 직접 계약에 따라 공급할 것
(비거주자 등이 국내사업장이 있는 경우)
② 대금을 외국환은행에서 원화로 받을 것
③ 비거주자 등이 지정하는 국내의 다른 사업자에게 인도할 것
④ 국내의 다른 사업자가 비거주자 등과 계약에 따라 인도받은 재화를 **과세사업**에 사용할 것

기초생활필수품

- 미가공식료품
- 국내산비식용농산물 등
- 수돗물
- 연탄
- 여객운송용역
- 주택임대용역
- 위생용품

국민후생·문화관련

- 의료보건용역과 혈액
- 교육용역
- 도서,신문,잡지,관보 및 통신
- 예술창작품
- 예술행사,아마추어운동경기
- 도서관·과학관·박물관·미술관·동물원·식물원입장
- 공동주택 어린이집 임대용역

부가가치구성요소

- 금융보험용역
- 토지의 공급
- 인적용역

기타 재화·용역

- 우표·인지·증지·복권과 공중전화,특정한 제조담배
- 공익단체가 공급하는 일정한 재화·용역
- 국가,지자체가 공급하는 재화·용역
- 국가,지자체에게 무상으로 공급하는 재화·용역

· 면세적용대상거래

미가공 식료품(농, 축, 수, 임, 소금)

① 가공×
② 1차가공(성질×)
③ 단순가공(규격단위×)

· 미가공식료품

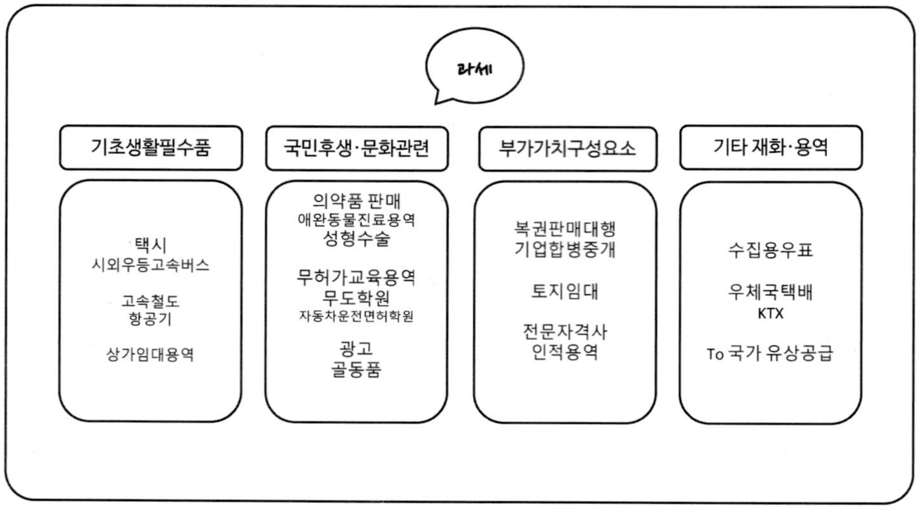

· 과세

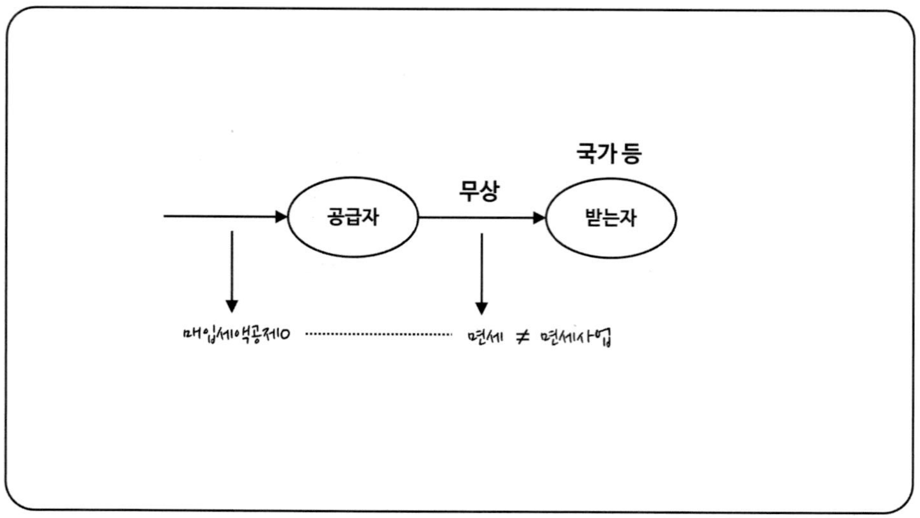

· 면세

국가·지방자치단체·지방자치단체조합 등에 무상으로 공급하는 재화·용역은 면세되며, 해당 재화 ·용역관련 매입세액은 과세사업관련 매입세액으로 공제된다.

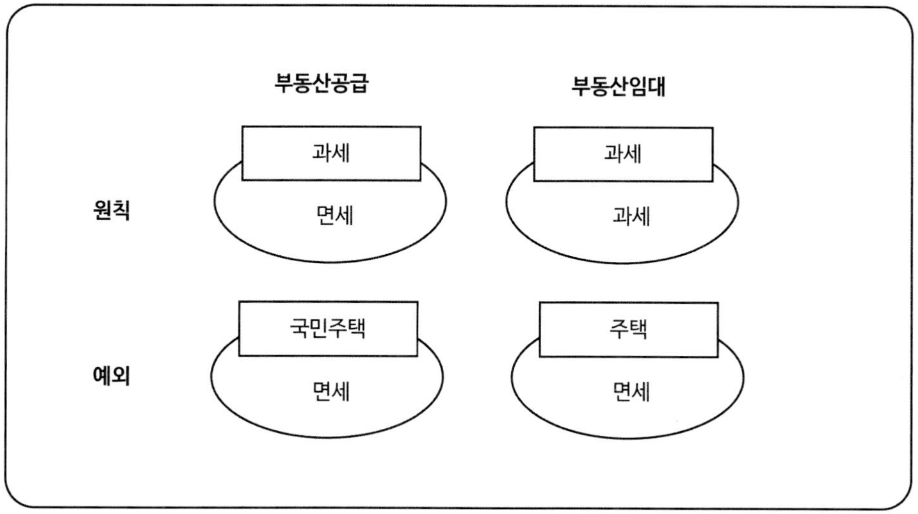

· **부동산**

1. 부동산공급
(1) 원칙
건물의 공급 : 과세
토지의 공급 : 면세

(2) 예외
국민주택과 국민주택의 건설용역(리모델링 용역 포함) : 면세

2. 부동산임대
(1) 원칙
상가,사무실,점포의 임대용역 : 과세
토지의 임대 : 과세

(2) 예외
주택과 그 부수토지의 임대용역

Who	아무나×
When	언제든지
Again	3년경과후

① 영세율이 적용되는 재화·용역
② 학술·기술연구단체가 무상·실비로 공급하는 학술·기술연구 관련 재화·용역

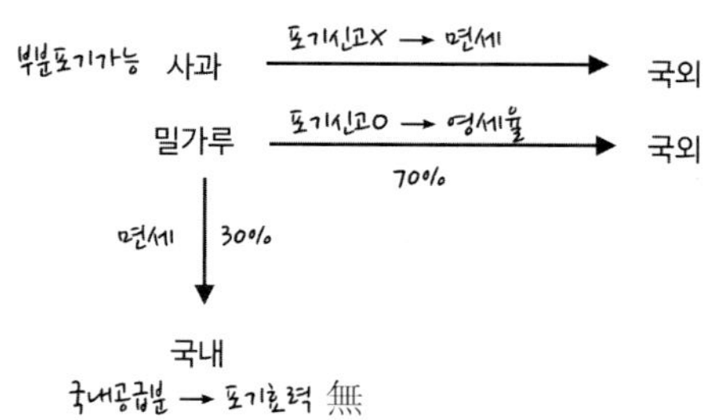

· **면세포기**

면세되는 재화 또는 용역을 공급하는 사업자가 일정한 면세대상 재화 또는 용역에 대해서 면세를 포기하고 과세로 전환하는 것을 말한다.

현행 부가가치세법은 면세를 포기해도 최종소비자에게 부가가치세의 부담이 전가되지 않는 경우에 한하여 면세포기를 인정하고 있다.

제5장
과세표준 계산의 일반원칙

구분		과세표준	세율	세액
과세	세금계산서발급분	×××	10%	×××
	기타	×××	10%	×××
영세율	세금계산서발급분	×××	0%	
	기타	×××	0%	
예정신고누락분		×××		×××
대손세액가감				×××
매출세액 합계		×××		×××

· **매출세액의 계산구조**

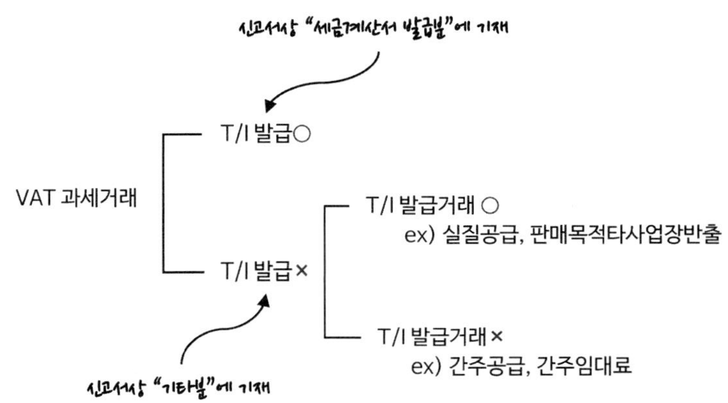

· **세금계산서 발급분**

VAT 과세거래 중 실제 세금계산서를 발급한 금액을 기재함

· **기타분**

VAT 과세거래 중 실제 세금계산서를 발급하지 않은 금액(① + ②)을 기재함
① T/I발급거래에 해당하나 T/I를 발급하지 않은 금액
② T/I발급거래가 아닌 거래금액

* T/I발급거래에 해당하나 T/I를 발급하지 않는 경우 여전히 VAT납세의무가 존재하며, 이와 함께 T/I 미발급 가산세를 부담해야 함

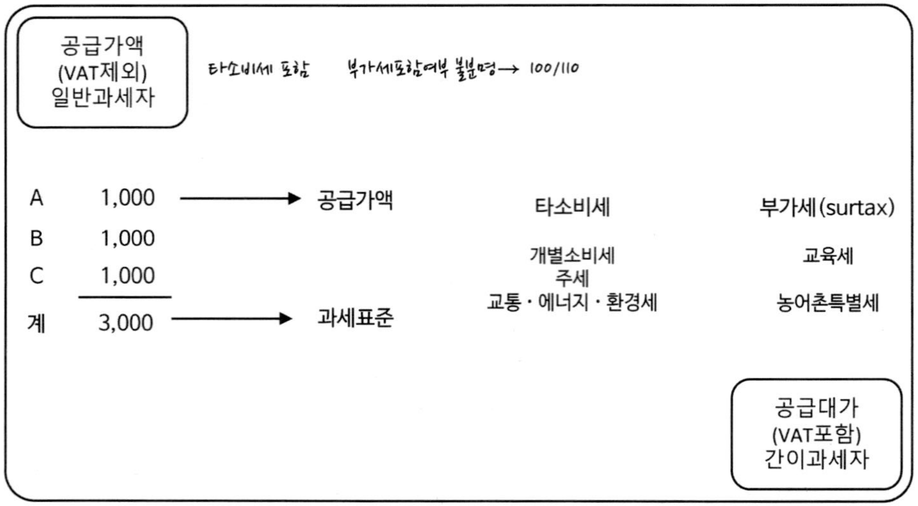

· **과세표준**

재화 또는 용역의 공급에 대한 부가가치세 과세표준은 해당 과세기간에 공급한 재화·용역의 **공급가액을 합한 금액**으로 한다.

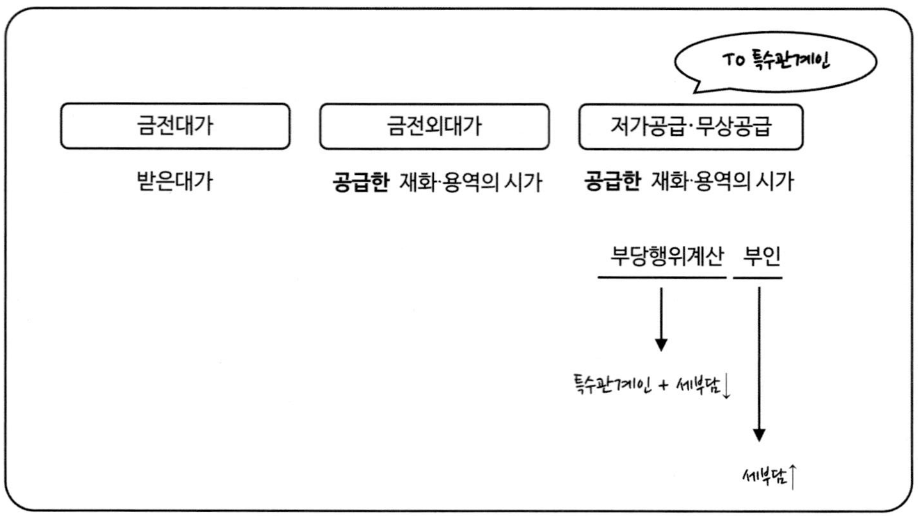

· **특수관계자에게 무상·저가공급한 경우**

① 재화의 공급에 대하여 부당하게 낮은 대가를 받거나 대가를 받지 아니한 경우
② 용역의 공급에 대하여 부당하게 낮은 대가를 받거나 사업용부동산을 임대하고 대가를 받지 아니한 경우

구분		저가공급	무상공급
재화	특수관계인○	시가	시가
	특수관계인×	거래가액	시가
용역	특수관계인○	시가	과세×*
	특수관계인×	거래가액	과세×

* 특수관계인에 대한 사업용부동산의 무상임대용역은 시가로 과세

· **저가공급·무상공급**

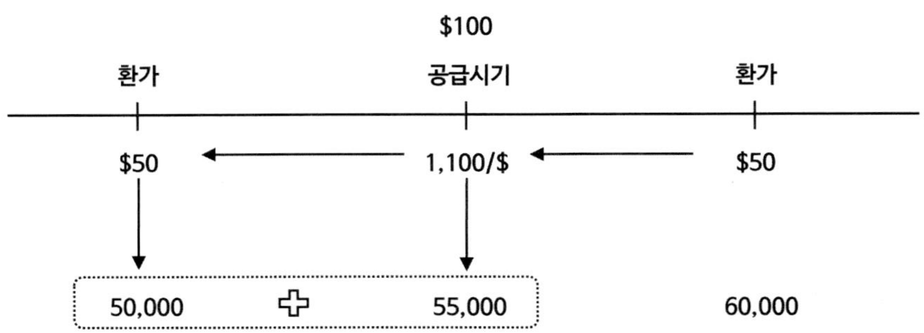

· **공급대가를 외화로 받은 경우**

① 공급시기가 되기 전에 원화로 환가한 경우
→ 환가한 금액

② 공급시기 이후에 외국통화나 그 밖의 외국환 상태로 보유하거나 지급받는 경우
→ 공급시기의 기준환율 또는 재정환율에 따라 계산한 금액

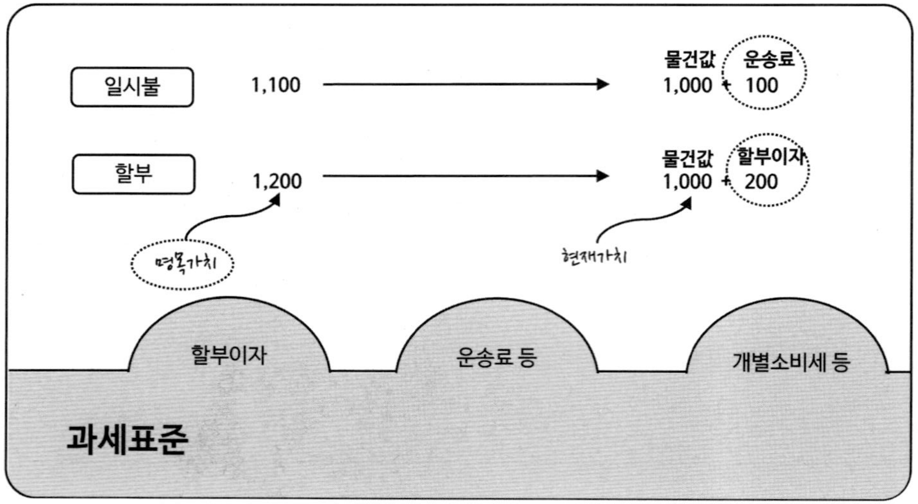

· **과세표준에 포함하는 것**

① 할부판매 및 장기할부판매의 이자상당액
② 대가의 일부로 받는 운송보험료 · 산재보험료 · 운송비·포장비·하역비 등
③ 개별소비세, 교통·에너지· 환경세, 주세가 과세되는 재화 또는 용역에 대해서는 해당 개별소비세, 교통·에너지·환경세, 주세, 교육세 및 농어촌특별세 상당액

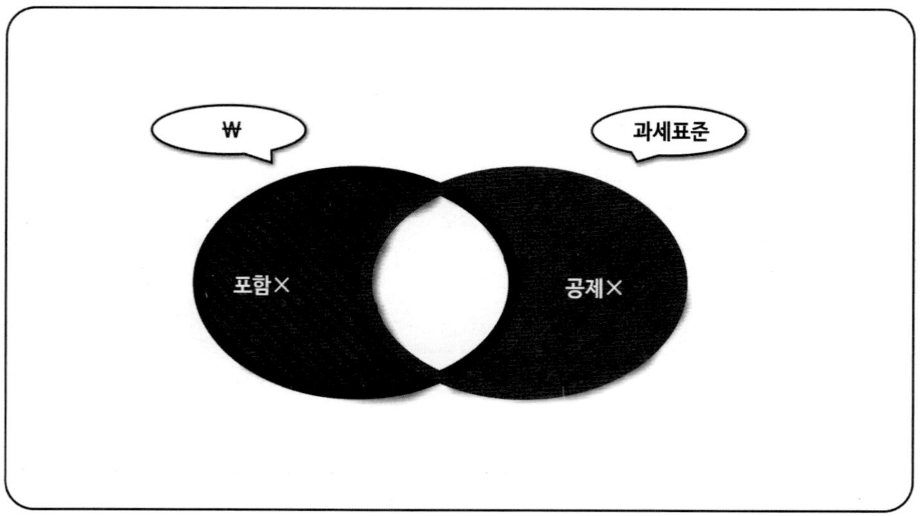

· **공제하지 않는 것 vs 포함하지 않는 것**

매출액 ± α = 과세표준 cf) 당기순이익 ± α = 소득

공제하지 않는 것 ——→ If) 매출액에서 공제됨 → 가산조정
If) 매출액에서 공제되어 있지 않음 → 조정 無

포함하지 않는 것 ——→ If) 매출액에 포함됨 → 차감조정
If) 매출액에 포함되어 있지 않음 → 조정 無

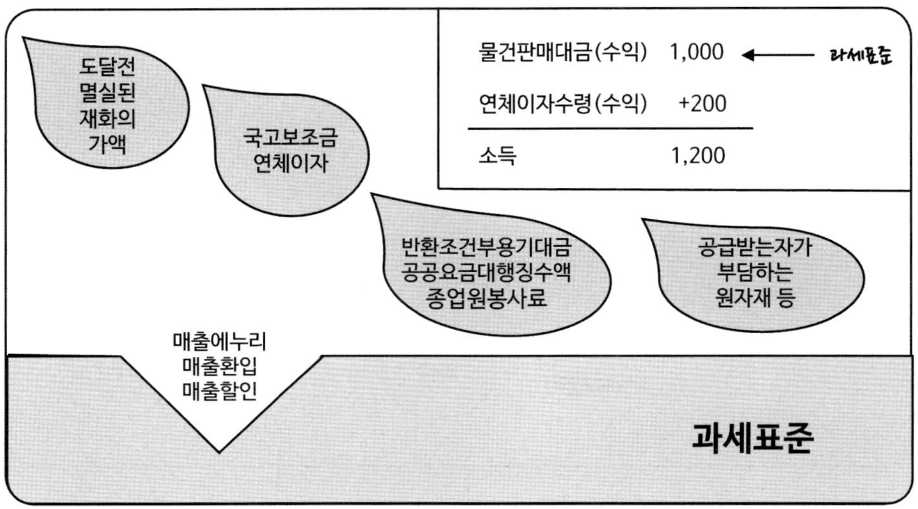

· 과세표준에 포함하지 않는 것

① 매출에누리·매출환입·매출할인
② 공급받는 자에게 도달하기 전에 파손·훼손 또는 멸실된 재화의 가액
③ 재화 또는 용역의 공급과 직접 관련되지 아니하는 국고보조금과 공공보조금
④ 계약 등에 의하여 확정된 대가의 지급지연으로 인하여 지급받는 연체이자
⑤ 반환조건부 용기대금과 포장비용, 반환조건부 골프장입회금 및 공공요금대행징수액
⑥ 대가와 구분 기재한 종업원의 봉사료
⑦ 공급받는 자가 부담하는 원자재 등

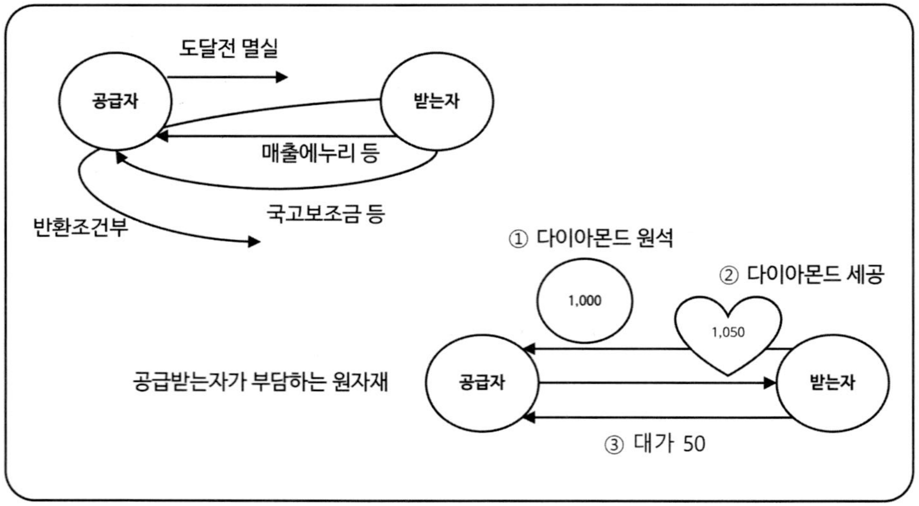

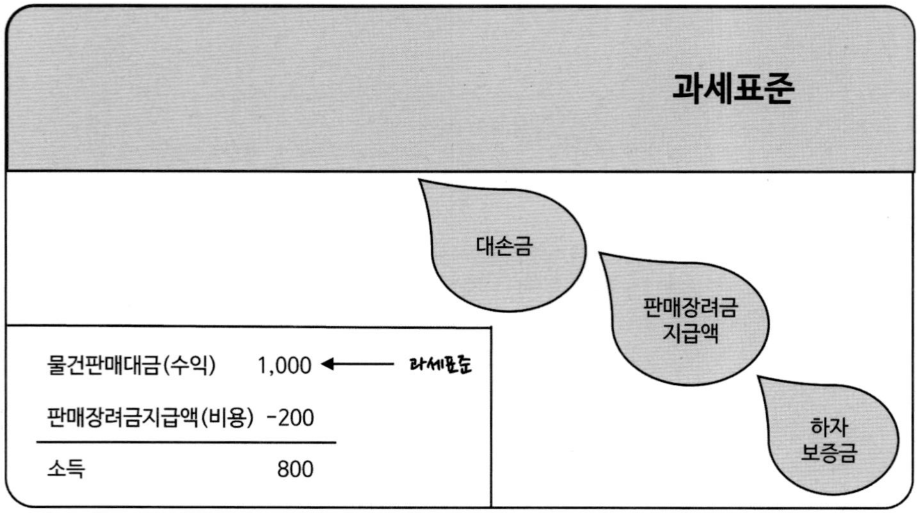

· **과세표준에서 공제하지 않는 것**

① 대손금
② 판매장려금 지급액
③ 하자보증금

* 판매장려금을 금전으로 지급하는 경우에는 과세표준에서 공제하지 않지만 재화로 지급하는 경우에는 사업상 증여에 해당되어 과세하며, 이 때에는 공급한 재화의 시가를 과세표준으로 한다.

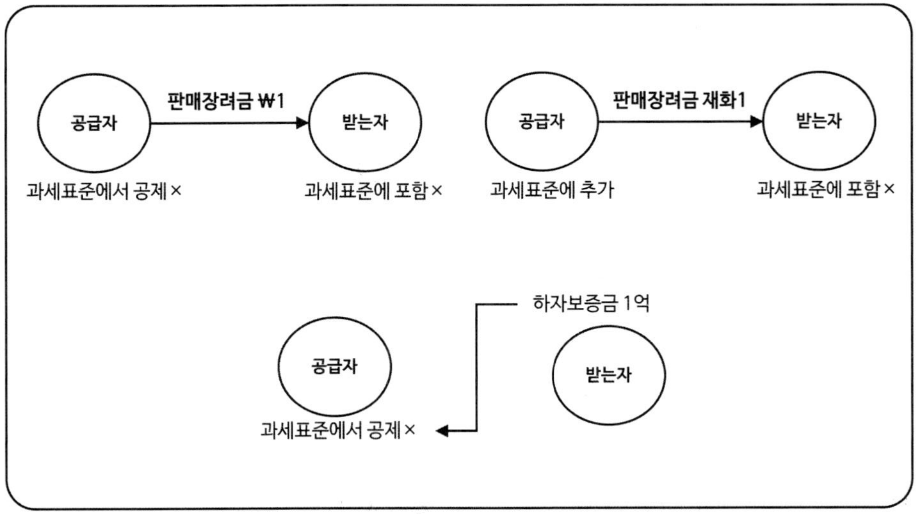

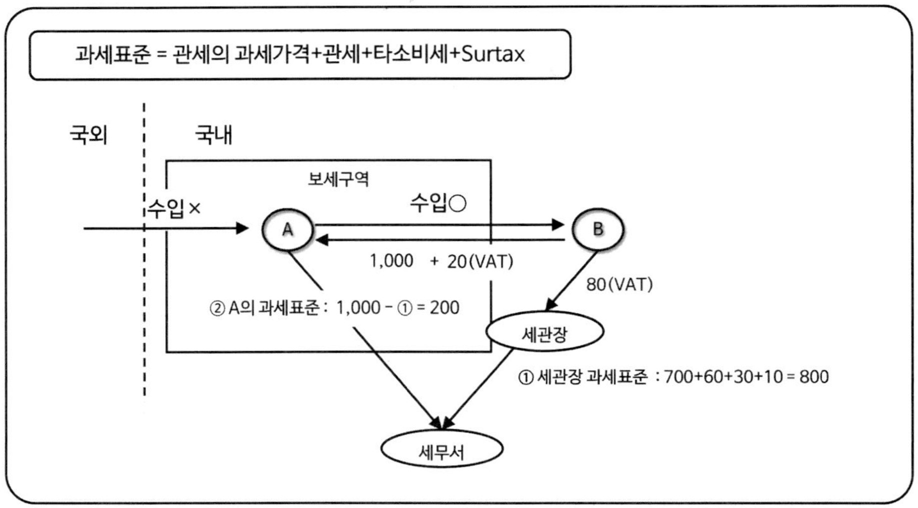

· **재화의 수입에 대한 공급가액**

cf) 세관장이 재화의 수입에 대한 부가가치세를 징수하기 전에 같은 재화에 대한 선하증권이 양도되는 경우에는 선하증권의 양수인으로부터 **받은 대가**를 공급가액으로 할 수 있다.

· 재화의 공급의제에 대한 공급가액

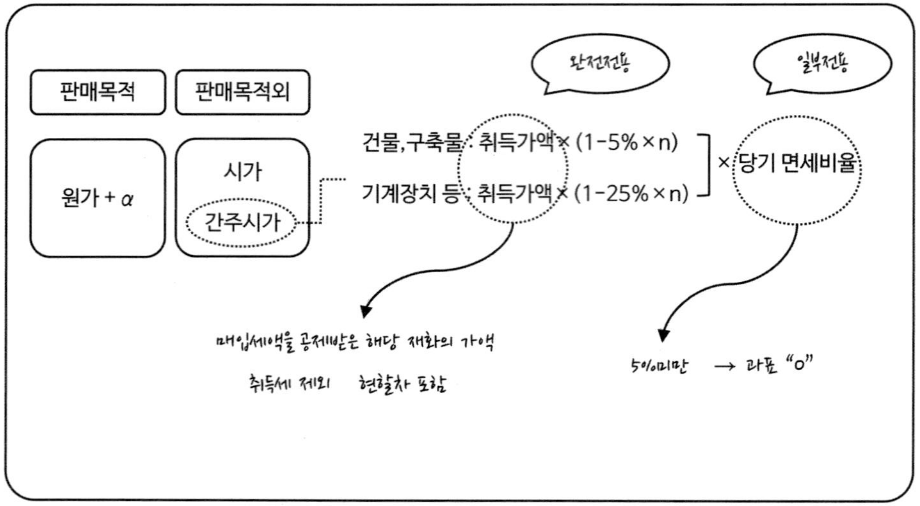

· 면세전용

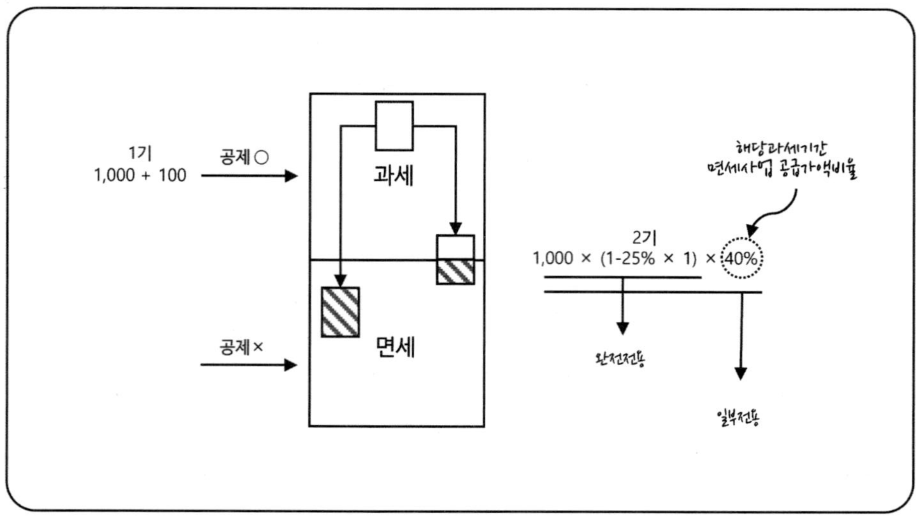

· **재화의 공급의제에 대한 공급가액**

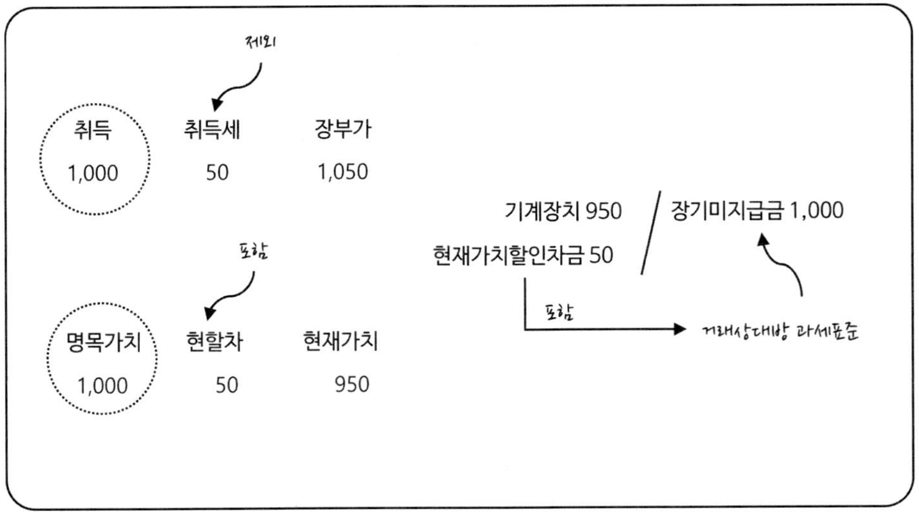

· **경과된 과세기간의 수**

과세기간의 개시일에 해당 재화를 취득하거나 공급한 것으로 보아 계산한다.

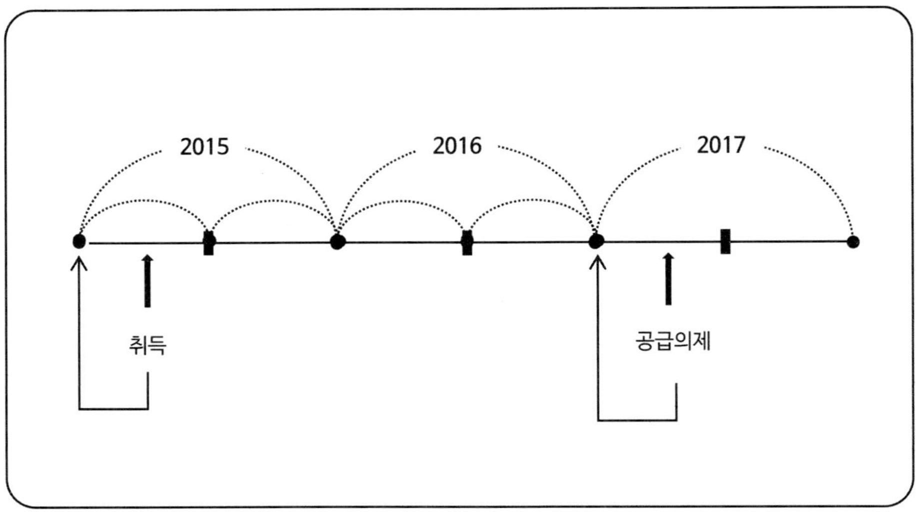

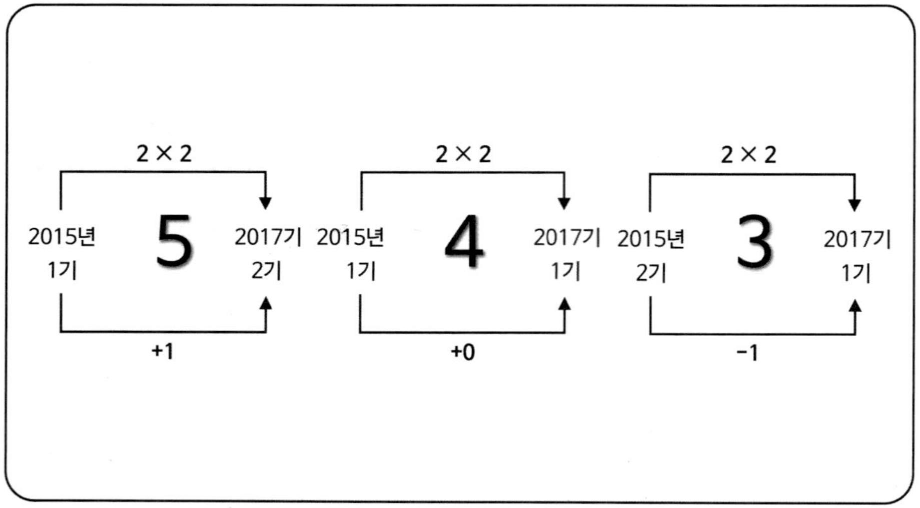
2 × 2
2015년
1기
5
2017기
2기
+1
2 × 2
2015년
1기
4
2017기
1기
+0
2 × 2
2015년
2기
3
2017기
1기
-1

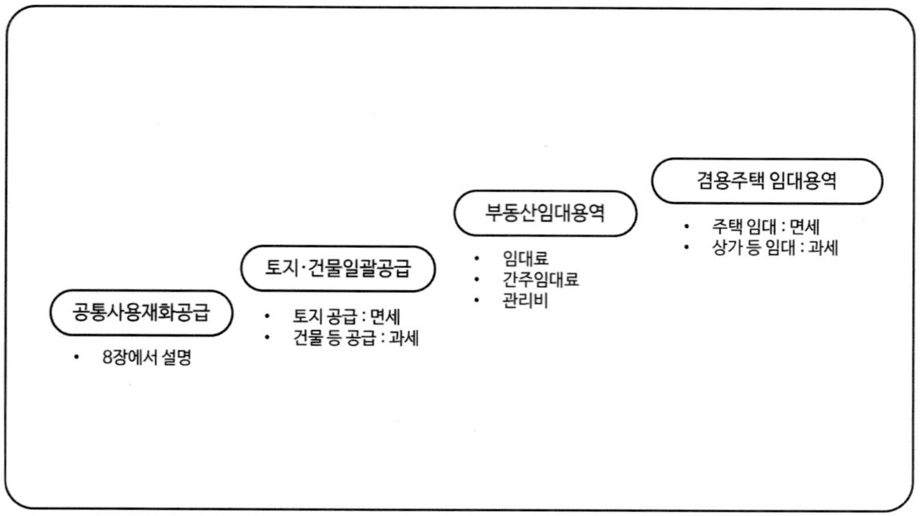
공통사용재화공급
• 8장에서 설명
토지·건물일괄공급
• 토지 공급 : 면세
• 건물 등 공급 : 과세
부동산임대용역
• 임대료
• 간주임대료
• 관리비
겸용주택 임대용역
• 주택 임대 : 면세
• 상가 등 임대 : 과세

· 과세표준 특례

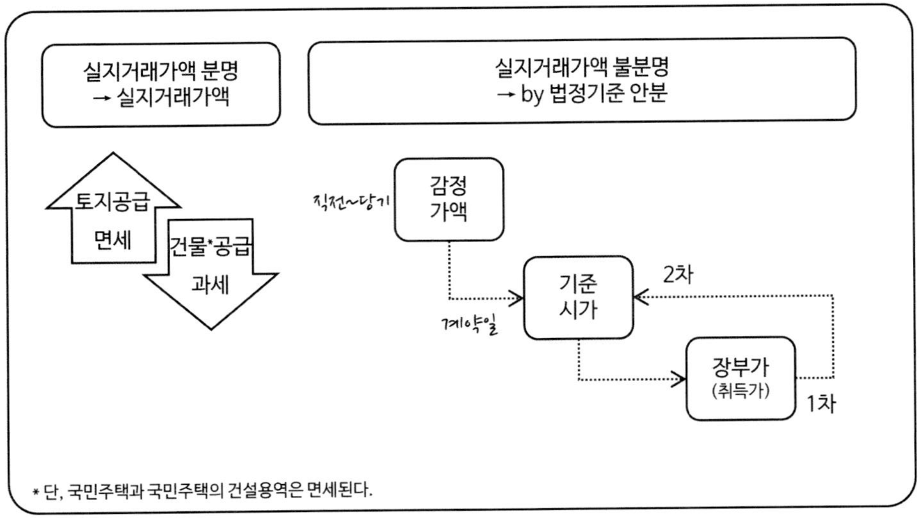

· 토지·건물 등 일괄공급

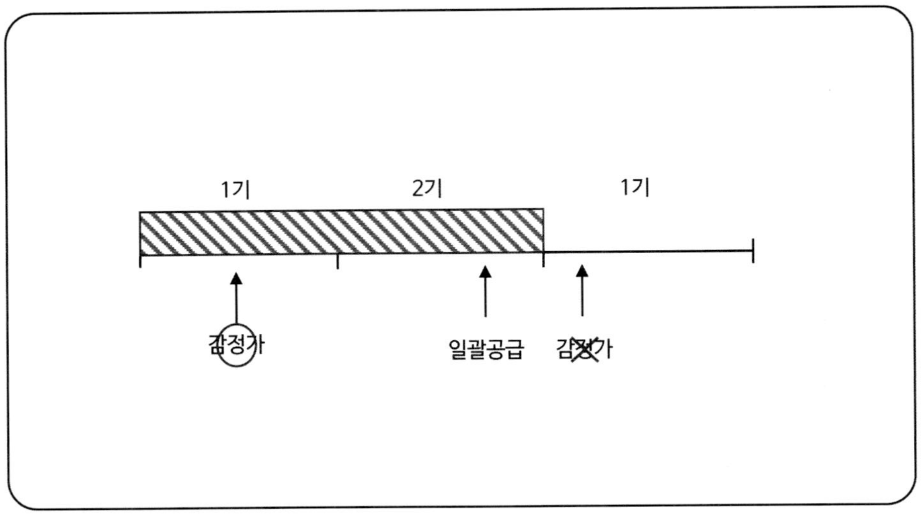

· 감정평가가액 : 공급시기(중간지급조건부 또는 장기할부판매의 경우는 최초 공급시기)가 속하는 과세기간의 직전 과세기간 개시일부터 공급시기가 속하는 과세기간의 종료일까지 감정평가업자가 평가한 감정평가가액

①

구분	공급가액	감정가액
토지	X	3억
건물	Y	2억
합계	10억	5억

②

구분	공급가액	장부가액	기준시가
토지	X	3억	2억
건물	Y	1억	2억
구축물	Z	1억	
합계	10억	5억	4억

③

구분	공급대가	감정가액
토지	X	3억
건물	Y	2억
VAT	0.1Y	0.2억
합계	10억	5.2억

④ → 2차용

구분	VAT제외	VAT포함
1차 안분	①	③
2차 안분	②	④

· **부동산임대용역**

임대료 수입할○, 수입한× 월할(초월산입·말월불산입)

＋

간주임대료 보증금 × 정기예금이자율 × 일수/365(366) 일할

(-) 월세충당액
(-) 전전세 임차보증금

＋

관리비 순수관리비○, 공공요금징수액×

· 간주임대료

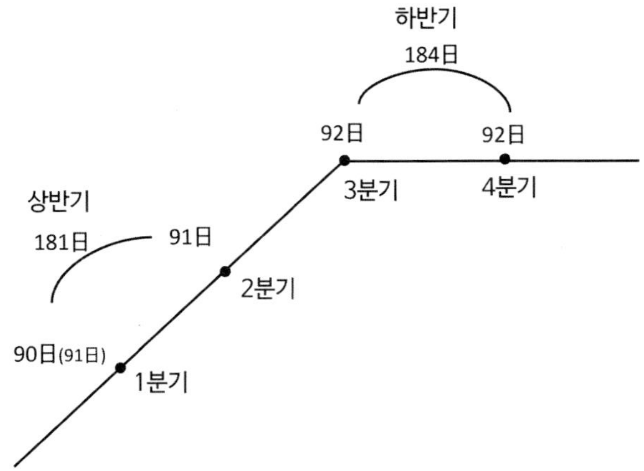

· 적수계산

적수의 계산 : **초일산입 · 말일불산입**
cf) 민법상의 원칙 : 초일불산입·말일산입

If) 차입금 적수계산

· 간주임대료 적수계산

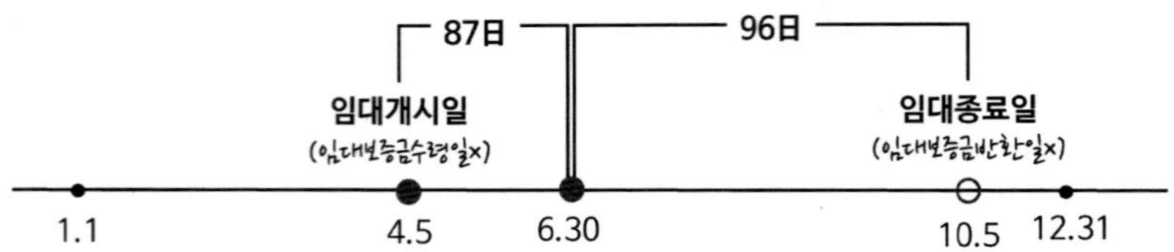

· 임차부동산을 재임대하는 경우

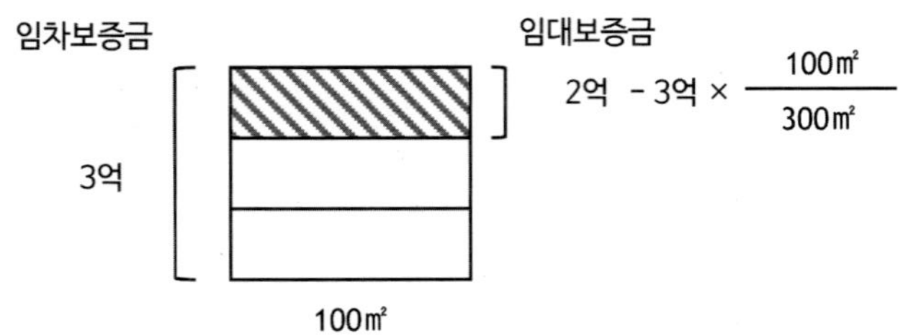

· 겸용주택임대용역

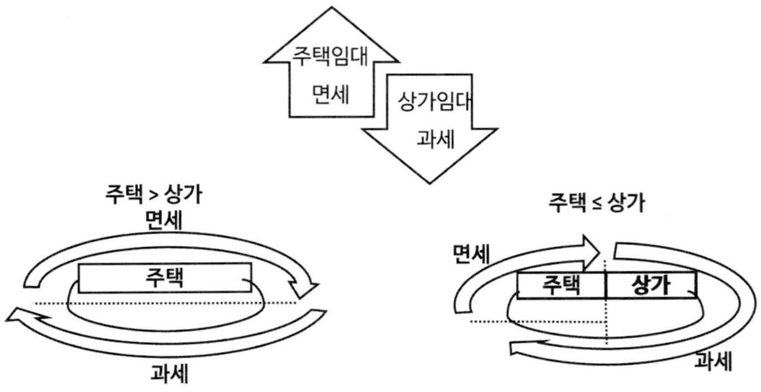

*도시지역가정

Min(600㎡, 500㎡)

구분	면세	과세
건물	100㎡	0㎡
토지	500㎡	100㎡

*도시지역가정

Min(300㎡, 250㎡)

구분	면세	과세
건물	50㎡	50㎡
토지	250㎡	350㎡

Max[연면적, 정착면적 × 5배(10배)]

Max[100㎡, 100㎡ × 5배]

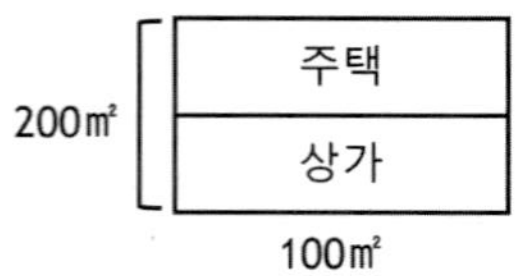

Max[100㎡, 50㎡ × 5배]

↑

$100㎡ \times \frac{100㎡}{200㎡}$

***도시지역외 가정**

Min(300㎡, 500㎡)

구분	면세	과세
건물	50㎡	50㎡
토지	300㎡	300㎡

***도시지역가정**

Min(300㎡, 250㎡)

구분	면세	과세
건물	50㎡	50㎡
토지	250㎡	350㎡

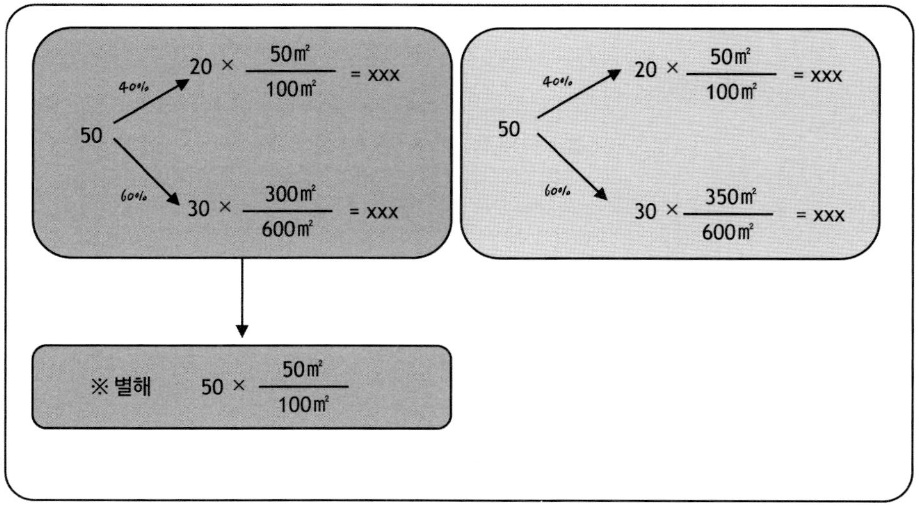

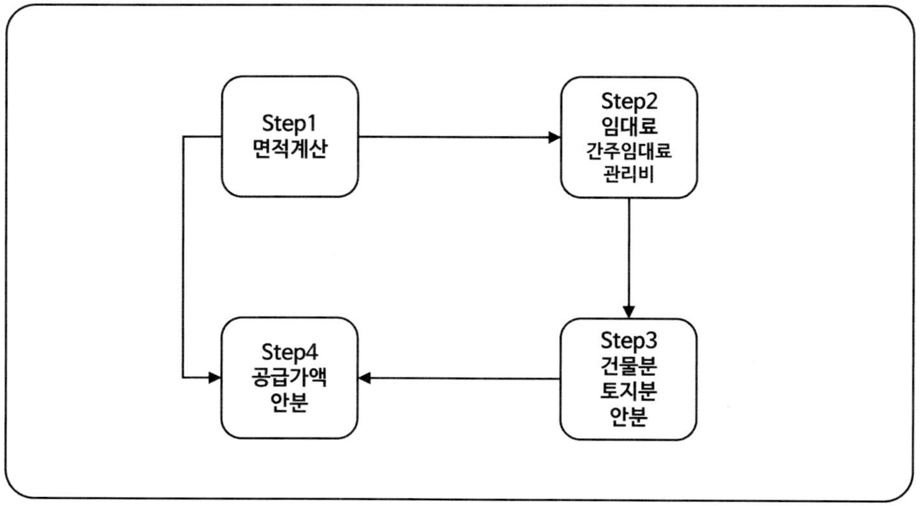

주택분 토지가 부수토지 한도를 초과하지 않는 경우 건물과 토지의 면적비율이 동일하므로 다음과 같이 공급가액을 계산할 수 있다.

$$공급가액 = 총임대료 \times \frac{과세건물면적}{총건물면적}$$

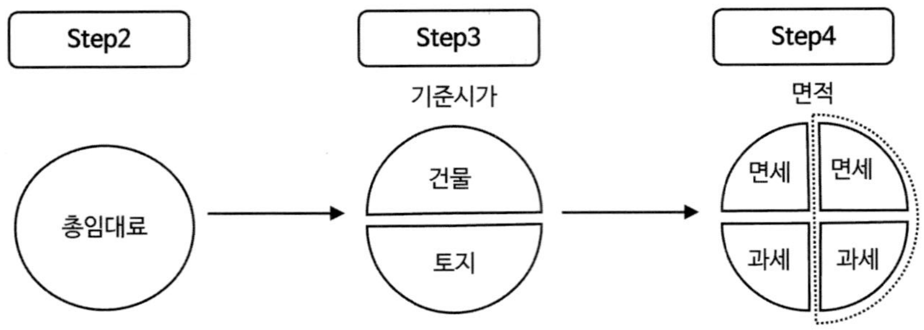

차	매출채권	110	대	매출액	100
				매출세액	10

대손금액 $\times \frac{10}{110}$

대손사유	**소멸시효, 파산, 부도+6개월**
대손기한	**5년+과세기간+확정신고기한**
신고서제출	**예정×, 확정○**

간이과세자X

· **대손세액공제**

법에서 정한 대손세액공제요건을 충족한 대손세액은 그 **대손이 확정된 날이 속하는 과세기간의** 매출세액에서 뺄 수 있다.

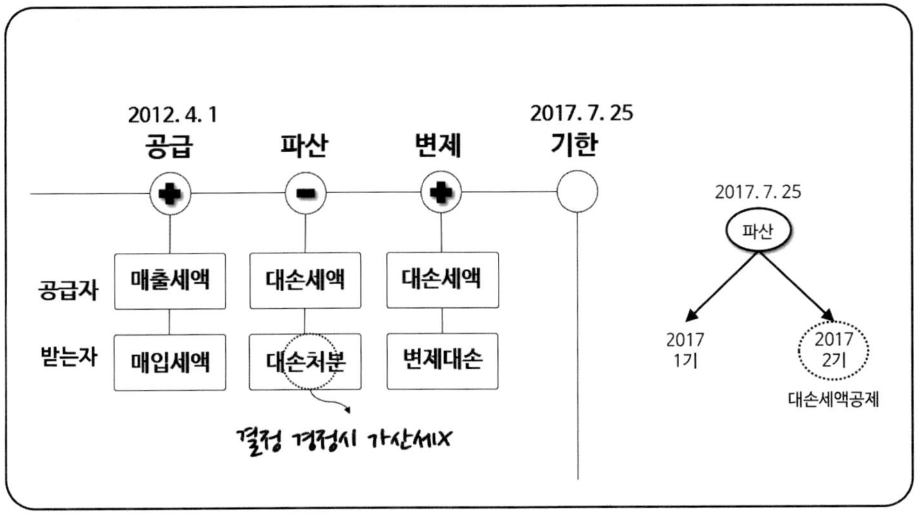

공급자가 대손세액을 매출세액에서 차감한 경우 공급자의 관할세무서장은 대손세액공제사실을 공급받는자의 관할세무서장에게 통지하여야 하며, 공급받는 사업자가 대손세액을 매입세액에서 빼지 아니한 경우 공급받는 사업자의 관할세무서장은 이를 결정 또는 경정한다.

이때 공급받는 사업자에 대하여 신고관련 가산세와 납부불성실·환급불성실가산세를 적용하지는 않는다.

제6장

세금계산서

구분		발급증빙
과세사업자	일반과세자	일반업종 : 세금계산서
		최종소비자대상업종 : 영수증
	간이과세자	영수증
세관장		수입세금계산서(부가가치세의 납부가 유예되는 때에도 발급함*)
면세사업자		일반업종 : 계산서
		최종소비자대상업종 : 영수증

* 수입되는 재화에 대하여 부가가치세의 납부가 유예되는 때에는 수입세금계산서에 납부유예 표시를 하여 발급한다.

· **세금계산서**

부가가치세의 전가, 매입세액공제, 송장, 영수증, 청구서, 증빙서류 또는 과세자료의 기능을 한다.

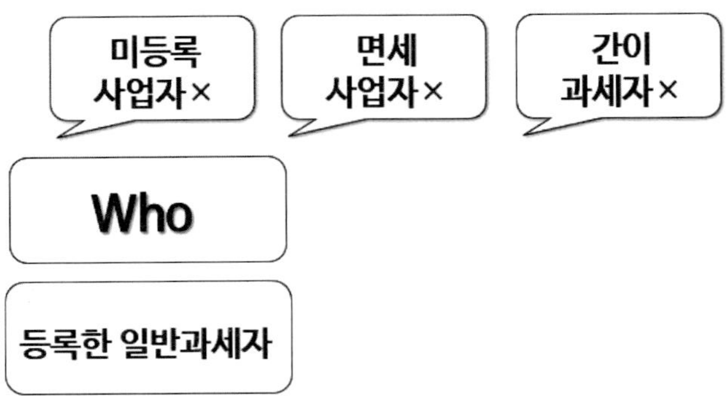

재화·용역을 공급하는 사업자는 세금계산서 2매를 작성하여 공급자용 1매를 보관하고 공급받는 자용 1매는 거래상대방에게 발급하여야 한다.

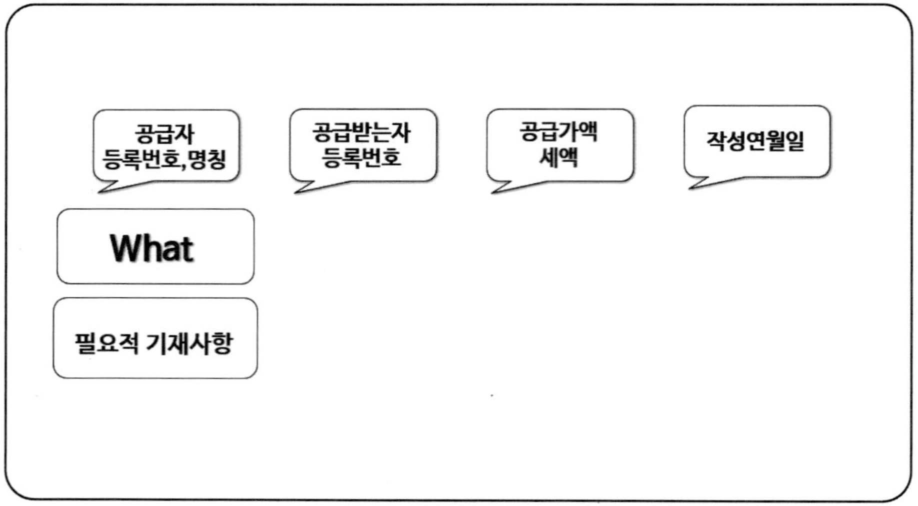

· **필요적기재사항의 미기재·부실기재시 제재**

공급자	공급받는자
세금계산서불성실가산세(1%)	매입세액불공제

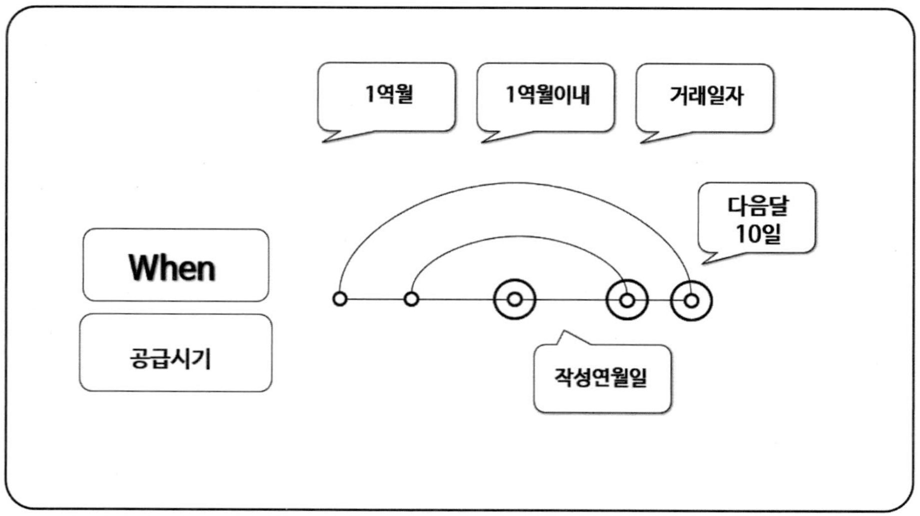

· **발급시기**

1. 원칙
재화·용역의 공급시기

2. 특례
(1) 선발급 특례
(2) 후발급 특례

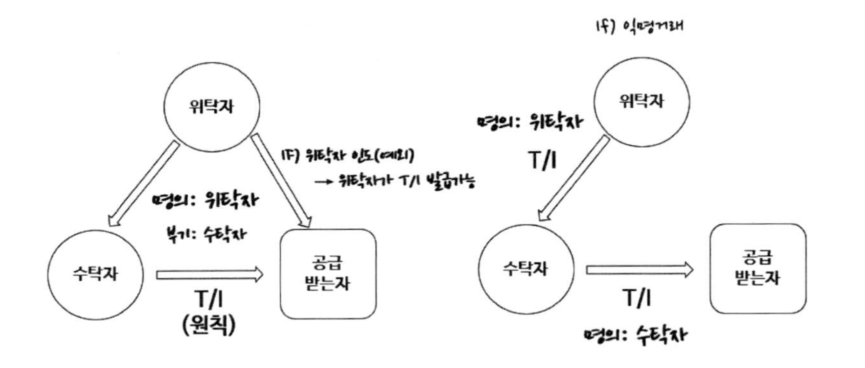

· **위탁매매**

① 원칙 : 수탁자(대리인)가 재화 인도시 수탁자(대리인)가 위탁자(본인)의 명의로 세금계산서를 발급
② 예외 : 위탁자(본인)가 재화 인도시 위탁자(본인)가 세금계산서를 발급할 수 있음

* 위탁자(본인)를 알 수 없는 경우에는 위탁자(본인)는 수탁자(대리인)에게, 수탁자(대리인)는 거래상대방에게 공급한 것으로 보아 세금계산서를 발급한다.

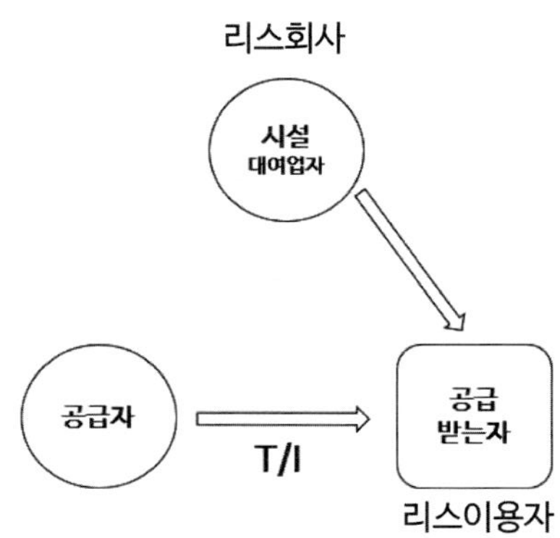

· **리스거래**

사업자(리스이용자)가 시설대여업자(리스회사)로부터 시설 등을 임차하고 그 시설 등을 공급자 또는 세관장으로부터 직접 인도받은 경우에는 공급자 또는 세관장이 해당 사업자에게 직접 세금계산서를 발급할 수 있다.

Who	법인 사업자	개인 사업자 (3억원↑)
When	발급 공급시기	전송 다음날

· **전자세금계산서**

①발급대상 : 법인사업자와 직전연도 사업장별 공급가액 합계액이 3억원 이상인 개인사업자는 전자세금계산서를 발급하여야 한다.
→ 의무발급대상이 아닌 개인사업자는 선택적으로 전자세금계산서를 발급할 수 있다.

② 전송기한 : 전자세금계산서를 발급하였을 때에는 **<u>발급일의 다음날</u>**까지 전자세금계산서 발급명세를 국세청장에게 전송하여야 한다.

Benefit	합계표제출×	5년보존×
Penalty	지연전송 0.5%	미전송 1%

· **전자세금계산서 발급·전송에 대한 혜택과 제재**

① 지연전송 : 전송기한 경과 후 공급시기가 속하는 과세기간 말의 다음달 11일까지 전송한 경우

② 미전송 : 공급시기가 속하는 과세기간 말의 다음달 11일까지 전송하지 아니한 경우

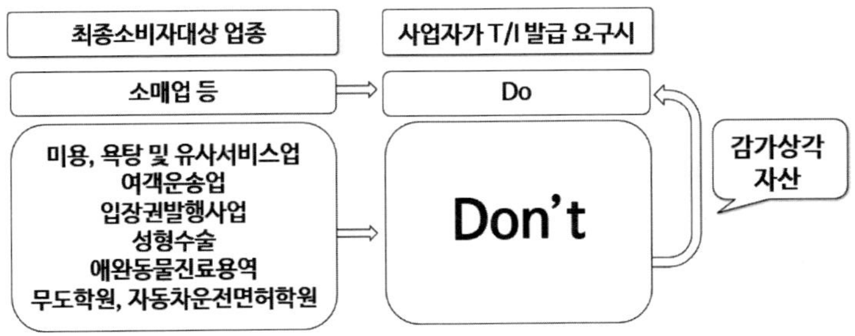

· **영수증발급대상업종의 세금계산서 발급 여부**

영수증발급대상자(간이과세자, 세금계산서 발급금지업종 제외)라고 하더라도 공급을 받는 사업자가 사업자등록증을 제시하고 세금계산서의 발급을 요구하는 때에는 세금계산서를 발급하여야 한다.

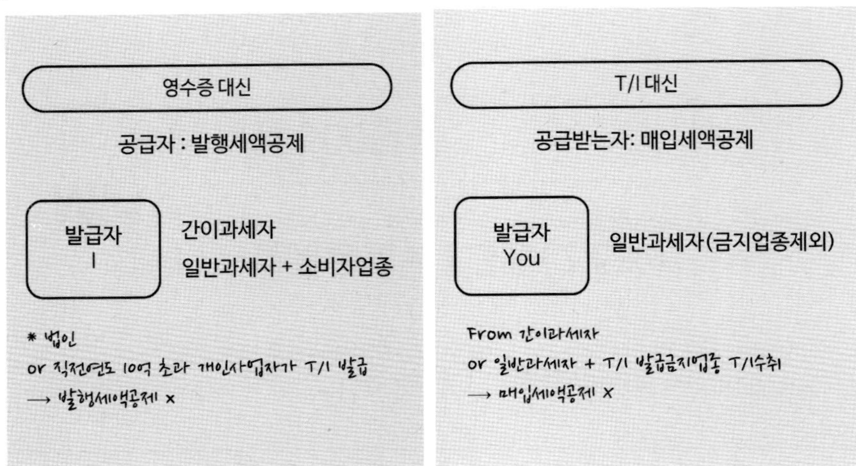

· **신용카드매출전표 등 발행세액공제**

다음 중 어느 하나에 해당하는 사업자가 신용카드매출전표 등을 발행한 경우 신용카드매출전표 등 발행세액공제를 받을 수 있다.

① **간이과세자**
② **일반과세자 중 영수증 발급대상인 법 소정의 개인사업자**(각 사업장의 직전연도의 재화 또는 용역의 공급가액의 합계액이 10억원을 초과하는 개인사업자는 제외한다.)

· **신용카드매출전표 등 수취분 매입세액공제**

일반과세자(세금계산서 발급금지업종 제외)로부터 발급받은 신용카드매출전표 등에 의해 확인되는 매입세액은 일정요건 충족시 공제할 수 있는 매입세액으로 본다.

VAT 포함금액

간이과세자 and 음식점업·숙박업

Min
1. 결제금액 x 1.3% (2.6%)
2. 연 500만원

신용카드매출전표 등 발행세액공제금액이 납부할 세액(가산세 제외)을 초과하는 경우 초과하는 부분은 없는 것으로 본다.

① 최종소비자대상 업종
② 간주공급 — 판매목적 타사업장반출
③ 간주임대료 — 일반임대료
④ 영세율 — By 내국신용장 등 수출
⑤ 신용카드매출전표등의 발급

· 세금계산서 및 영수증 발급의무 면제

영세율대상거래 중 주요 세금계산서 발급거래

① 원료를 대가 없이 국외의 수탁가공 사업자에게 반출하여 가공한 재화를 양도하는 경우에 그 원료의 반출
② 내국신용장(구매확인서)에 의하여 공급하는 재화
③ 한국국제협력단, 한국국제보건의료재단 및 대한적십자사에 공급하는 재화
④ 선박의 외국항행용역(공급받는 자가 국내사업장이 있는 사업자인 경우)
⑤ 수출재화임가공용역
⑥ 외국항행선박 등에 공급하는 재화·용역(공급받는 자가 국내 사업장이 있는 사업자인 경우)

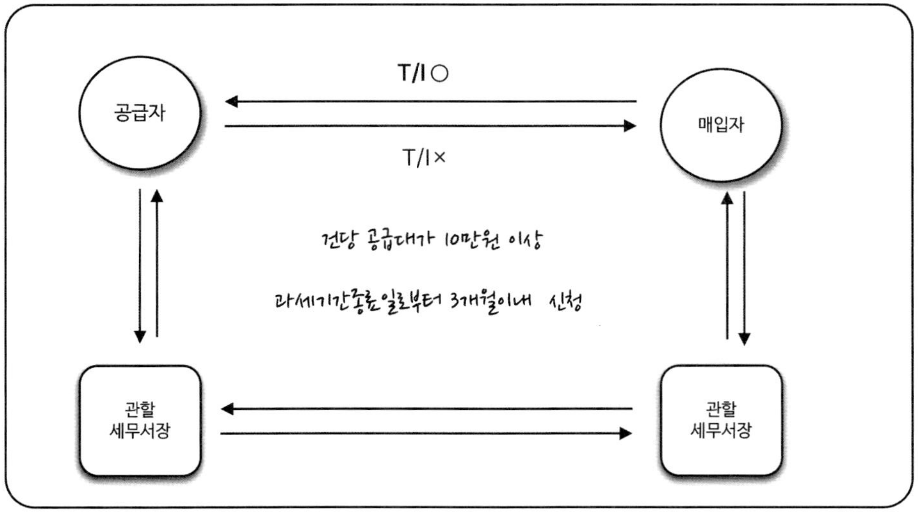

· **매입자발행세금계산서**

세금계산서 발급의무가 있는 일반과세자가 재화 또는 용역을 공급하고 부가가치세법에 따른 세금계산서 발급시기에 세금계산서를 발급하지 아니한 경우 그 재화 또는 용역을 **공급받은 자**는 관할세무서장의 확인을 받아 매입자발행세금계산서를 발행할 수 있다.

이러한 매입자발행세금계산서에 기재된 부가가치세액은 공제할 수 있는 매입세액으로 본다.

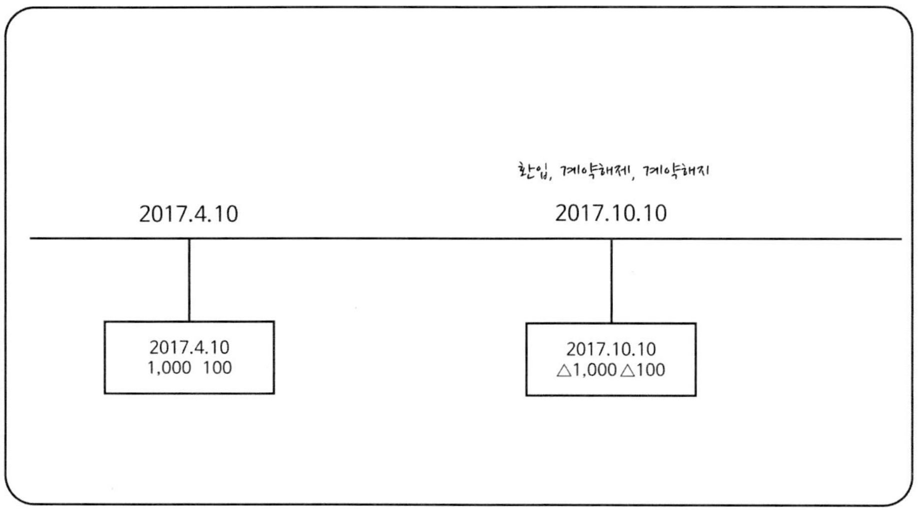

· **수정세금계산서**

- 환입된 경우

재화가 환입된 날을 작성일로 적고 비고란에 처음 세금계산서 작성일을 덧붙여 적은 후 붉은색 글씨로 쓰거나 음의 표시를 하여 발급

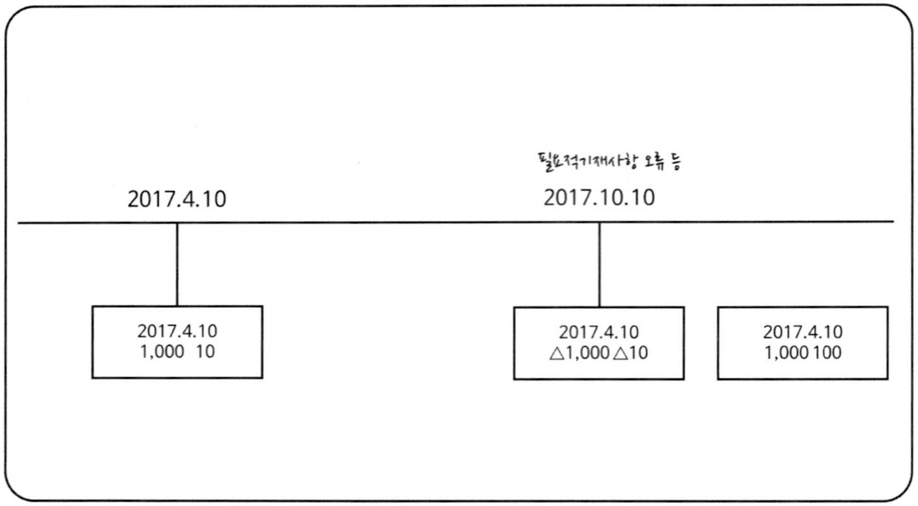

- 필요적 기재사항 등이 착오로 잘못 적힌 경우

처음에 발급한 세금계산서의 내용대로 세금계산서를 붉은색 글씨로 쓰거나 음의 표시를 하여 발급하고, 수정하여 발급하는 세금계산서는 검은색 글씨로 작성하여 발급

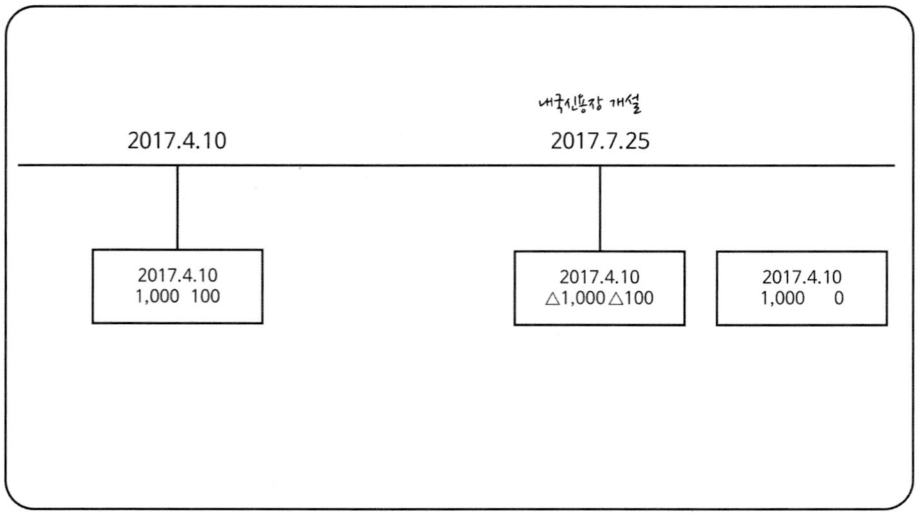

- 내국신용장 등 사후개설

내국신용장 등이 개설된 때에 그 작성일은 **처음 세금계산서 작성일**을 적고 비고란에 내국신용장 개설일 등을 덧붙여 적어 영세율 적용분은 검은색 글씨로 세금계산서를 작성하여 발급하고, 추가하여 처음에 발급한 세금계산서의 내용대로 세금계산서를 붉은색 글씨로 또는 음의 표시를 하여 작성하고 발급

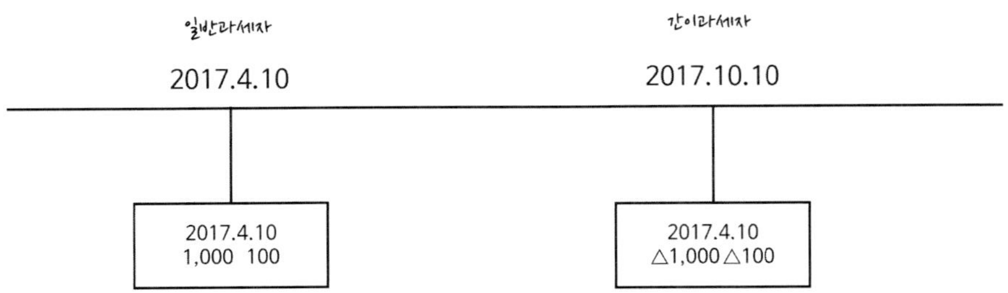

- 일반과세자 → 간이과세자

처음에 발급한 세금계산서 작성일을 수정세금계산서 또는 수정전자세금계산서의 작성일로 적고, 비고란에 사유 발생일을 덧붙여 적은 후 추가되는 금액은 검은색 글씨로 쓰고 차감되는 금액은 붉은색 글씨로 쓰거나 음의 표시를 하여 수정세금계산서나 수정전자세금계산서를 발급

· **세금계산서합계표의 제출**

구 분	과세사업자	면세사업자	세관장
① 매출처별세금계산서합계표 제출	○	×	○
② 매입처별세금계산서합계표 제출	○	○	×

제7장
매입세액과 차가감납부세액

구분	공제분	不공제분
세금계산서 수취 매입세액	✓	✓
기타공제 매입세액	✓	
공제받지 못할 매입세액		✓

✓ 세금계산서 수취분

✓ 신용카드매출전표 ✓ 의제매입세액
✓ 과세전환매입세액 ✓ 재고매입세액
✓ 변제대손세액

✓ 공제받지 못할 매입세액
✓ 공통매입세액 면세사업분
✓ 대손처분받은 세액

· **매입세액의 계산구조**

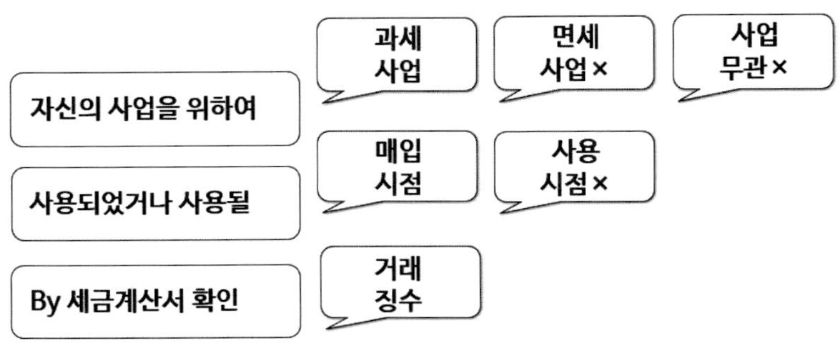

· **매입세액공제의 요건**

사업자가 ①자기의 사업을 위하여 ②사용하였거나 사용할 목적으로 공급받은 재화·용역에 대한 부가가치세액* 또는 수입하는 재화에 대한 세액으로서 ③세금계산서에 의해 확인되는 매입세액은 매출세액에서 공제하는 매입세액으로 한다.

* 사업의 양수도 거래시 양수자가 대리납부한 부가가치세액을 포함한다.

면	면세사업관련 매입세액
세	세금계산서, 매입처별 합계표
사	사업무관 매입세액
등	등록전 매입세액
접	접대비관련 매입세액
대	토지관련 매입세액
비	비영업용 소형승용차 관련

간주임대료 영수증수취분

의무불이행 · 업무무관
(법인세법상 손금불산입항목)

· **매입세액 불공제**

cf) 세금계산서 지연수취
재화 또는 용역의 공급시기 이후에 발급받은
세금계산서로서 해당 공급시기가 속하는 과세기간에
대한 확정신고기한까지 발급받은 경우
→ 매입세액공제, 가산세 부과

cf) 매입처별 세금계산서합계표 지연제출

① 지연제출(예정신고분을 확정신고시 제출), 수정신고,
경정청구, 기한후신고시 제출
→ 매입세액공제, 가산세 없음

② 경정시 경정기관의 확인을 거쳐 제출
→ 매입세액공제, 가산세 부과

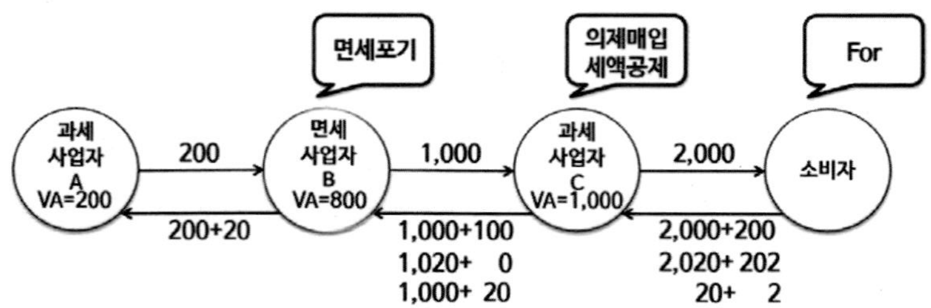

· **의제매입세액공제 → 누적효과 완화**

면세농산물 등을 과세원재료로 사용하기 위해 매입한
경우 매입세액이 없더라도 매입가액의 일정비율을
매입세액으로 보아 공제하는 것

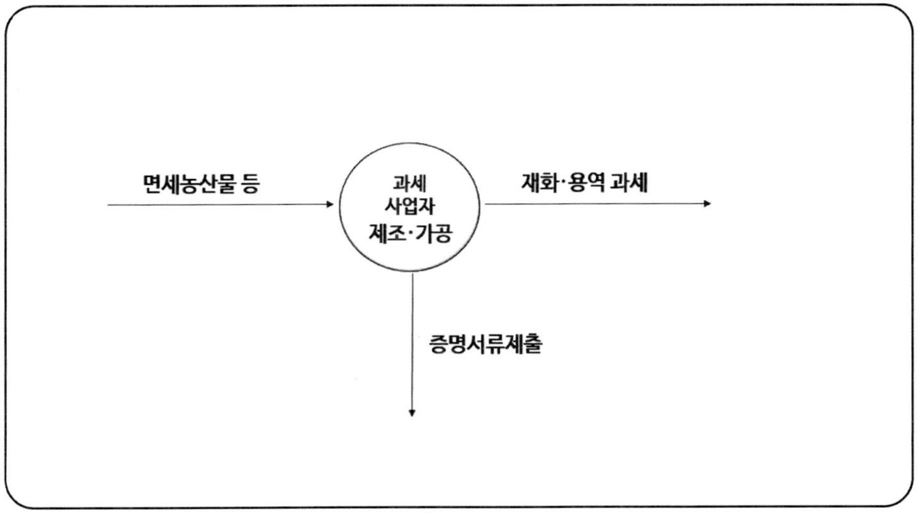

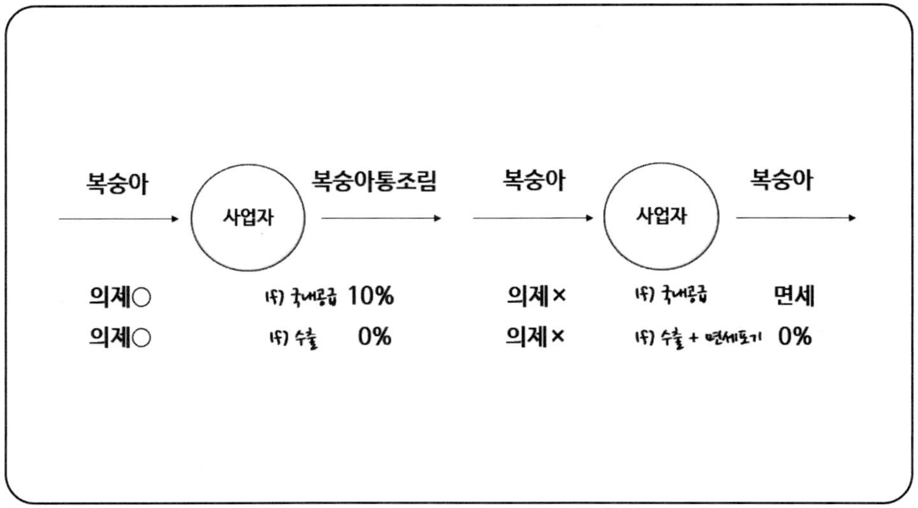

· **의제매입세액 공제요건**

① 과세사업자일 것(면세포기에 의하여 영세율이 적용되는 경우 제외)
② 면세되는 농·축·수·임산물 및 소금을 공급받아야 할 것
③ 면세로 공급받은 농산물 등을 원재료로 제조·가공한 재화·용역이 과세될 것
④ 의제매입세액공제신고서와 함께 면세농산물 등을 공급받은 사실을 증명하는 다음의 서류를 예정신고 또는 확정신고시 제출할 것(제조업을 영위하는 사업자가 농·어민으로부터 면세농산물 등을 직접 공급받는 경우에는 의제매입세액공제신고서만 제출하더라도 공제가능함)

a. 매입처별계산서합계표
b. 신용카드매출전표 등 수령명세서

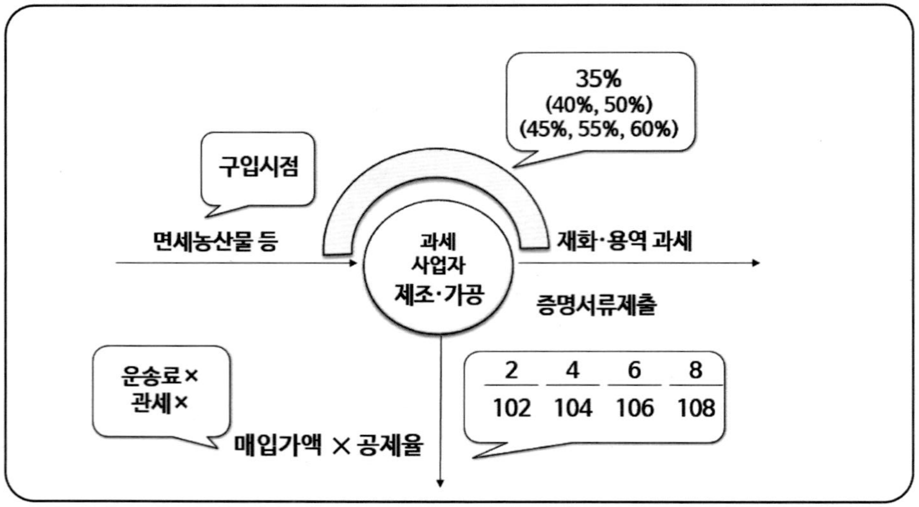

· 의제매입세액

공제시기
매입시점○, 사용시점×

공제액

공제금액 = min [①, ②] − 예정신고시 공제액
① 공제대상액 : 해당과세기간의 면세농산물 등 매입가액 × 공제율
② 한도 : 해당과세기간의 면세농산물 등 관련 과세표준 × 적용률 × 공제율

매 출 세 액 과표×세율 예정신고누락 대손세액가감
(−)매 입 세 액 T/I수취분 + 기타공제매입세액 − 공제받지 못할 매입세액 예정신고누락
납 부 (환 급) 세 액
(−)공 제 세 액 신카발행 전자신고
예정신고미환급세액
예 정 고 지 세 액
(+)가 산 세
차 가 감 납 부 세 액
× 89%
차 가 감 납 부 세 액

확정신고
① 대손세액가감
② 납부환급세액재계산
③ 과세전환매입세액공제
④ 전자신고세액공제
⑤ 가산세
⑥ 일반환급
⑦ 의제매입세액공제한도

· 차가감납부세액 계산구조

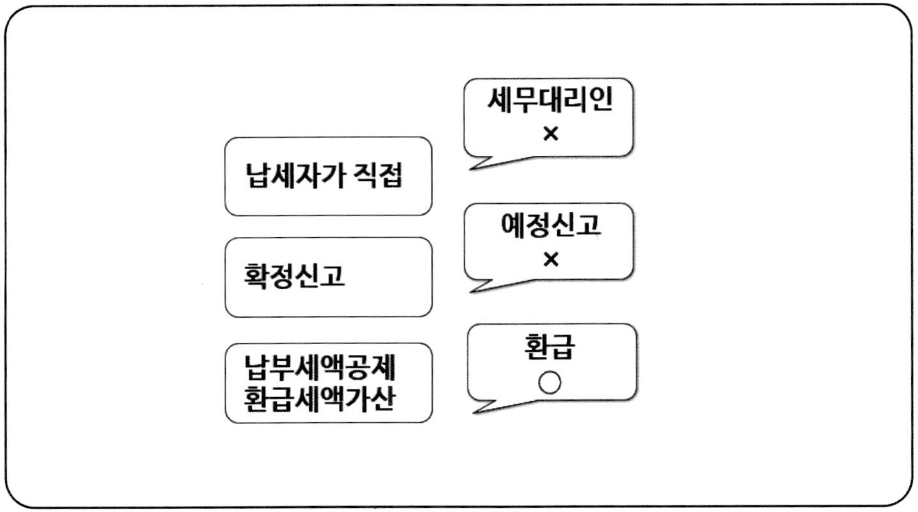

· **전자신고세액공제**

납세자가 **직접** 전자신고방법으로 부가가치세 **확정신고**를 하는 경우에는 해당 납부세액에서 **1만원을 공제하거나 환급세액에 가산한다.**

제8장

겸영사업자의 특례

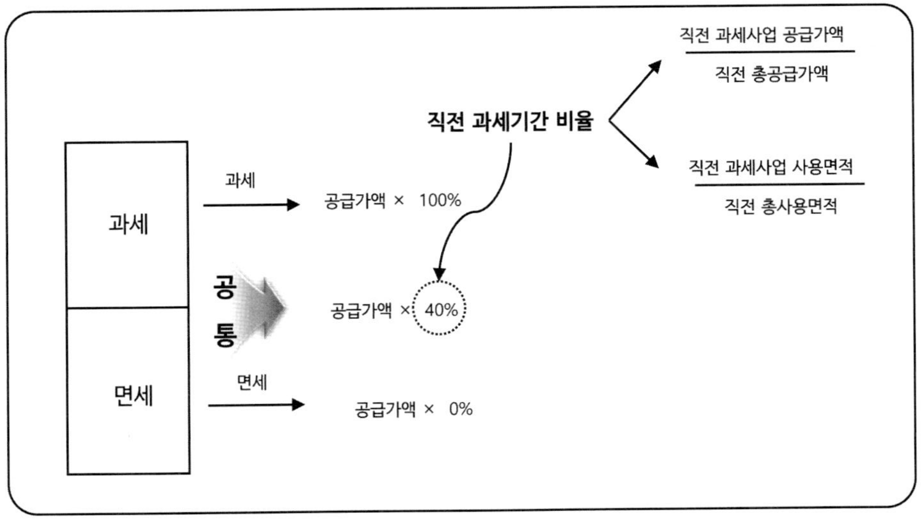

· **공통사용재화 공급가액 안분계산**

- 공통매입세액을 사용면적비율로 안분계산하였거나 납부·환급세액을 사용면적비율로 재계산한 재화를 공급한 경우에는 직전과세기간의 사용면적비율에 의하여 계산한다.
- 휴업 등으로 인하여 직전 과세기간의 공급가액(또는 사용면적비율)이 없을 때에는 그 재화를 공급한 날에 가장 가까운 과세기간의 공급가액(또는 사용면적비율)으로 계산한다.

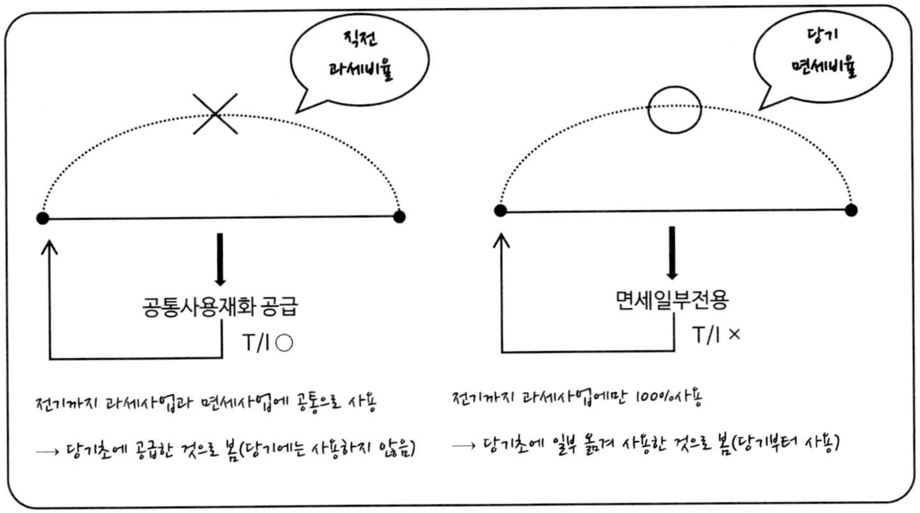

· **공통사용재화의 공급 vs 면세일부전용**

cf) 겸영사업자의 공통사용재화가 폐업시 잔존재화가 된 경우 → 직전과세기간의 과세사업 공급가액비율로 안분
(당기초에 폐업한 것으로 보므로 당기에는 사용하지 않음)

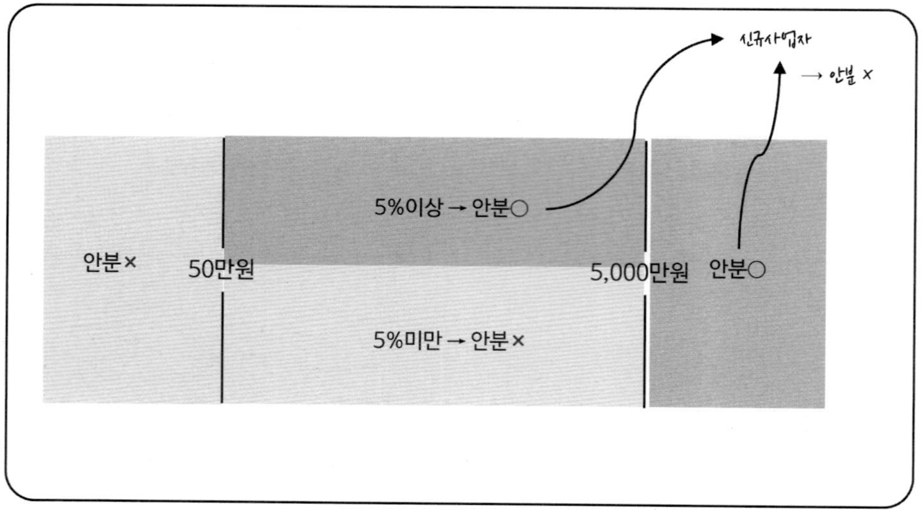

· **안분계산 생략 → 전액 과세표준**

① 재화를 공급하는 날이 속하는 과세기간의 직전 과세기간의 총공급가액 중 면세공급가액이 5%미만인 경우. 다만, 해당 재화의 공급가액이 5,000만원 이상인 경우는 제외한다.
② 재화의 건별 공급가액이 50만원 미만인 경우
③ 재화를 공급하는 날이 속하는 과세기간에 신규로 사업을 시작하여 직전 과세기간이 없는 경우

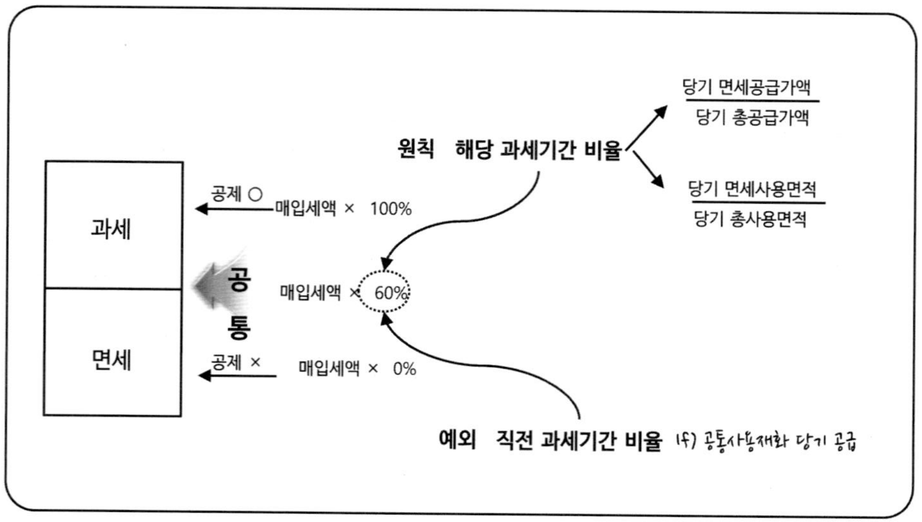

· **공통매입세액 안분계산**

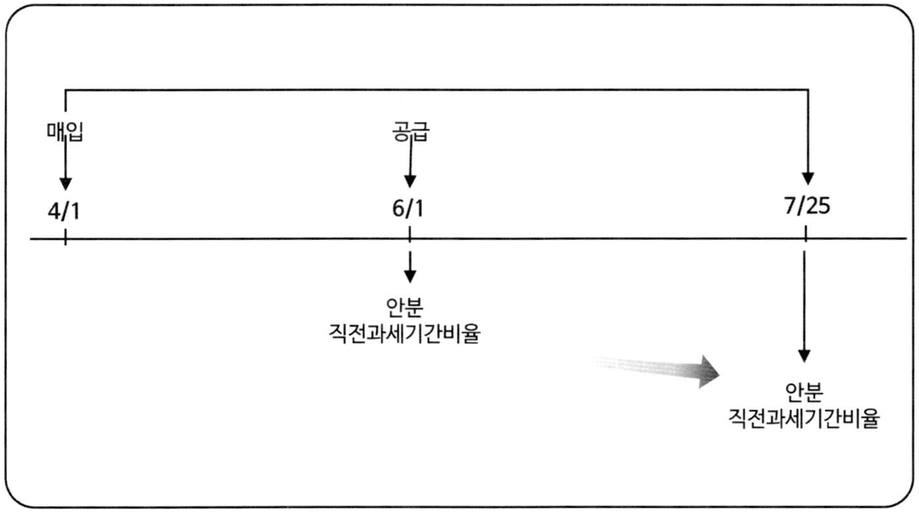

· **공통매입세액**

동일한 과세기간에 공급한 공통사용재화에 대한 공통매입세액 → 직전과세기간비율

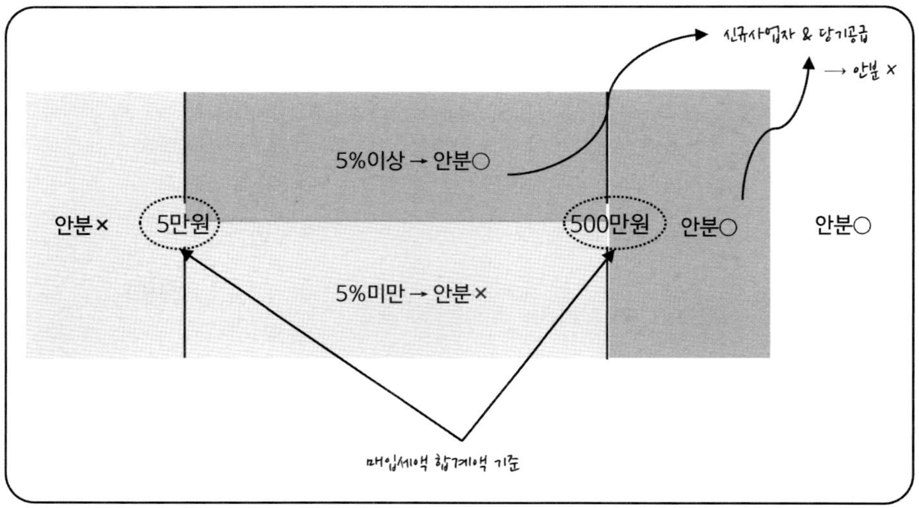

· **안분계산 생략 → 전액 매입세액공제**

① 해당 과세기간의 총공급가액 중 면세공급가액이 5%미만인 경우. 다만, 공통매입세액이 500만원 이상인 경우는 제외한다.
② 해당 과세기간 중의 공통매입세액이 5만원 미만인 경우
③ 해당 과세기간에 신규로 사업을 시작한 사업자가 해당 과세기간에 공급한 공통사용재화인 경우

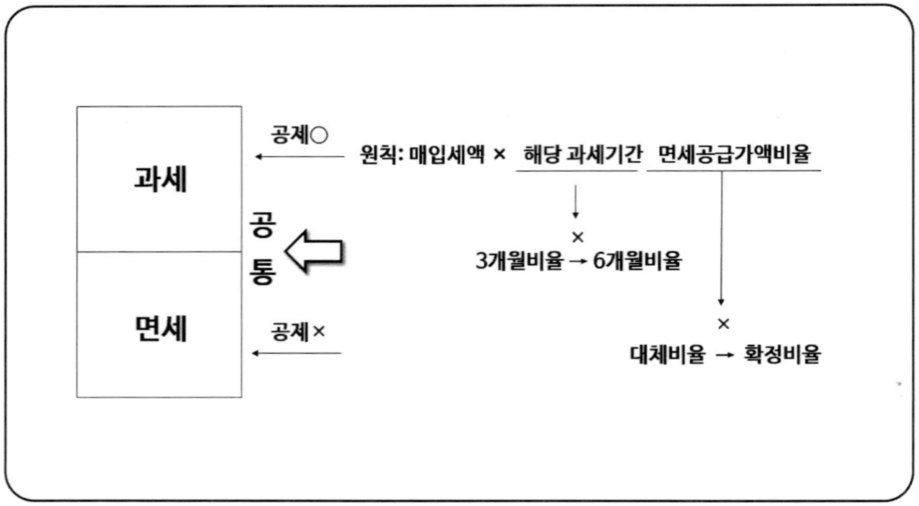

· **매입세액정산**

예정신고시 예정신고기간의 공급가액으로 안분계산하고, 확정신고시 정산한다.

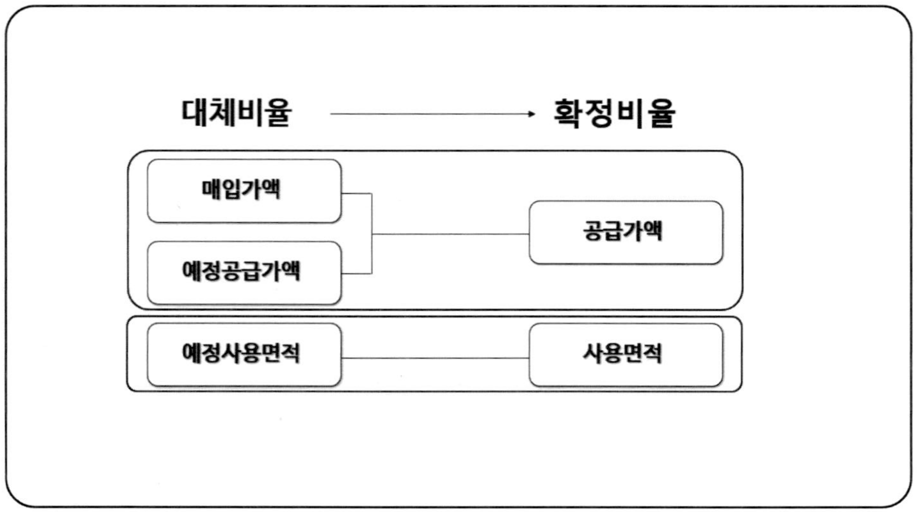

· **매입세액정산**

해당 과세기간 중 과세사업과 면세사업의 공급가액이 없거나 그 어느 한 사업의 공급가액이 없는 경우에는 법정대체비율의 순서에 따라 안분계산하고 공급가액 또는 사용면적이 확정되는 과세기간에 확정비율로 정산한다.

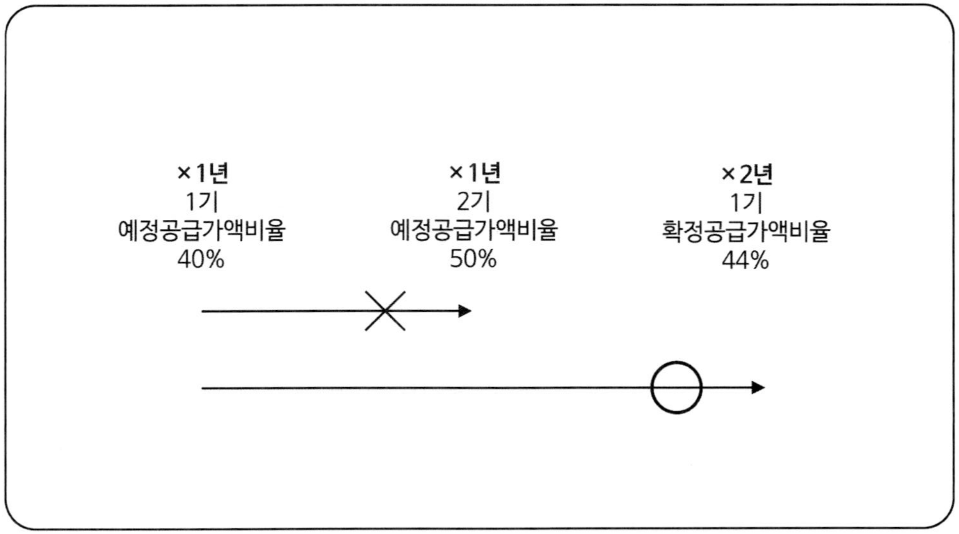

· **매입세액정산**

· 대체비율이 변동되는 경우 대체비율간의 차이는 정산하지 않는다.

· 대체비율과 확정비율의 차이는 5%이상 변동여부를 불문하고 정산한다.

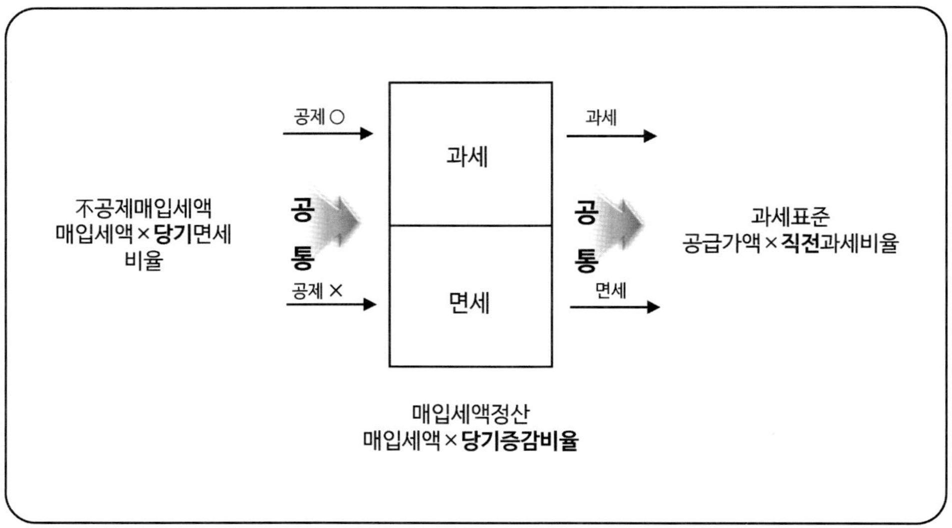

· **매입세액정산 & 재계산**

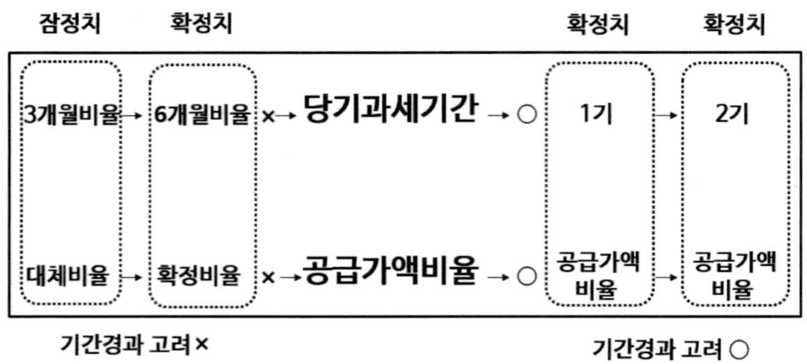

· **납부세액 또는 환급세액의 재계산**

확정신고때만, 감가상각산만

① 감가상각자산 ○	비상각자산×
② 면세비율 5%이상 ○	5% 미만×
③ 확정신고기간 ○	예정신고기간×
④ 당기공급×	당기공급의제×

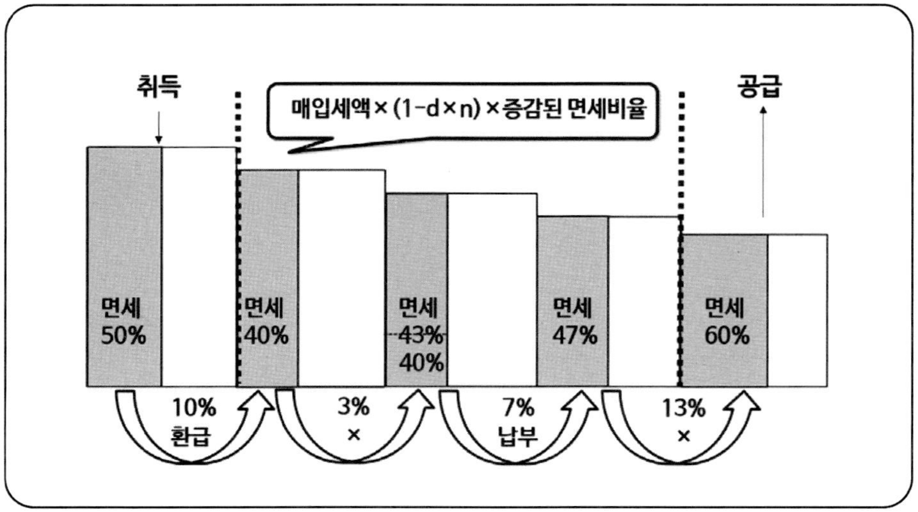

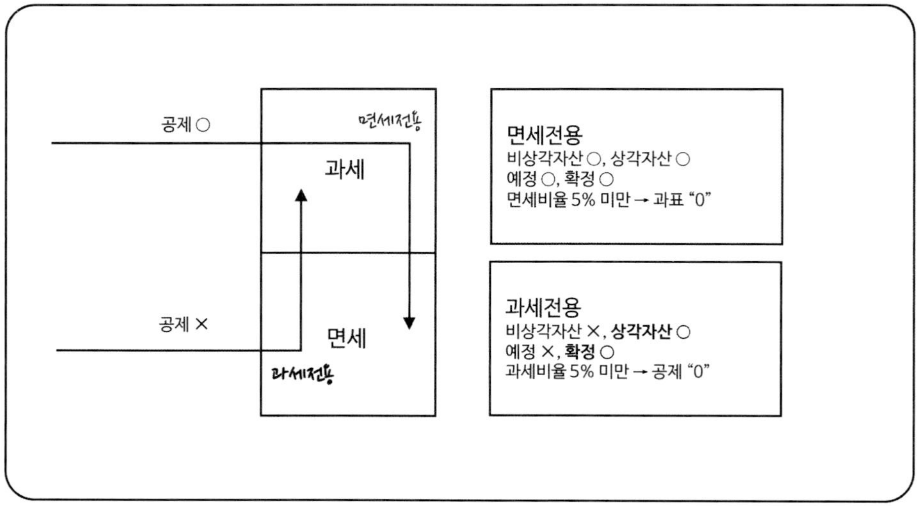

· **과세전환 매입세액**

확정신고때만, 감가상각산만

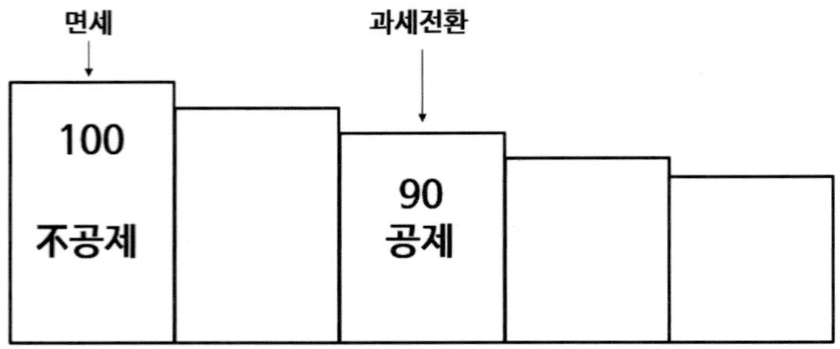

$10 \times (1-5\% \times 2) = 9$

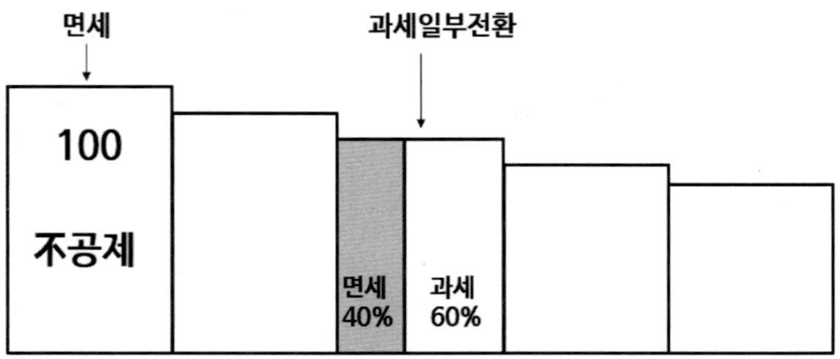

$10 \times (1-5\% \times 2) \times 60\% = 5.4$

· 면세전용 과표 vs 과세전환 매입세액

	완전전용	일부전용
1. 면세전용_상각자산		
건물,구축물	취득가액×(1-5%×n)	× 당기 면세비율
기계장치 등	취득가액×(1-25%×n)	× 당기 면세비율
2. 과세전환_상각자산		
건물,구축물	매입세액×(1-5%×n)	× 당기 과세비율
기계장치 등	매입세액×(1-25%×n)	× 당기 과세비율

제9장 부가가치세의 납세절차

· 국세기본법상 가산세

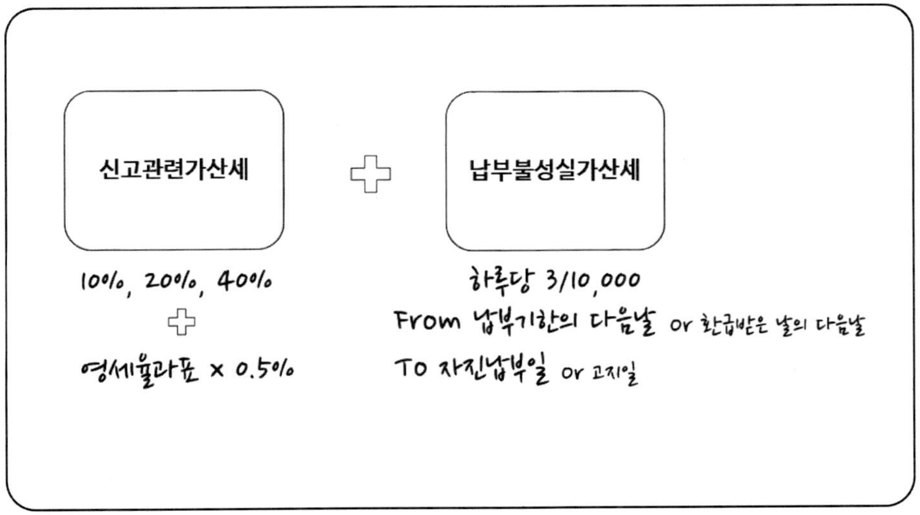

· 부가가치세법상 가산세

중복적용배제(적용우선순위) 요약
1. 세금계산서(2%)
2. 미등록가산세
3. 세금계산서(지연발급〉부실기재〉미전송·지연전송)
4. 매출처별 세금계산서합계표

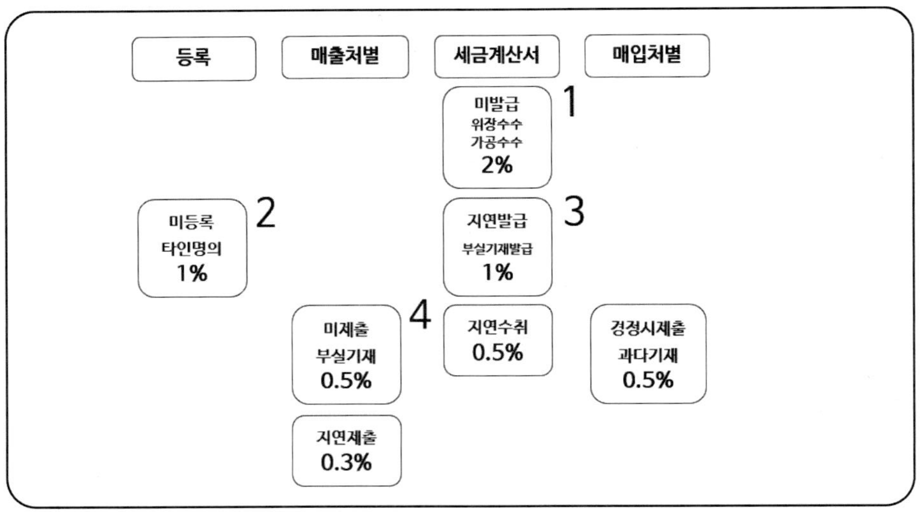

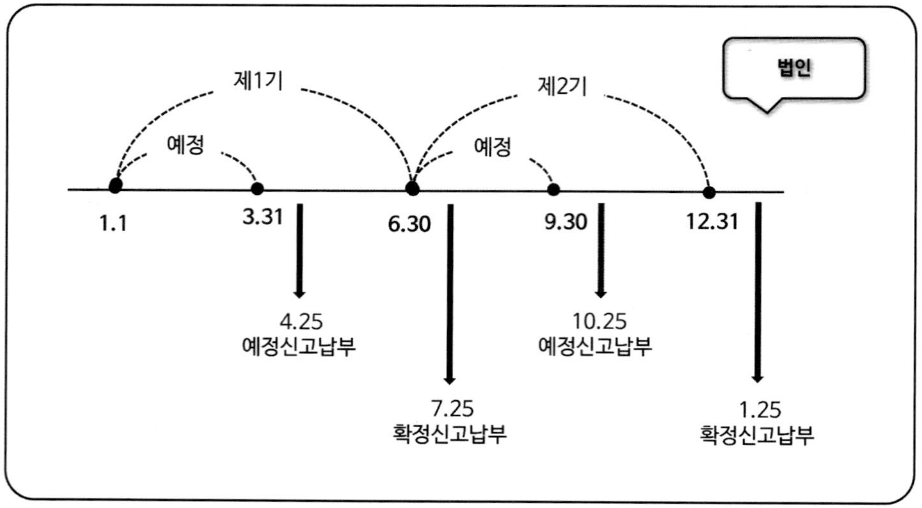

· **법인사업자 신고·납부**

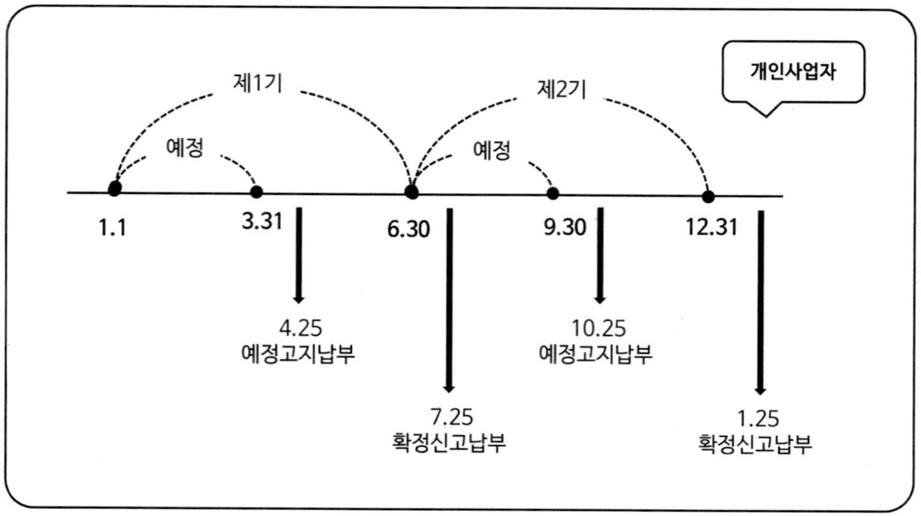

· **개인사업자 신고·납부**

1. 원칙 : 예정고지납부*

* 다만, 다음의 경우 징수하지 아니한다.
① 예정고지세액으로 징수하여야 할 금액이 20만원 미만인 경우 (소액부징수)
② 간이과세자에서 해당 과세기간 개시일 현재 일반과세자로 변경된 경우

2. 예외 : 예정신고납부가능(사업부진자, 휴업자 또는 조기환급 받으려는 자)

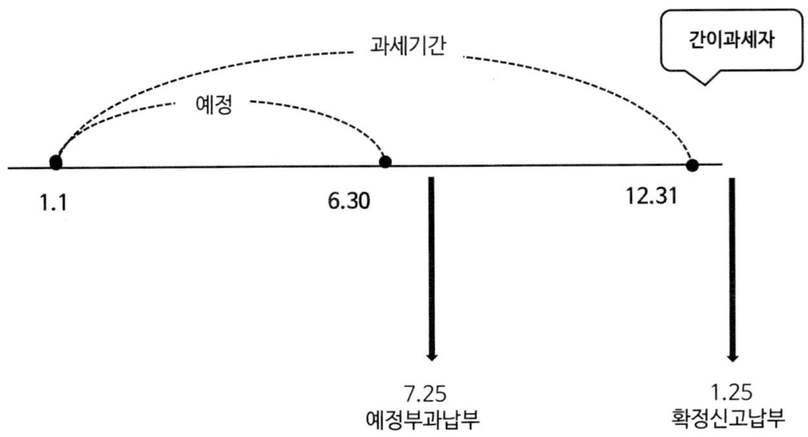

· 간이과세자 신고·납부

1. 원칙 : 예정고지납부*

* 다만, 다음의 경우 징수하지 아니한다.
① 예정고지세액으로 징수하여야 할 금액이 20만원 미만인 경우 (소액부징수)
② 간이과세자에서 일반과세자로 변경됨에 따라 간이과세자로의 해당 과세기간이 1월 1일부터 6월 30일까지인 경우

2. 예외 : 예정신고납부가능(사업부진자·휴업자)

일자	법인사업자	개인사업자	간이과세자
4.25	예정신고납부	예정고지납부	×
7.25	확정신고납부	확정신고납부	예정부과납부
10.25	예정신고납부	예정고지납부	×
1.25	확정신고납부	확정신고납부	확정신고납부

· 신고·납부

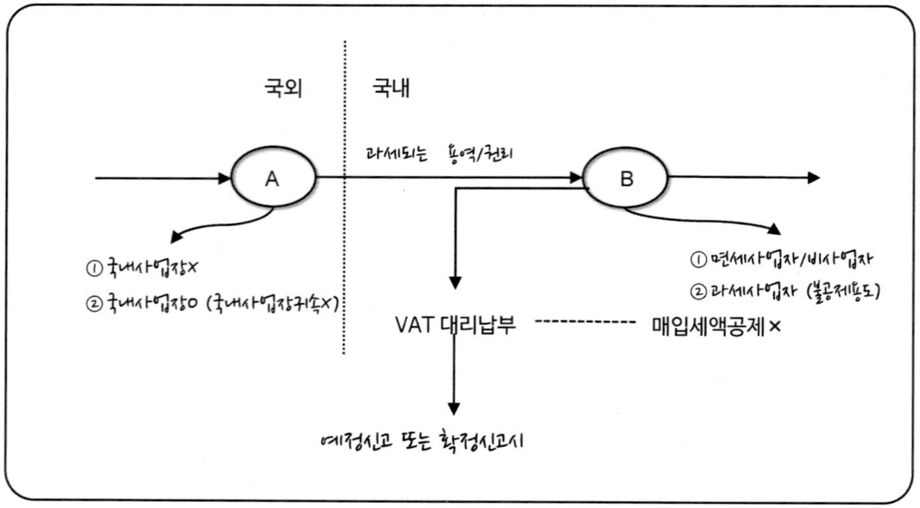

· 비거주자 등이 제공하는 용역 등에 대한 대리납부

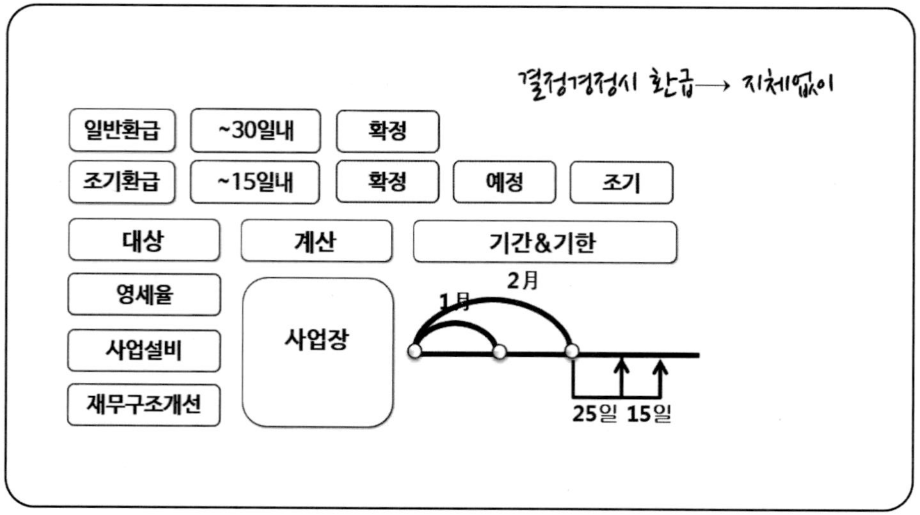

· 환급

조기환급세액은 영세율적용 공급분에 관련된 매입세액·시설투자에 관련된 매입세액·국내공급분에 대한 매입세액을 **구분하지 아니하고** 사업장별로 매출세액에서 매입세액을 공제하여 계산한다.

제10장

간이과세

간이과세

T/I 발급×

환급×

- 직전연도 공급대가 4,800만원 미달
- 개인사업자 (법인×)
- 간이과세배제대상×

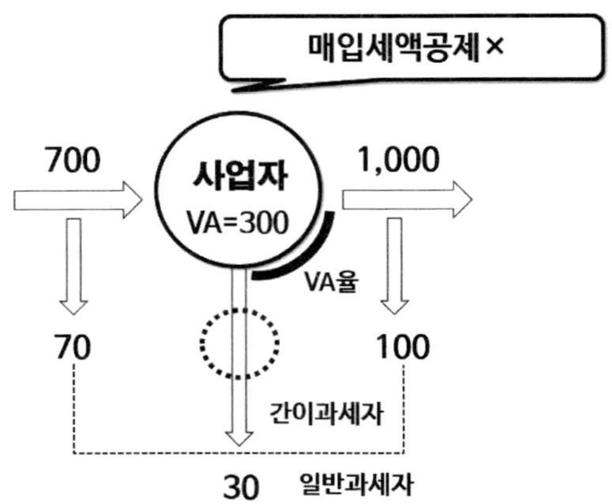

· 간이과세

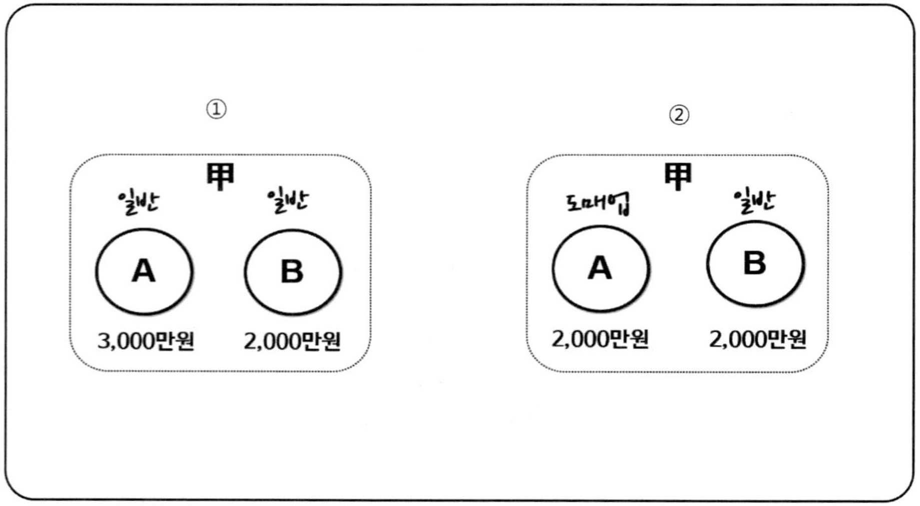

· **간이과세 배제대상**

① 2 이상의 사업장이 있는 사업자가 경영하는 사업으로서 그 둘 이상의 사업장의 공급대가의 합계액이 4,800만원 이상인 경우

② 간이과세가 적용되지 아니하는 다른 사업장을 보유하고 있는 사업자

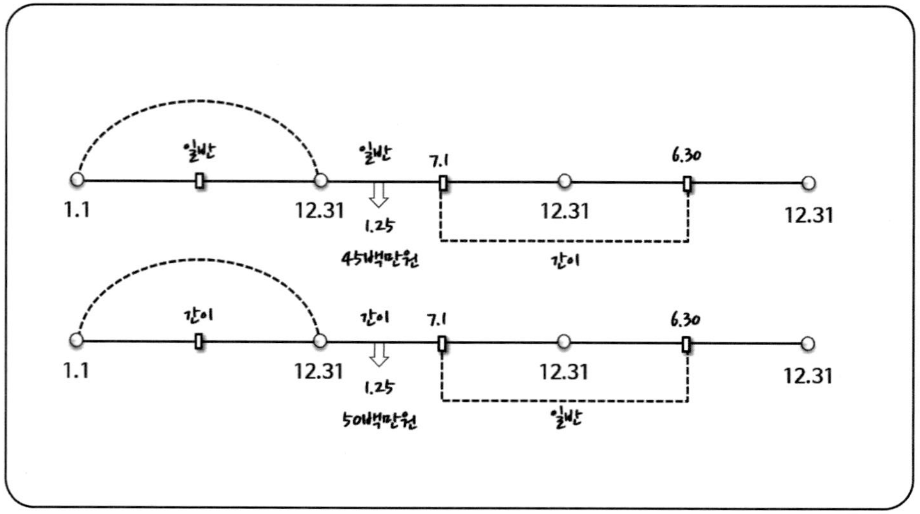

· **과세유형의 변경시기**

간이과세자에 관한 규정이 적용되거나 적용되지 아니하게 되는 기간은 1역년의 공급대가의 합계액이 4,800만원에 미달하거나 그 이상이 되는 해의 다음 해의 7월 1일부터 그 다음 해의 6월 30일까지로 한다.

· 간이과세가 적용되지 아니하는 다른 사업장(기준사업장) 이 생기는 경우

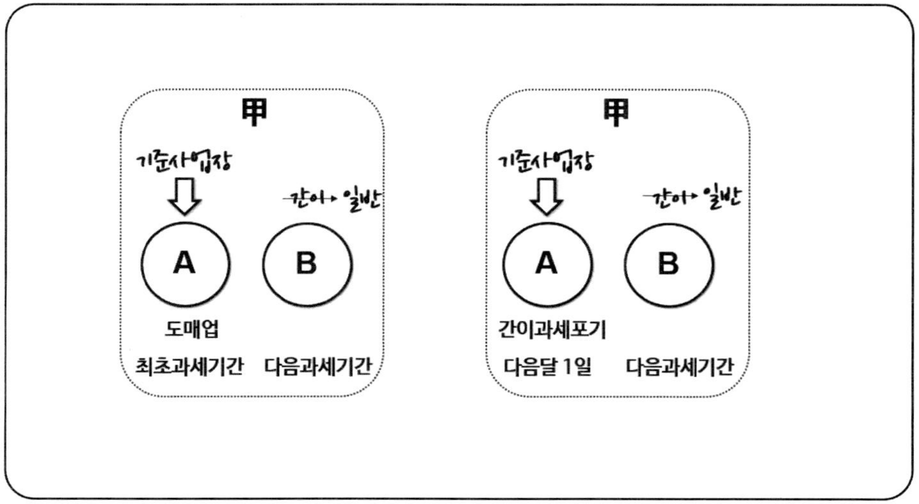

· 간이과세가 적용되지 아니하는 다른 사업장(기준사업장)이 없어지는 경우

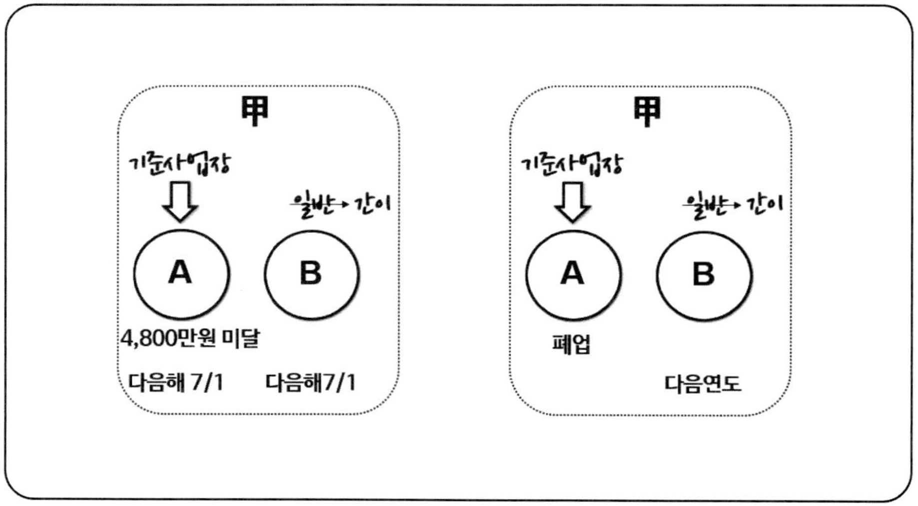

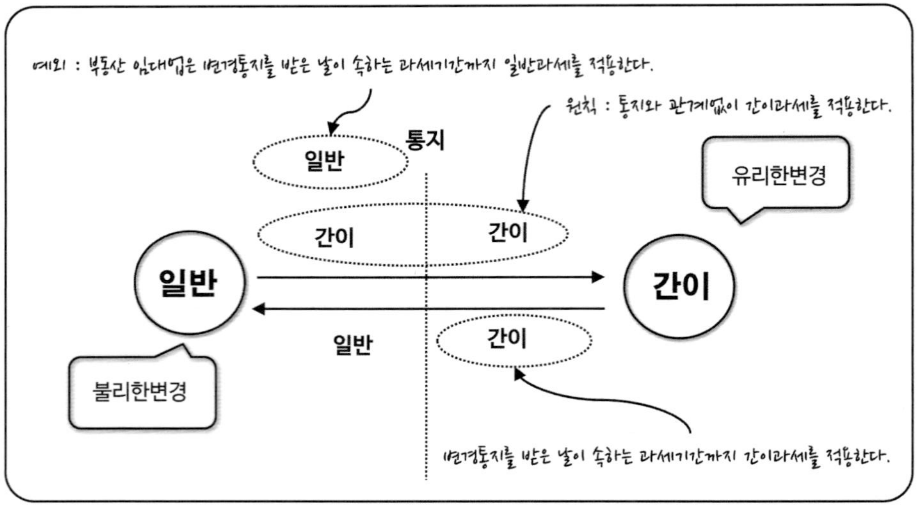

· **변경절차**

① 일반과세자가 간이과세자로 변경되는 경우 : 통지와 관계없이 **간이과세자에 관한 규정을 적용한다.**

다만, **부동산임대업**을 경영하는 사업자의 경우에는 통지를 받은 날이 속하는 과세기간까지는 **일반과세자에 관한 규정을 적용한다.**

② 간이과세자가 일반과세자로 변경되는 경우 : 통지를 받은 날이 속하는 과세기간까지는 **간이과세자에 관한 규정을 적용한다.**

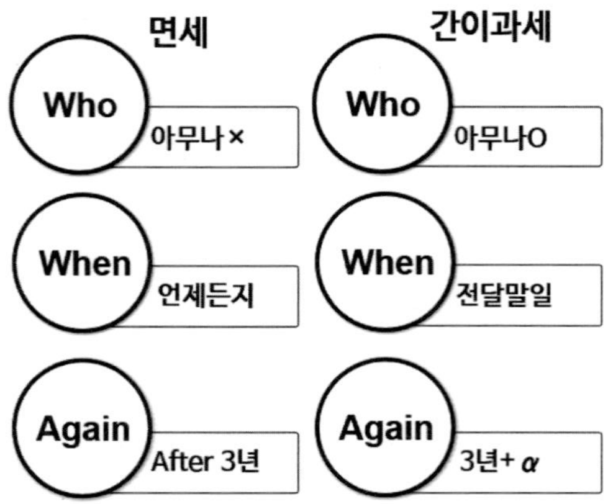

· **간이과세포기 → 누적효과 완화**

(1) 포기대상
① 간이과세자
② 과세유형의 변경규정에 따라 간이과세자에 관한 규정을 적용받게 되는 일반과세자
③ 신규로 사업을 시작하는 개인사업자

(2) 포기절차
간이과세자에 관한 규정의 적용을 포기하고 일반과세자에 관한 규정을 적용받으려는 달의 **전달의 마지막 날**까지 간이과세포기신고서를 납세지 관할세무서장에게 신고하여야 한다.

(3) 재적용
간이과세를 포기한 자는 일반과세자에 관한 규정을 적용받으려는 달(신규사업자는 사업개시일이 속하는 달)의 1일부터 **3년이 되는 날이 속하는 과세기간**까지는 간이과세에 관한 규정을 적용받지 못한다.

· 일반과세자 계산구조

일반과세자

매 출 세 액	공급가액×세율 예정신고누락 대손세액공제
(-)매 입 세 액	T/I 의제 과세전환 변제대손 재고매입
납 부 (환 급) 세 액	
(-)공 제 세 액	신카발행 전자신고
(-)예정신고미환급세액	
(-)예 정 고 지 세 액	
(+)가 산 세	
차 가 감 납 부 세 액	

· 간이과세자 계산구조

간이과세자 대손세액공제 X

납 부 세 액	공급대가 × VA율 × 10%(0%)
(+)재 고 납 부 세 액	
(-)공 제 세 액	T/I 수취 × VA율 의제매입세액 (음식점업, 제조업, 한도X)
(-)예정고지(신고)세액	신카발행(1.3%, 2.6%) 전자신고(환급X)
(+)가 산 세	미등록가산세 공급대가 × 0.5% T/I 관련가산세 X
차 가 감 납 부 세 액	* 1년) 해당 과세기간 공급대가가 2,400만원 미만 → 납부의무 면제 단, 재고납부세액은 여전히 납부해야함

▪ 공제세액

새(세)	매입세금계산서 등 수취세액공제
의	의제매입세액공제
신	신용카드매출전표 등 발행세액공제
전	전자신고세액공제

구 분	일반과세자	간이과세자
업종	업종제한 無	음식점업, 제조업
증빙제출	예외 : 제조업 농어민 직접구입액	예외 : 음식점업 Min(농어민+개인 직접구입액, 공급대가×5%)
한도	有	無

· 의제매입세액공제

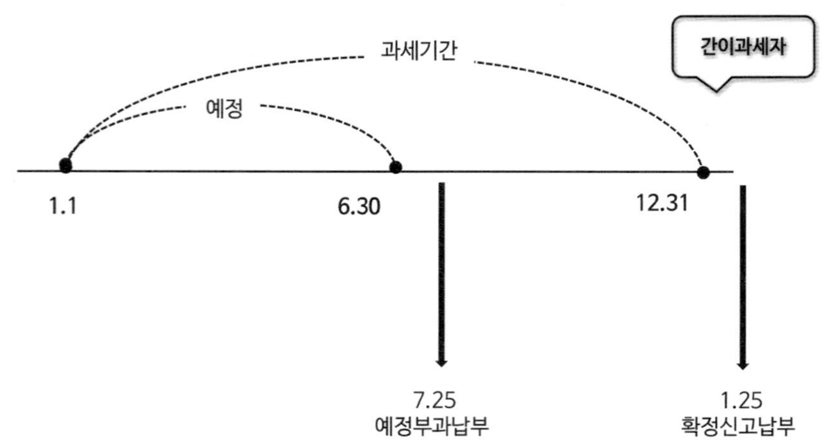

· 간이과세자의 신고·납부

(1) 예정부과와 납부
(2) 확정신고와 납부
간이과세자는 과세기간의 과세표준과 납부세액을 그 과세기간이 끝난 후 25일(폐업하는 경우 폐업일이 속한 달의 다음 달 25일) 이내에 납세지 관할세무서장에게 확정신고·납부하여야 한다.

신고시 매입처별 세금계산서합계표를 함께 제출하며, 예정부과기간에 대한 예정고지(신고)납부한 세액은 공제하고 납부한다.

* 간이과세자는 예정신고를 한 경우에도 이미 신고한 내용을 확정신고대상에서 제외하지 않는다. → 일반과세자와의 차이점

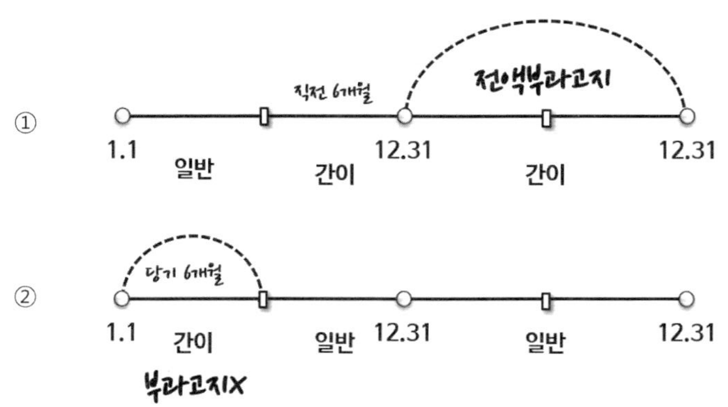

· **예정부과와 납부**

① 일반과세자에서 간이과세자로 변경됨에 따라 간이 과세자로의 직전 과세기간이 7월 1일부터 12월 31일 까지인 간이과세자의 경우에는 직전 과세기간에 대한 납부세액의 전액을 말한다.

② 일반과세자로 변경됨에 따라 간이과세자로의 해당 과세 기간이 1월 1일부터 6월 30일까지인 간이과세자는 이를 징수하지 아니한다.

해당 과세기간에 대한 공급대가가 2,400만원 미만인 경우 그 과세기간에 대한 납부세액의 납부의무 면제 (가산세 포함)

재고납부세액은 납부의무 有
가산세 중 미등록가산세는 부과

· **납부의무의 면제**

(1) 면제대상
간이과세자의 해당 과세기간에 대한 공급대가의 합계액이 2,400만원 미만이면 납부세액의 납부의무를 면제한다. 다만, 재고납부세액과 가산세 중 미등록가산세는 면제하지 않는다.

* 개업, 휴업 등으로 해당 과세기간이 12개월 미만인 경우 공급대가의 합계액을 12개월로 환산한 금액을 기준으로 2,400만원 미만 여부를 판단한다. (1개월 미만은 1개월로 함)

(2) 미등록가산세
납세의무면제대상자가 사업자등록신청기한 내에 사업자등록을 신청하지 아니한 경우(고정사업장이 없는 경우는 제외)에는 다음의 금액을 미등록가산세로 부과한다.

미등록가산세 = Max[공급대가 × 0.5%, 5만원]

구분	일반과세자	간이과세자
대상	간이과세자 이외의 사업자	직전공급대가 4,800만원↓ 개인사업자
납부의무면제	無	해당공급대가 2,400만원↓ 개인사업자
배제대상	無	有
포기	無	有

구분	일반과세자	간이과세자
매출세액	공급가액×세율	공급대가×VA율 × 세율
대손세액공제	有	無
매입세액	매입세액×100%	매입세액×VA율
의제매입세액	업종제한 無	음식점업, 제조업
신카발행	공급대가×1.3%	공급대가×1.3%(2.6%)
전자신고	1만원(환급○)	1만원(환급×)

· 일반과세자 vs 간이과세자

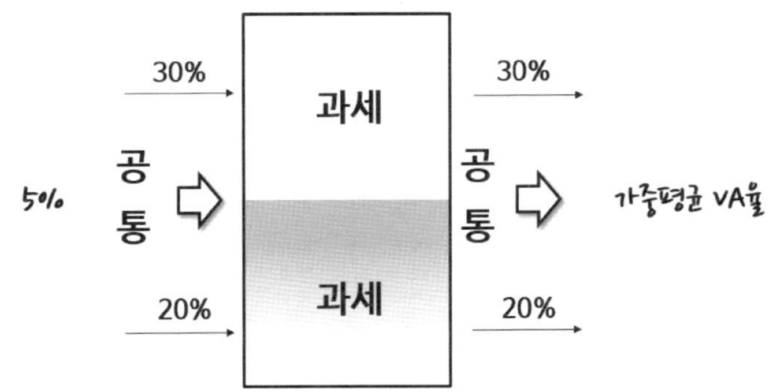

· **업종별 부가가치율이 서로 다른 업종을 겸영하는 경우**

① 업종별 실지귀속을 구분할 수 있는 경우 : 실지귀속에 따른 업종의 부가가치율 적용

② 업종별 실지귀속을 구분할 수 없는 경우 : 5%의 부가가치율 적용

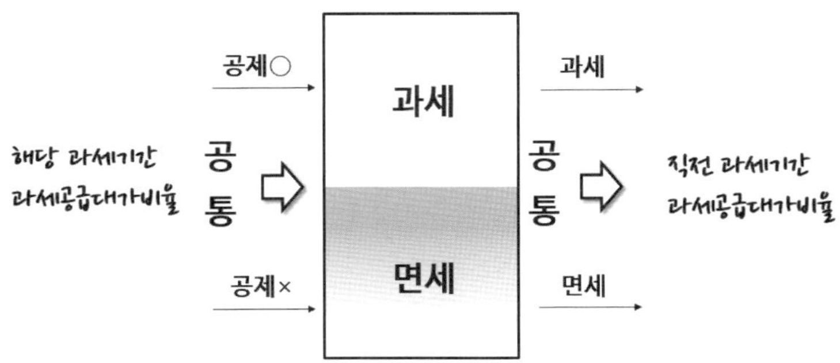

· **과세사업과 면세사업을 겸영하는 경우의 수취세액공제**

① 업종별 실지귀속을 구분할 수 있는 경우 : 실지귀속에 따름
② 업종별 실지귀속을 구분할 수 없는 경우 : 안분계산

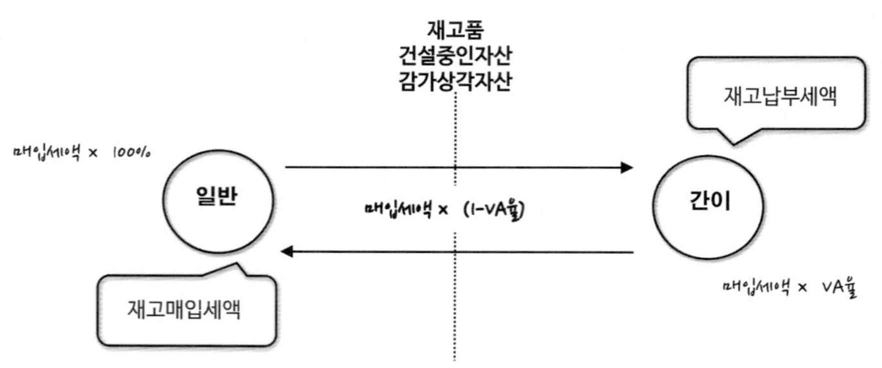

일반		간이
재고 납부세액	취득가액 × 10/100 × (1 − d × n) × (1-VA율) 불분명시 : 시가 5%, 25% 변경후 VA율	
재고 매입세액	취득가액 × 10/110 × (1 − d × n) × (1-VA율) 불분명시 : "0" 10%, 50% 상각: 취득당시 비상각: 직전VA율	
간이		일반

· 재고매입세액 vs 재고납부세액

제2부 소득세

제1장 소득세법 총설

* (개인)소득세 : 개인이 얻은 소득에 대하여 그 개인에게 부과되는 조세

개인 → 납세의무자

소득 → 과세대상

· 소득세

개인 또는 단체

단체 → 법인 아닌 단체 (법인설립등기×)

- 법인의제○ ········ 법인세
- 법인의제× ········ 소득세

· 납세의무자

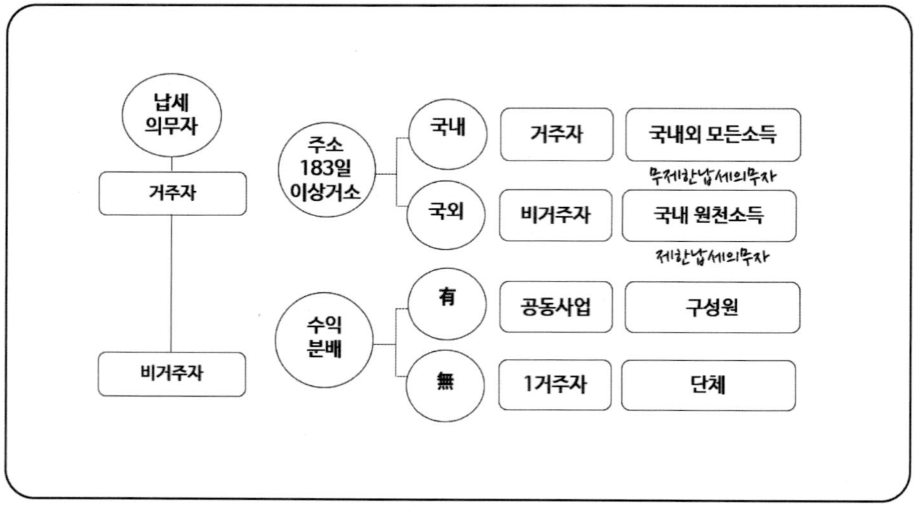

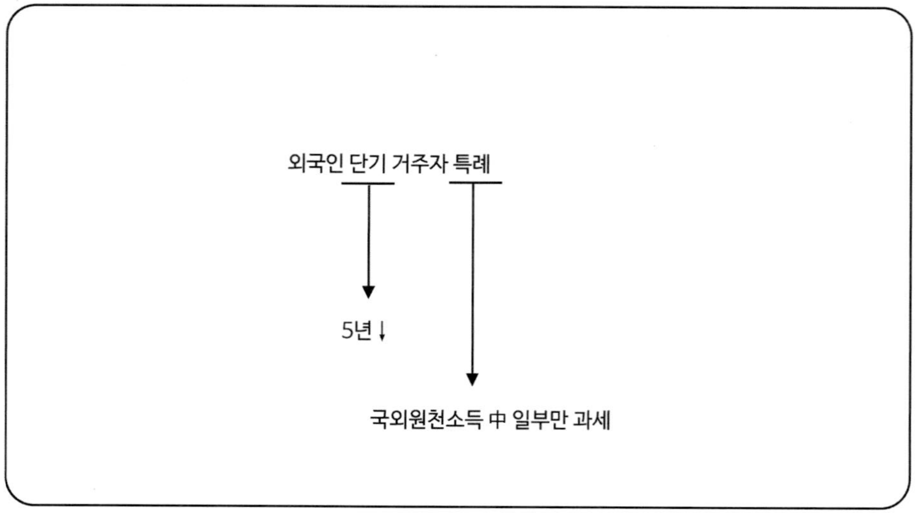

· **외국인 단기 거주자 특례**

해당 과세기간 종료일 10년 전부터 국내에 주소나 거소를 둔 기간의 합계가 5년 이하인 외국인 거주자는 과세대상 소득 중 국외에서 발생한 소득의 경우 국내에서 지급되거나 국내로 송금된 소득에 대해서만 과세한다.

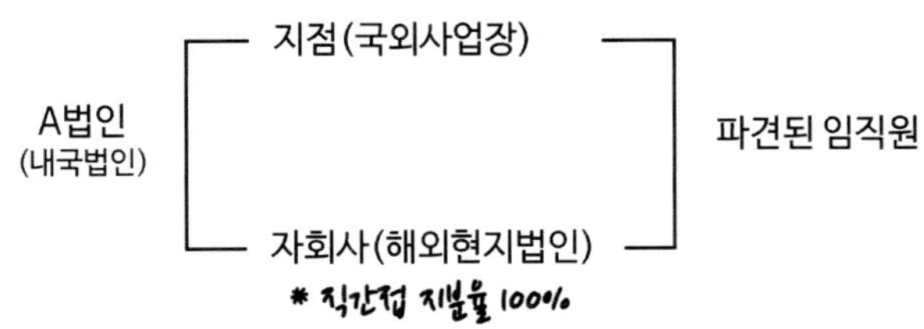

· **거주자의제**

국외에서 근무하는 공무원, 거주자(또는 내국법인)의 국외사업장이나 해외현지법인(내국법인의 직·간접 지분율이 100%인 경우)등에 파견된 임직원은 거주자로 의제한다.

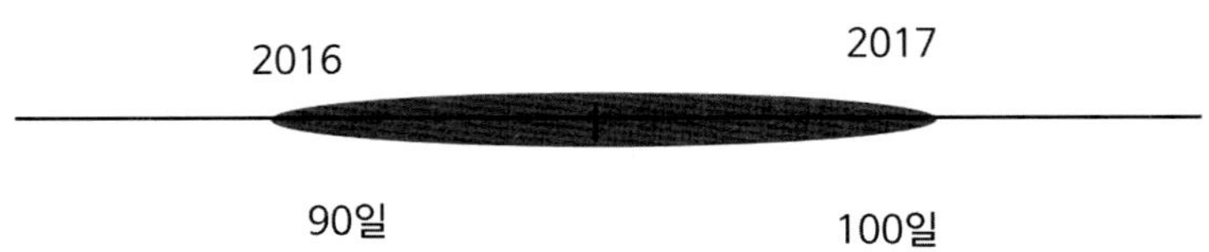

· **거주자 또는 비거주자가 되는 시기**

거주자가 되는 시기
① 국내에 주소를 둔 날
② 국내에 거소를 둔 기간이 183일이 되는 날

비거주자가 되는 시기
① 출국하는 날의 **다음날**
② 일정사유가 발생한 날의 **다음날**

국내에 거소를 둔 기간이 2 과세기간에 걸쳐 183일 이상인 경우에는 국내에 183일 이상 거소를 둔 것으로 본다.

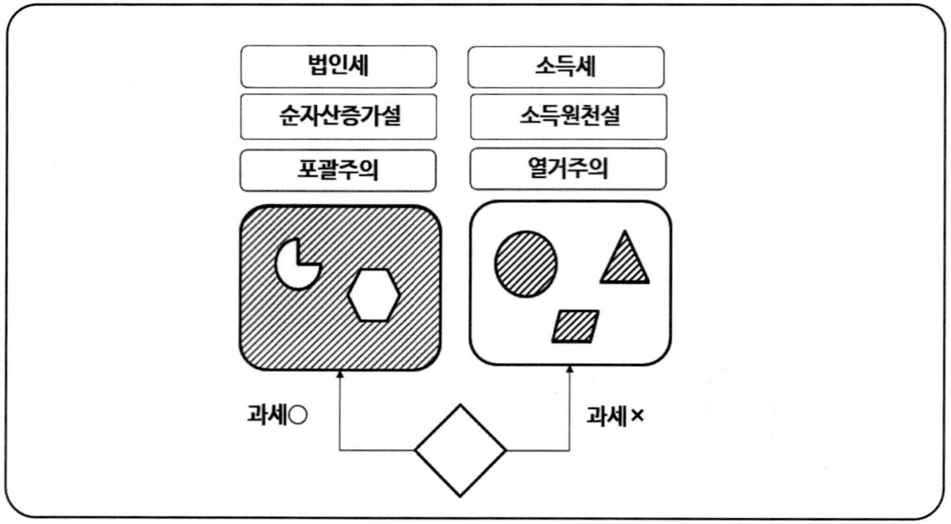

· **소득원천설**(순자산증가설 일부가미)
· **열거주의**(이자·배당은 유형별 포괄주의)

* 소득세법상 주요 비열거소득
① 상장주식의 매매차익(대주주·장외거래 양도분은 양도소득임)
② 채권의 매매차익(환매조건부 채권의 매매차익은 이자소득임)
③ 비품·기계장치의 양도차익(토지·건물의 양도차익은 양도소득임)

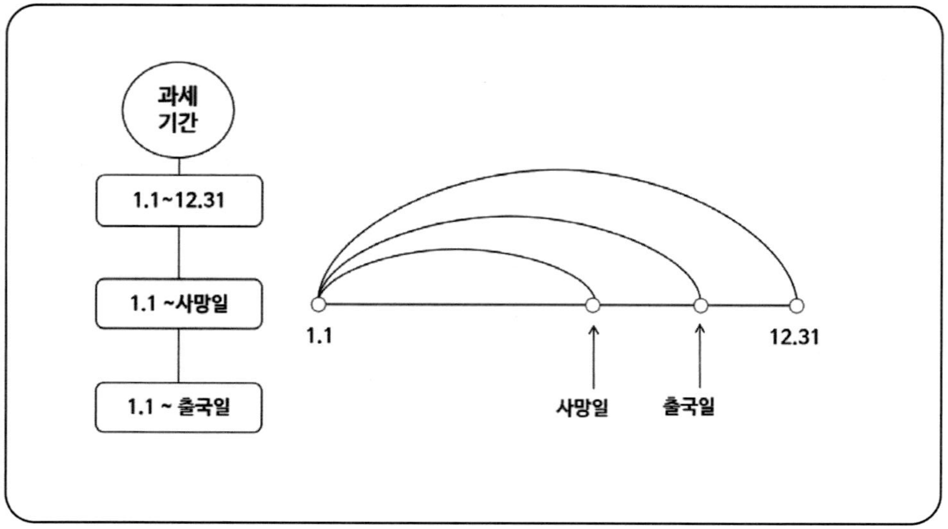

· **과세기간**

소득세법상 과세기간은 임의로 정할 수 없으며, 사업개시나 폐업에 의해 바뀌지 않는다.

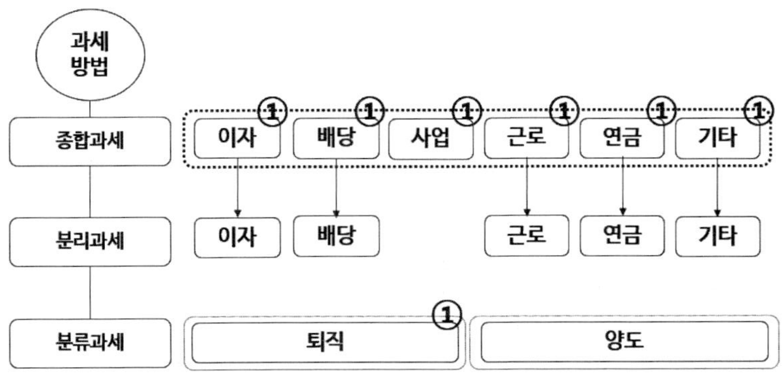

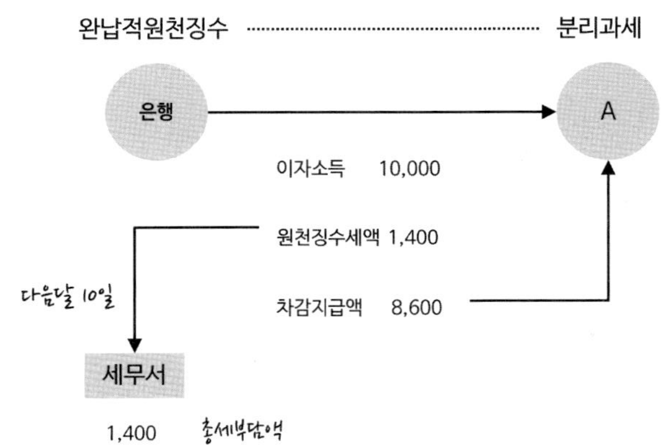

· **원천징수대상소득**

구분	이자	배당	사업	근로	연금	기타	퇴직	양도
완납적원천징수	○	○	×	○	○	○	○	×
예납적원천징수	○	○	○*	○	○	○	×	×

* 사업소득은 원칙적으로 원천징수대상소득이 아니나, 의료보건용역 및 부가가치세가 면세되는 인적용역 등은 원천징수가 적용된다.

· **소득세 vs 법인세 원천징수유무**

구분		소득세	법인세
이자소득		○	○
배당소득	투자신탁의이익	○	○
	일반	○	×

· **분리과세**

종합소득 중 특정소득은 다른 소득과 합산하지 않고
원천징수로 과세종결

· **완납적원천징수**(분리과세소득 및 퇴직소득)

원천징수로서 납세의무 종결○
확정신고×

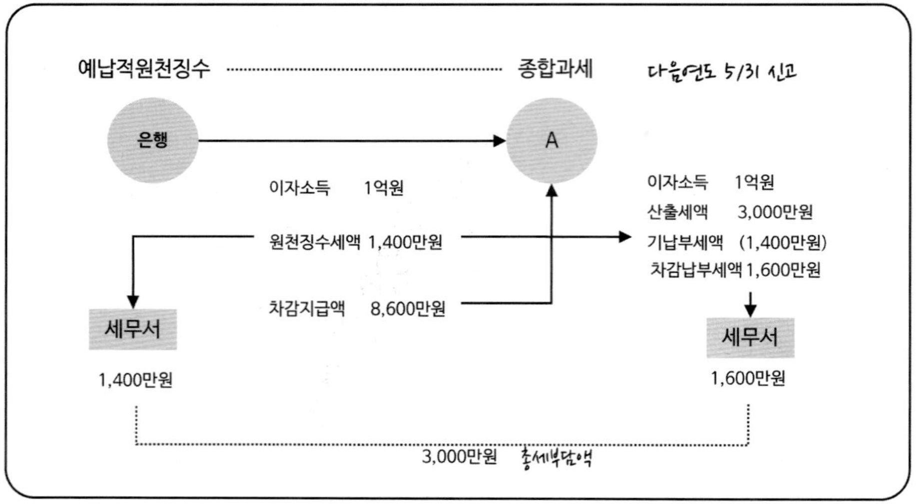

· **종합과세**

이자·배당·사업·근로·연금·기타소득을 합산하여
세율적용

· **예납적원천징수** (종합과세소득)

원천징수로서 납세의무 종결 ×
확정신고○

* 예납적원천징수세액은 다른 소득과 합산하여 신고납부시에 기납부세액으로 공제받는다.

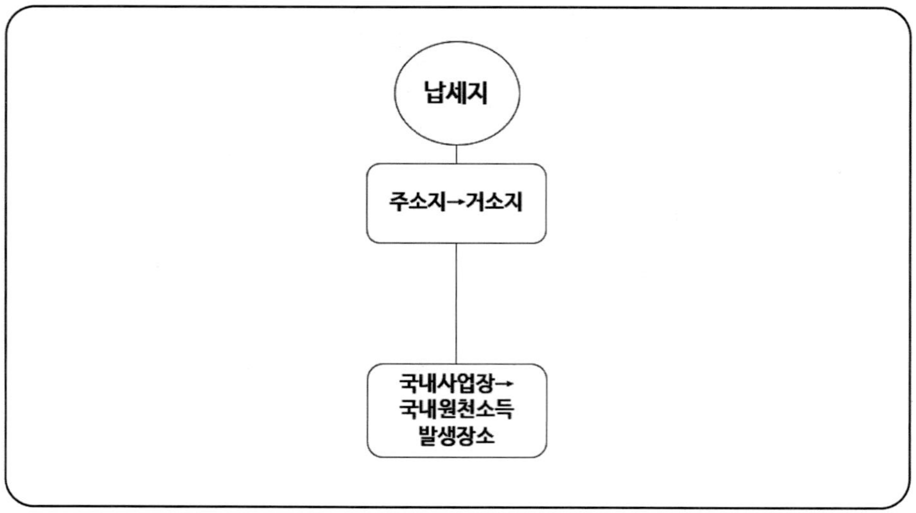

· **납세지**

거주자
① 주소지(사업장 ×)
② 주소지 無 ➡ 거소지

비거주자
① 국내사업장소재지*
② 국내사업장 無 ➡ 국내원천소득 발생장소
* 국내사업장이 둘 이상 있는 경우에는 주된 국내사업장 소재지로 한다.

납세지 지정 —— **지방국세청장 또는 국세청장**이 지정

납세지 변경 —— 15일내 변경 **후** 관할세무서장에게 변경신고

부법상 사업자등록정정신고 ← ✕ — / — ○ → 소법상 납세지변경신고

납세지 지정

국세청장 또는 관할지방국세청장은 다음 중 어느 하나에 해당하는 경우에는 납세지를 따로 지정할 수 있다.
① 사업소득이 있는 거주자가 사업장 소재지를 납세지로 신청한 경우
② 위 ① 외의 거주자 또는 비거주자로서 본래의 납세지가 납세의무자의 소득상황으로 보아 부적당하거나 납세의무를 이행하기에 불편하다고 인정되는 경우

납세지변경

거주자나 비거주자는 납세지가 변경된 경우 **변경된 날부터 15일 이내**에 그 **변경 후**의 납세지 관할세무서장에게 신고하여야 한다. 이 경우 납세자의 주소지가 변경됨에 따라 부가가치세법에 따른 사업자등록정정을 한 경우에는 납세지의 변경신고를 한 것으로 본다.

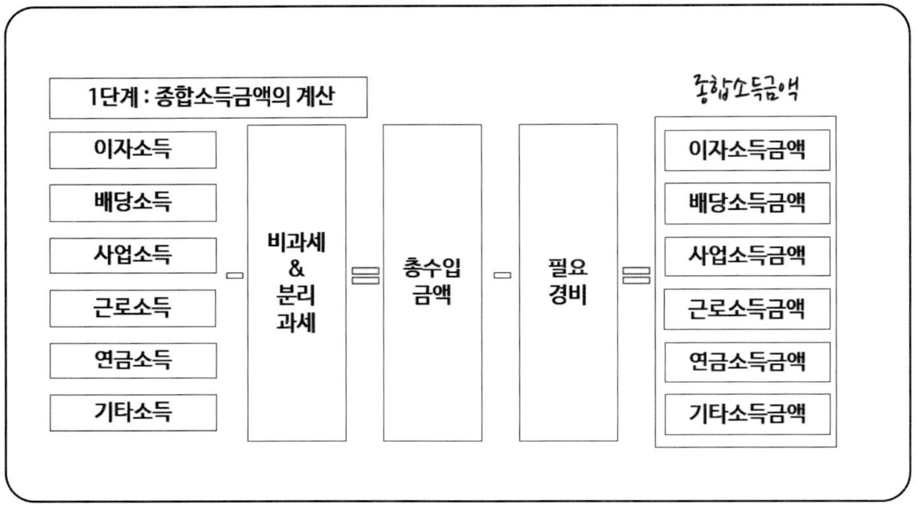

· **종합소득세 계산구조**

2단계: 과세표준 & 산출세액

종합소득금액 − 종합소득공제 = 과세표준 × **세율** = 산출세액

3단계 : 납부할 세액의 계산

산출세액 − 세액공제감면 + 가산세 − 기납부세액 = 차감납부세액

1단계 2장~5장
2단계 6장 소득공제
3단계 7장 세액공제
종합소득
8장 퇴직소득
9장 납세절차
10장 양도소득
11장 비거주자

· 소득세법 책구성

1단계 : 종합소득금액의 계산

이자	총수입금액		이자소득금액
배당	총수입금액	+Gross-up	배당소득금액
사업	총수입금액	-필요경비	사업소득금액
근로	총급여액	-근로소득공제	근로소득금액
연금	총연금액	-연금소득공제	연금소득금액
기타	총수입금액	-필요경비	기타소득금액

→ 필요경비 개산공제

· 필요경비

필요경비×	이자소득	배당소득
필요경비○	사업소득	기타소득
필요경비△	근로소득	연금소득

제2장

이자소득과 배당소득

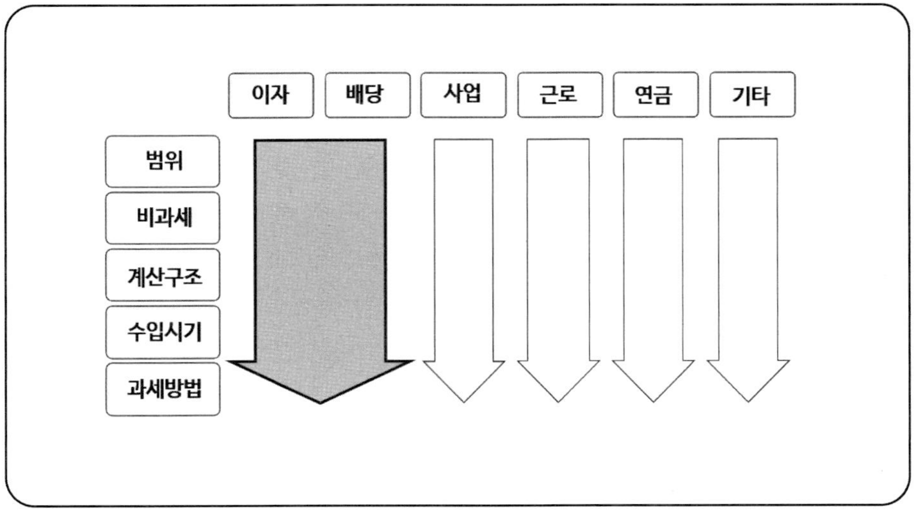
이자
배당
사업
근로
연금
기타
범위
비과세
계산구조
수입시기
과세방법

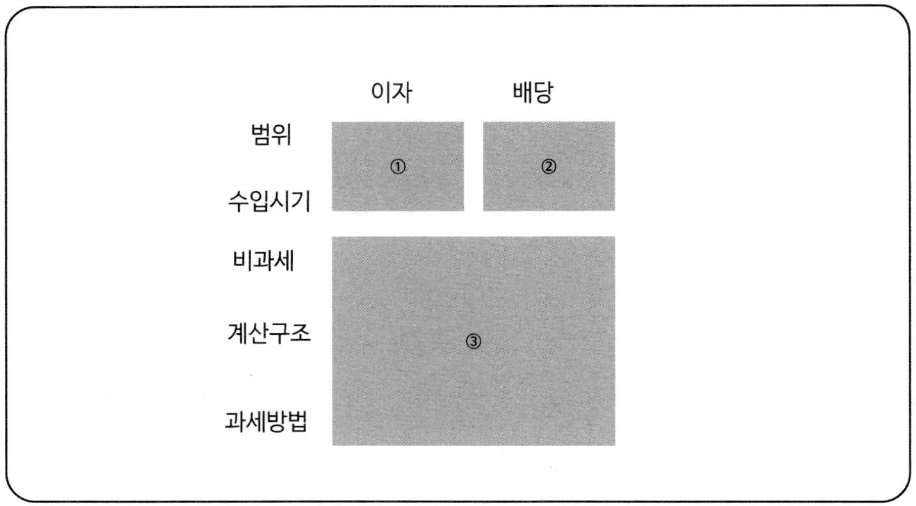
이자
배당
범위
수입시기
비과세
계산구조
과세방법
①
②
③

· 이자소득과 배당소득

이자소득

범위

금전사용대가○ + 사업성×

포함

① 예금이자
② 채권·증권이자와 할인액
③ 환매조건부 채권 매매차익
④ 단기저축성보험차익
⑤ 직장공제회 초과반환금
⑥ 비영업대금의 이익
⑦ 유사이자소득

제외

손해배상금 법정이자
연체이자
일반채권·증권매매차익
보장성보험차익 등
1999년 이전 가입한 직장공제회
영업대금이익
채권대여로 수령하는 사용료

· 이자소득의 범위

손해배상금 법정이자
- 정신, 물질, 육체 —— 과세×
- 계약 위약 해약 —— 기타소득

· 손해배상금 법정이자

구 분	손해배상금	손해배상금의법정이자
계약의위약또는해약으로인한경우	기타소득	기타소득
정신적·육체적·물질적손해로인한경우	과세제외	과세제외

외상매출금 연체이자 —— 사업소득

cf) 소비대차 전환으로 인한 —— 이자소득(비영업대금의 이익)

· **외상매출금 등 연체이자**

구 분	소득구분
채권을 소비대차로 전환하지 않은 경우	사업소득
채권을 소비대차로 전환한 경우	이자소득(비영업대금의 이익)

영업대금의 이익 —— 사업소득

비영업대금의 이익 —— 이자소득(25%)

· **이자소득의 범위**

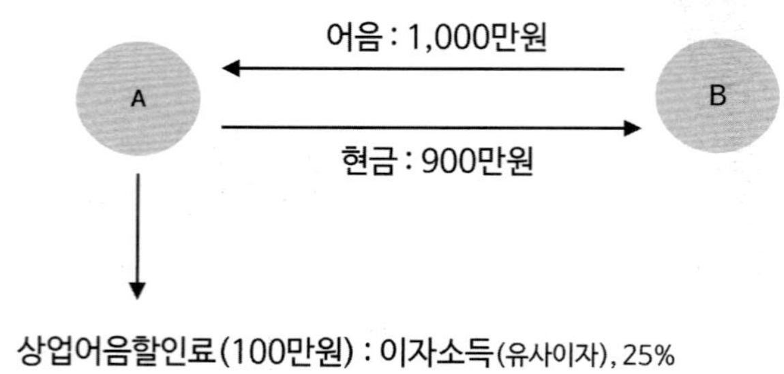

■ 유사이자소득(상업어음할인료)

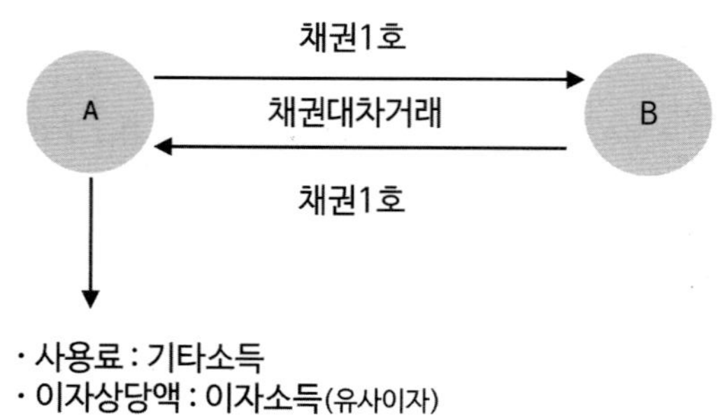

■ 유사이자소득(채권대차거래 이자상당액)

일정기간 후에 같은 종류로서 같은 양의 채권을 반환받는 조건으로 채권을 대여하고 해당 채권의 차입자로부터 지급받는 해당 채권에서 발생하는 이자에 상당하는 금액은 유사이자소득에 포함된다.

· **채권·증권의 이자와 할인액**

	이자	만기 1년	만기 2년	만기 3년
1,000	100	10%	10%	10%
940	60	6%	3%	2%
	160	16%	13%	12%

매수일의 다음날 ~ 매도일
(초일불산입 · 말일산입)

$$\text{액면가액} \times \text{이자율} \times \frac{\text{日}}{365}$$

액면r + 할인r - 할증r

- 적용이자율 : 해당 채권 등의 표면이자율에 발행시의 할인율을 가산하고 할증률을 차감한 것을 말한다.
- 보유일수 : 매수일의 다음 날부터 매도일까지의 일수로 계산한다.

* 채권을 중도에 매도하는 경우 매매차손이 발생한 경우에도 채권의 보유기간에 대한 이자상당액은 과세된다.

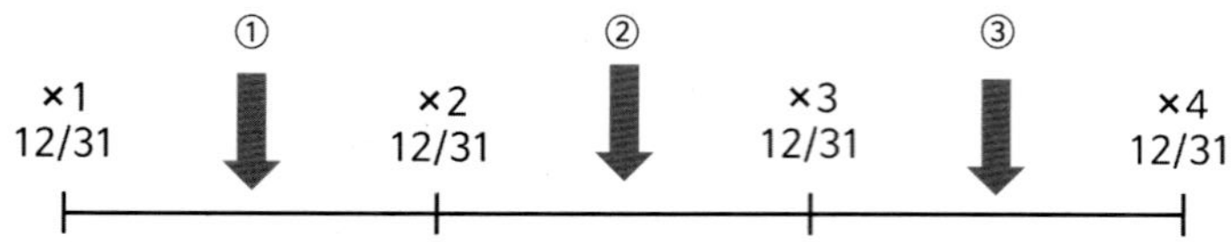

① 1,000 × (10 %+ 2%) × 181/365

② 1,000 × (10 %+ 2%) × 181/365+ 1,000 × 2%

③ 1,000 × (10 %+ 2%) × 181/365+ 1,000 × 2% + 1,000 × 2%

· **보장성 보험의 보험차익**

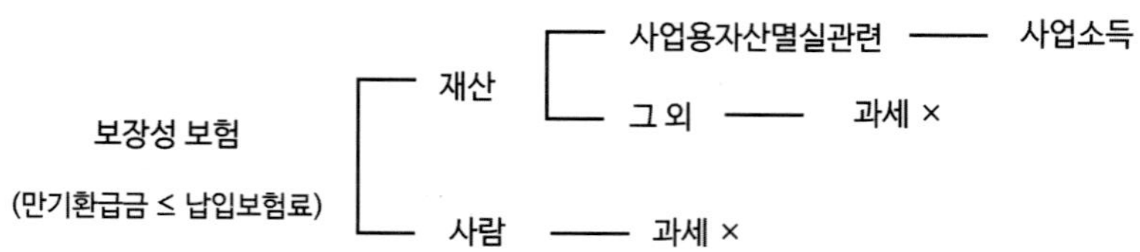

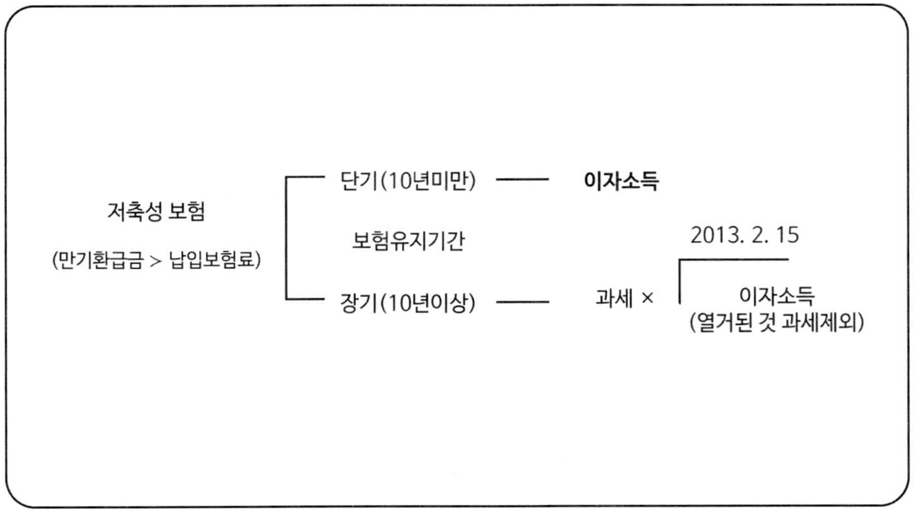

· **단기저축성보험의 보험차익**

단기 : 보험유지기간(보험계약에 따라 최초로 보험을 납입한 날부터 만기일·중도해지일까지의 기간)이 10년 미만인 것

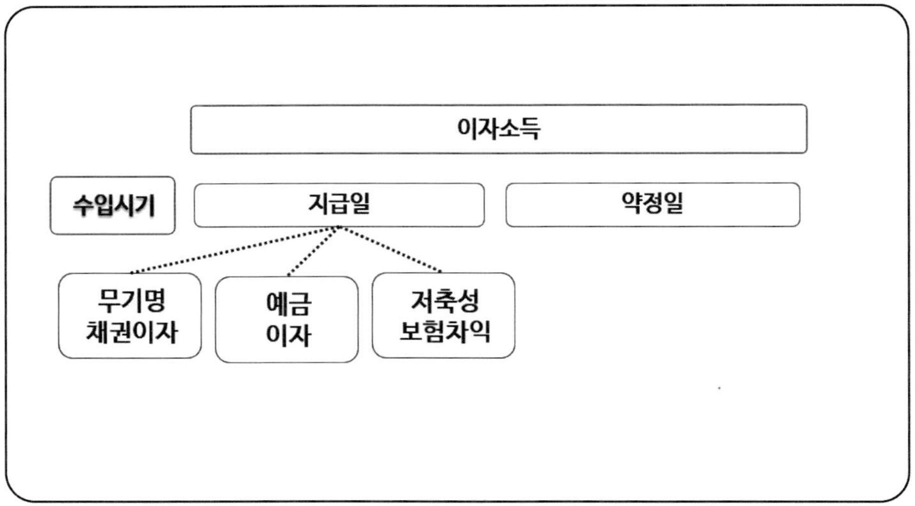

· **이자소득의 수입시기**

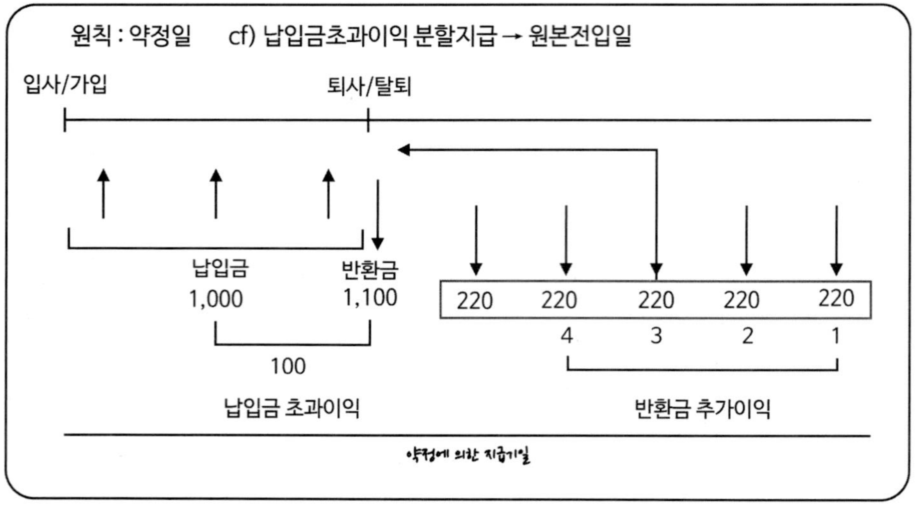

· **직장공제회초과반환금**
(납입금 초과이익 + 반환금 추가이익)

1. 원칙 : 약정에 의한 지급일
2. 반환금을 분할하여 지급하는 경우 퇴직일 또는 탈퇴일까지 발생한 납입금 초과이익 : 특약에 의하여 원본에 전입된 날

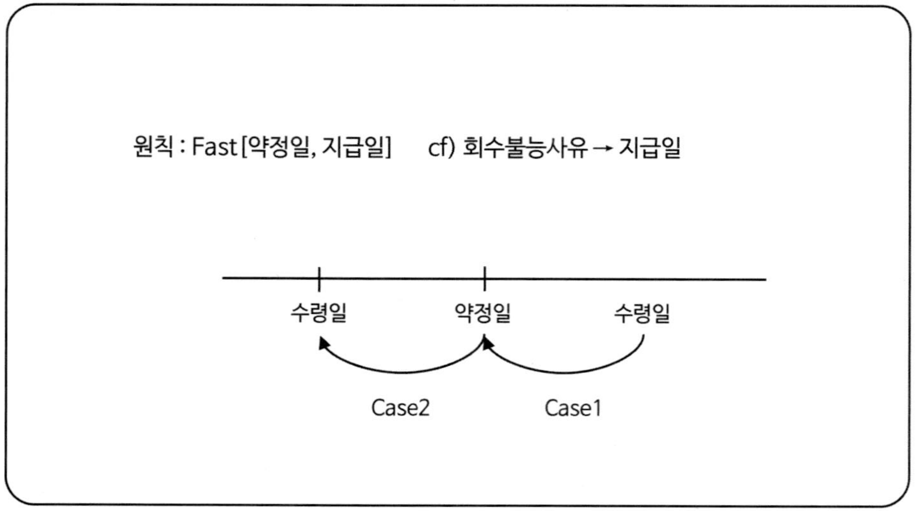

· **비영업대금의 이익**

1. 원칙 : 약정에 의한 이자지급일
2. 약정에 의한 이자지급일이 없거나 약정일 전에 지급받은 경우 또는 회수불능으로 인하여 이자소득에서 제외하였던 이자를 받는 경우 : 이자지급일

	×1 약정	×1 회수	×5 회수
원금	1,000	100	900
이자	100	-	100
	1,100	100	1,000
		약정일	지급일

회수불능으로 인하여 이자소득에서 제외하였던 이자를 받는 경우 : 이자지급일

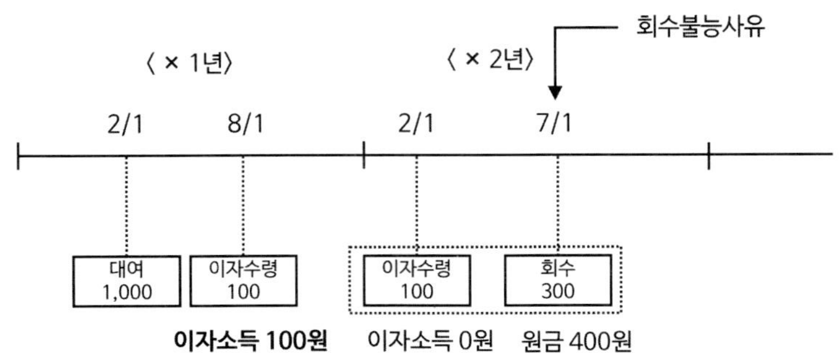

비영업대금의 이익의 총수입금액을 계산할 때 해당 과세기간에 발생한 비영업대금의 이익에 대하여 **과세표준확정신고 전**에 해당 비영업대금이 회수불능채권에 해당하여 채무자 또는 제3자로부터 원금 및 이자의 전부 또는 일부를 회수할 수 없는 경우에는 회수한 금액에서 원금을 먼저 차감하여 계산한다.

즉, 원금부터 회수한 것으로 본다. 따라서 회수한 금액이 원금에 미달하는 경우에는 이자소득은 없는 것으로 한다.

배당소득

수익분배성격

범위

포함	제외
① 실제배당 ② 의제배당 ③ 인정배당 ④ 간주배당 ⑤ 출자공동사업자 배당 ⑥ 동업기업과세특례에 대한 소득 ⑦ 집합투자기구로부터의 이익 ⑧ 유사배당소득/결합파생상품	상장주식매매차익 업무집행공동사업자 소득 집합투자기구외의 신탁소득 주식대여로 수령하는 사용료

· 배당소득

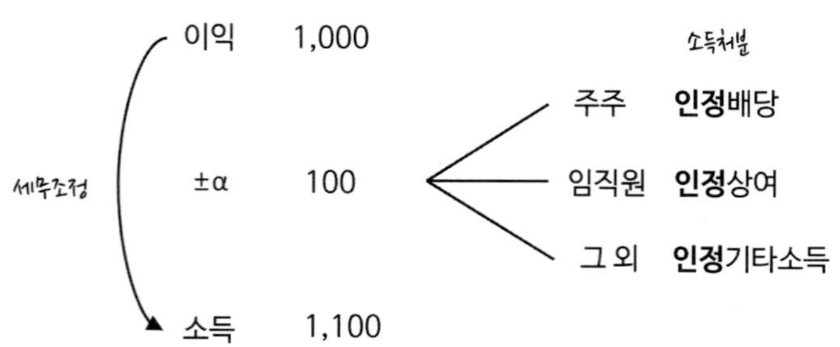

· 인정배당

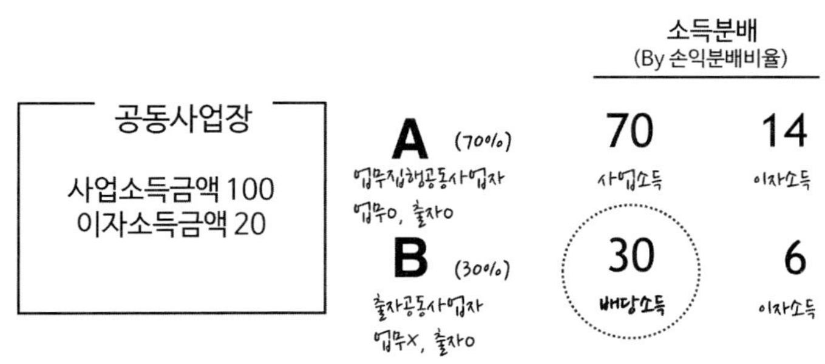

· **출자공동사업자에 대한 배당소득**

1. 과세방법 : 종합과세, 원천징수세율 25%
2. 수입시기 : 과세기간종료일

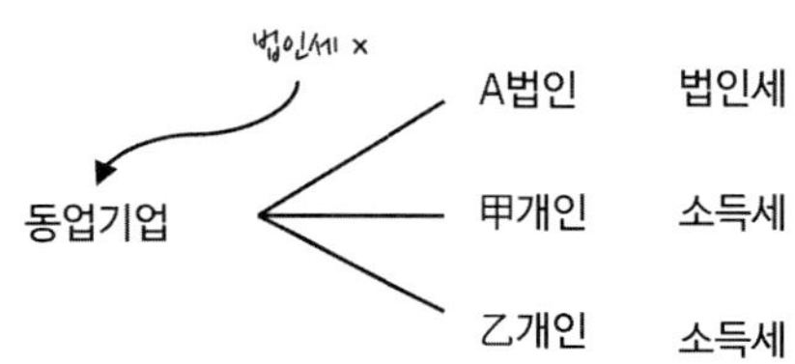

· **동업기업과세특례에 대한 소득**

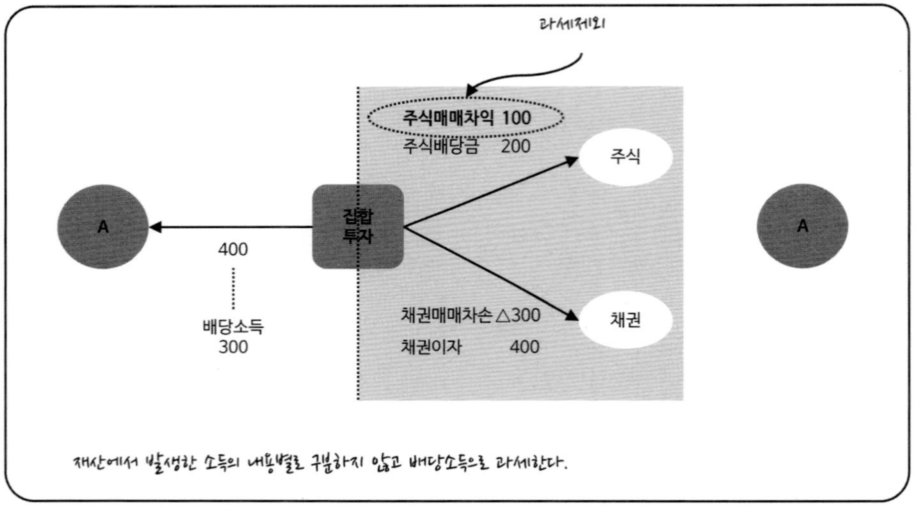

· 집합투자기구로부터의 이익

(1) 소득구분

구분	과세소득
일반	배당소득
확정급여형퇴직연금제도에 의한 신탁	사업소득

(2) 과세범위

구분		직접투자	간접투자
주식매매차익	상장	과세×	과세×
	비상장	과세○	과세○
채권매매차익		과세×	과세○

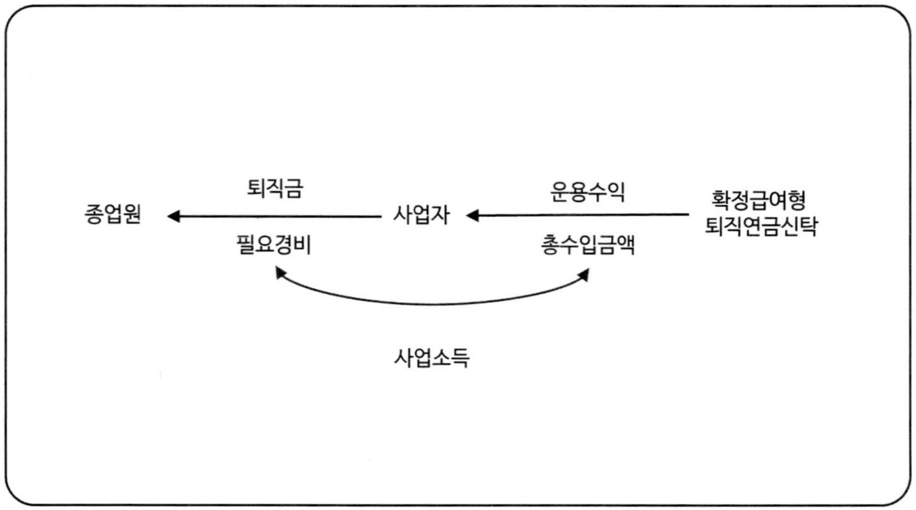

· **확정급여형퇴직연금제도에 의한 신탁**

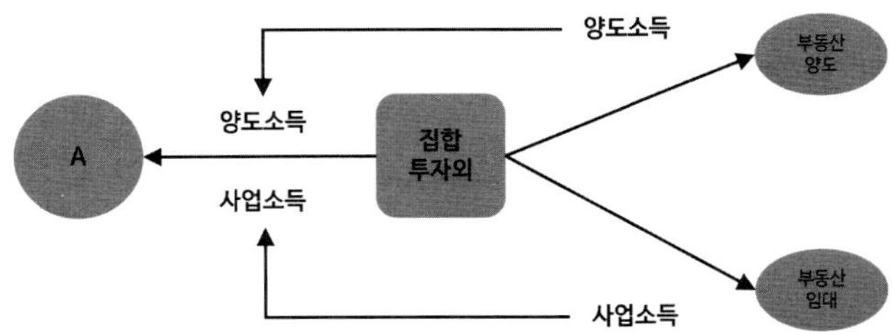

· **집합투자기구외의 신탁**

재산권에서 발생하는 소득의 내용별로 구분

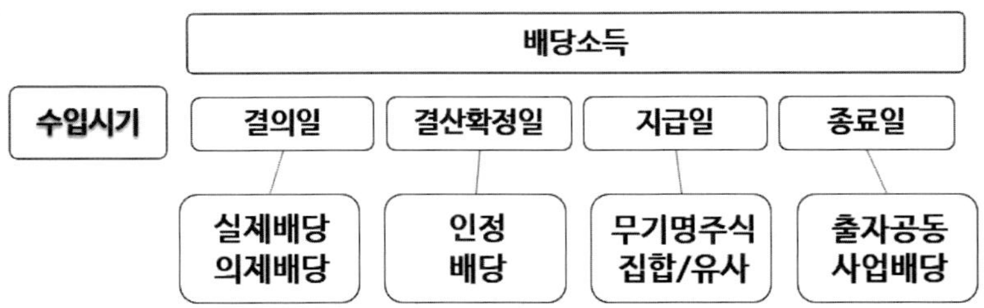

· **배당소득의 수입시기**

간주배당 : 특정외국법인의 해당 사업연도 종료일의 다음날부터 60일이 되는 날

	이자	배당
비과세	공익신탁의 이익, 개인종합자산관리계좌 이자·배당	
계산구조	총수입금액	총수입금액+Gross-up
과세방법	종합과세 or 분리과세	

· 비과세금융소득

· 계산구조

· 과세방법

1. 금융소득구분
2. 종합과세판정
3. 종합과세금액확정

· 금융소득 과세방법

Step 1 금융소득구분

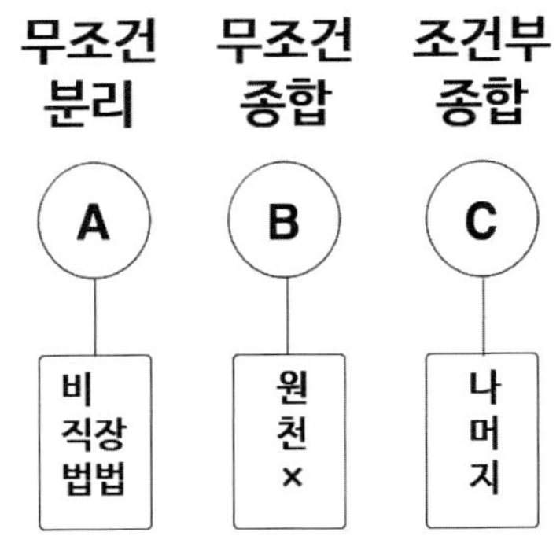

· **분리과세와 종합과세**

- **무조건분리과세**

① 비 : 비실명금융소득(38%)
② 직 : 직장공제회 초과반환금(기본세율)
③ 장 : 분리과세를 신청한 장기채권의 이자소득(30%)
④ 법 : 법원보관금의 이자소득(14%)
⑤ 법 : 법인 아닌 단체(1거주자로 보는 경우)의 금융소득(14%)

- **무조건종합과세**

① 국외금융소득 중 원천징수되지 않은 소득
② 국내금융소득 중 원천징수되지 않은 소득

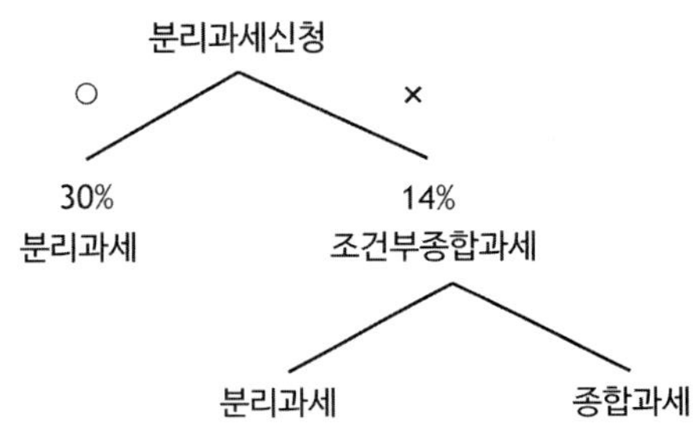

· **장기채권이자 중 분리과세신청분**

장기채권은 양도가능한 채권 등으로서 해당 채권등의 발행일부터 원금의 전부를 일시에 상환하기로 약정한 날까지의 기간이 10년 이상인 채권을 말한다.

2013. 1. 1. 이후에 발행된 채권
장기채권을 **3년 이상 계속하여 보유**한 거주자가 그 장기채권을 매입한 날부터 **3년이 지난 후**에 발생하는 이자와 할인액은 분리과세를 신청할 수 있다.

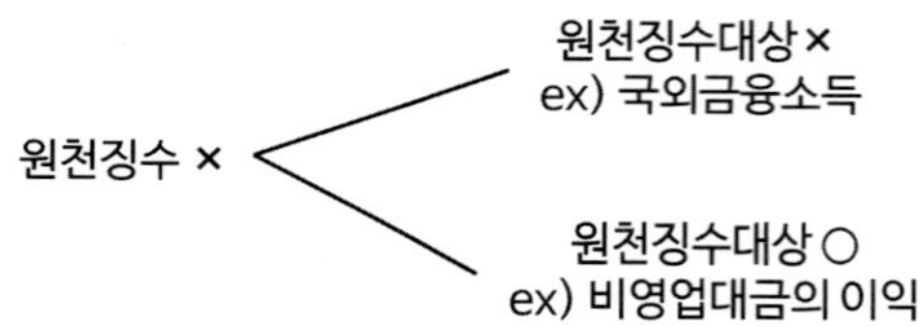

· **무조건 종합과세**

Step 2 종합과세판정

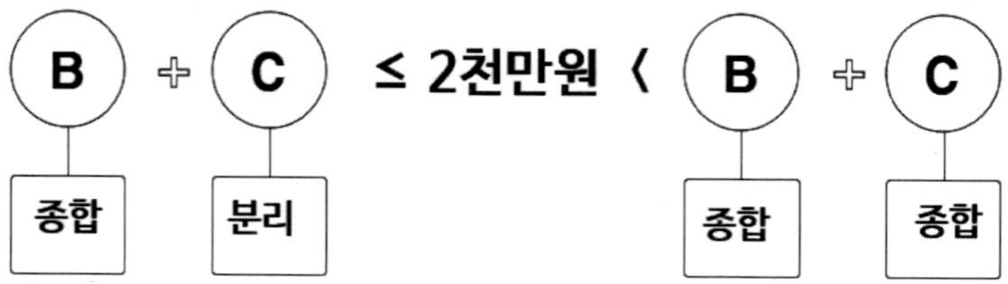

· **종합과세여부판정**

출자공동사업자 배당도 무조건 종합과세되나,
금융소득 종합과세여부 판정시 제외한다.

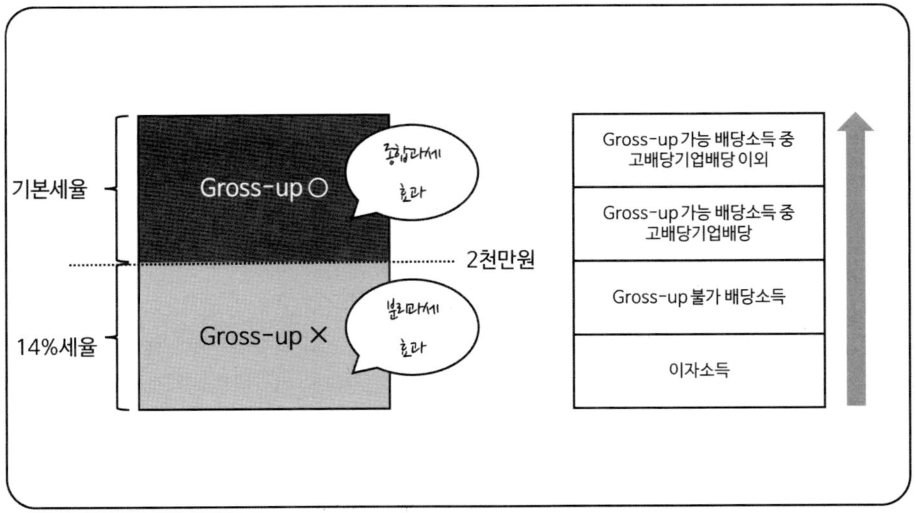

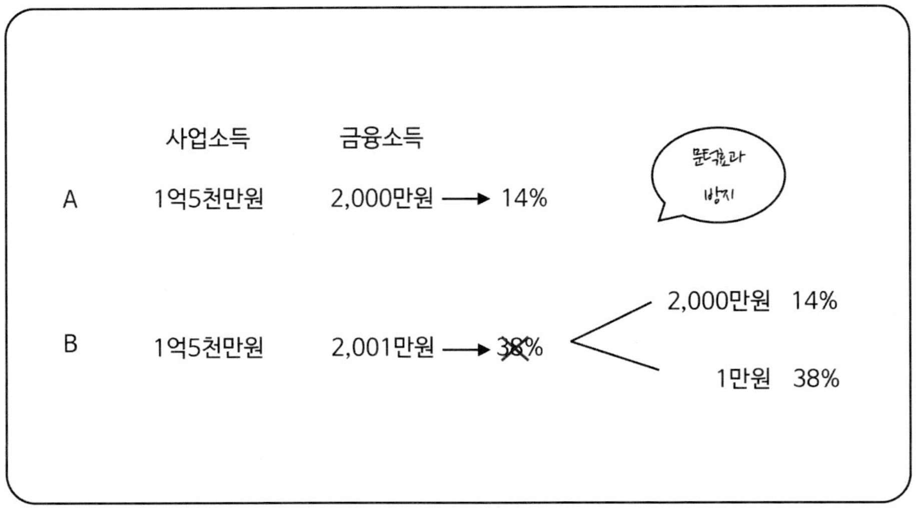

· **종합과세금액에 대한 세율의 적용**

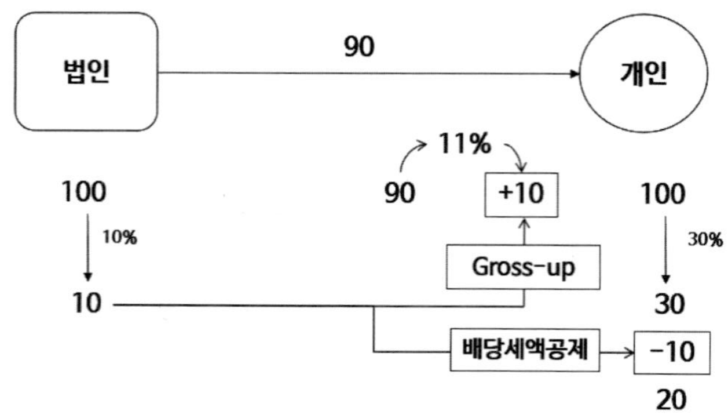

· **Gross-up제도**
(법인세와 소득세의 이중과세 조정제도)

Gross-up제도는 법인단계의 귀속법인세를 배당소득에 가산(Gross-up)하여 법인세 납부 전 소득으로 다시 바꾼 후 산출세액을 계산하고 산출세액에서 동 귀속법인세를 차감(배당세액공제)하여 이중과세를 조정하는 것이다.

귀속법인세=Gross-up확정 배당소득×11%

$$\frac{10}{90} = 11\% = \frac{10\%}{1 - 10\%}$$

· **배당가산율**

현행소득세법상 배당가산율(11%)은 법인세율을 항상 10%라고 가정하여 계산한 것이다.

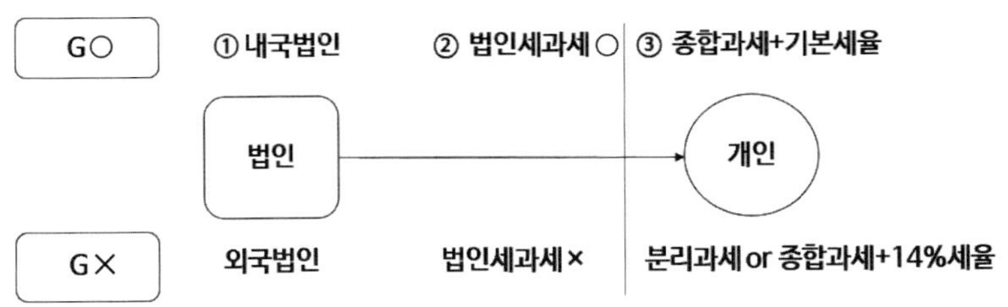

Step				
Step1		당기순이익	⇨	**의제배당 中 3가지**
	(±)	세무조정		
		각사업연도소득금액	⇨	**동업기업과세특례·출자공동사업자 배당**
Step2	(-)	이월결손금		
	(-)	비과세소득		
	(-)	소득공제	⇨	**배당소득공제·집합투자기구이익 유형별포괄주의·파생금융상품**
		과세표준		
Step3	x	세율		
		산출세액		
Step4	(-)	공제감면세액	⇨	**감면법인배당(제주, 이전, 외국인)**
	(+)	가산세		
	(-)	기납부세액		
		차감납부세액		

· Gross-up 요건

Gross-up확정배당소득=Min[①번배당*[1], ②번배당*[2]]

①번배당 : Gross-up가능 배당소득
②번배당 : 금융소득총수입금액 - 2천만원

▪ 요건2 불충족

① 무상주 의제배당
② 간접투자 금융상품
③ 최저한세 적용대상이 아닌 세액감면을 적용받은 법인으로부터의 배당 중 감면비율 상당액
④ 출자공동사업자 배당 및 동업기업과세특례를 적용받는 법인으로부터의 배당

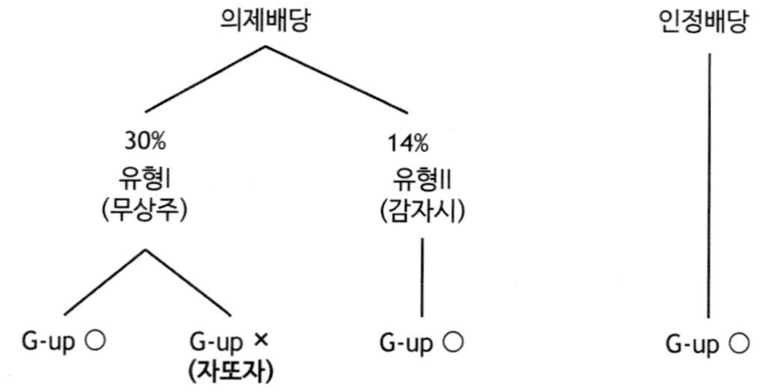

· **의제배당**

자	자기주식소각이익 관련 의제배당
또(토)	토지 재평가차익(1%) 관련 의제배당
자	자기주식보유시 지분율증가관련 의제배당

	×1	×2	
총소득	5,000	5,000	분모
감면대상소득	2,000	1,000	
감면비율	100%	40%	
실제감면소득	2,000	400	분자

×3

$$1{,}000 \times \frac{2{,}000 \times 100\% + 1{,}000 \times 40\%}{10{,}000}$$

· **감면비율 상당액**

세액감면을 받은 법인으로부터의 배당 중 Gross-up 제외되는 배당소득 계산시 비율은 **직전 2개 사업연도 합계**로 계산한다.

· **종합과세 금융소득금액**

(단위 : 백만원)

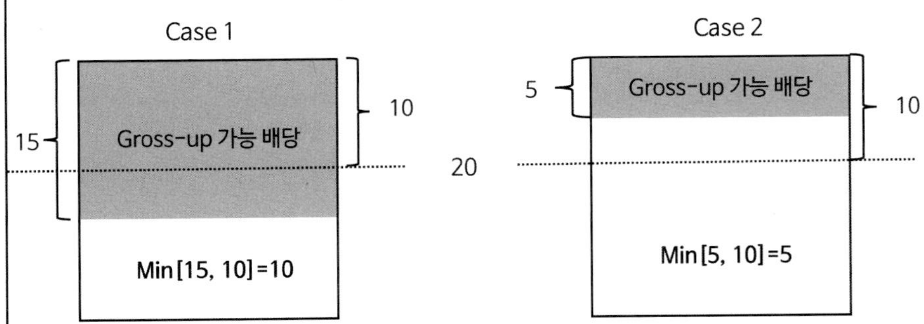

이자 15, 비상장법인 배당 15

종합과세금융소득금액 : 30 + **10** × 11% = 31.1

이자 15, 집합투자기구이익 10, 비상장법인 배당 5

종합과세금융소득금액 : 30 + **5** × 11% = 30.55

· **직장공제회 초과반환금**
(납입금 초과이익 + 반환금 추가이익)

▪ 납입금 초과이익에 대한 산출세액

2011. 1. 1 (70월, 30월)

100	납입금 초과이익		
- 43	(-) 기 본 공 제	······ 40% (50%)	월할
- 3.5	(-) 납입연수공제	······ 연단위	~~8년 4개월~~ → 9년
53.5	과 세 표 준		
× t	× 기본세율	······ 연분연승법	
3.21	산출세액		

$$\text{과세표준} \times \frac{1}{\text{납입연수}} \times \text{기본세율} \times \text{납입연수}$$

▪ 반환금추가이익에 대한 산출세액

$$\text{반환금 추가이익} \times \frac{\text{납입금 초과이익 산출세액}}{\text{납입금 초과이익}} = \text{산출세액}$$

· **부동산투자회사의 배당소득**

임대주택에 50%이상 투자하는
부동산집합투자기구(또는 부동산투자회사)의
배당소득

* 해외자원개발투자회사의 배당소득에 대한 분리과세는 2016. 12. 31. 일몰 종료되었으므로 2017. 1. 1. 이후에 받는 배당소득은 조건부 종합과세에 해당한다.

액면가액 5억원, 배당 3,000만원

C 조건부 종합과세: $30 \times \frac{3억}{5억} \times 14\%$

A 무조건 분리과세: $30 \times \frac{1.5억}{5억} \times 14\%$, $30 \times \frac{0.5억}{5억} \times 5\%$

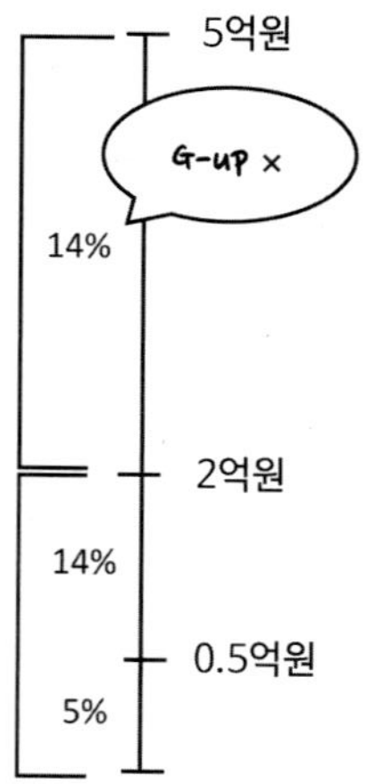

제3장

사업소득

	사업
범위	By 사업활동 소득
비과세	논밭임대, 1개의 주택 임대 등
계산구조	총수입금액 - 필요경비 - 이월결손금
수입시기	법인세법준용
과세방법	종합과세

· **사업소득**(독립성○, 계속성○)

구분	내용
사업소득○	① 농업, 광업, 제조업 ② 부동산업 및 임대업 ③ 전속계약금
사업소득×	① 작물재배업 중 곡물 및 기타 식량작물 재배업 ② 연구 및 개발업(계약 등에 의하여 그 대가를 받는 사업 제외) ③ 학교 ④ 사회복지사업

· **사업소득의 범위**

임대소득○	① 부동산 또는 부동산 상의 권리를 대여하는 사업 ② 공장재단 또는 광업재단을 대여하는 사업 ③ 광업권자, 조광권자, 덕대가 채굴시설과 광산을 대여하는 사업
임대소득×	① 지역권·지상권의 대여소득 ② 기계장치 대여소득(일반사업소득) ③ 분철료(일반사업소득)

· 부동산임대업의 범위

일반업종	① 농가부업소득 (소득금액 3,000만원 이하) ② 전통주 제조소득 (소득금액 1,200만원 이하) ③ 산림소득 (소득금액 600만원 이하) ④ 작물재배업소득 (총수입금액 10억원이하)

· 일반사업소득의 비과세

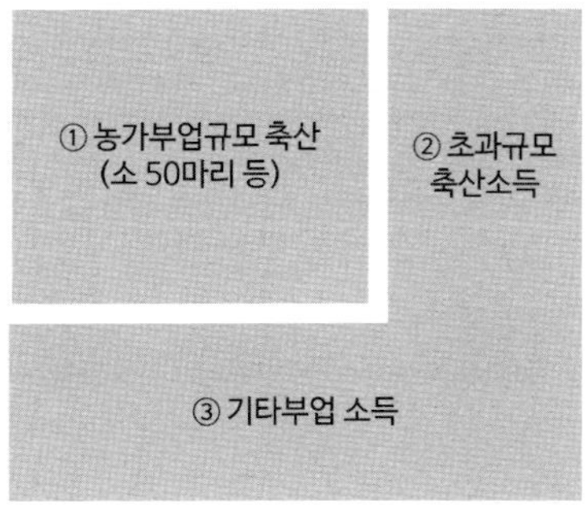

① → 비과세

② + ③ < 2천만원 → 비과세

부동산 임대업

① **논밭임대료** (작물생산용)
② **1개의 주택 임대료** (고가주택, 국외소재주택제외)
③ **주택임대료** (총수입금액 2천만원이하)

· **부동산임대업의 비과세**

고가주택 : 과세기간 종료일 또는 해당 주택 양도일 현재 **기준시가가 9억원을** 초과하는 주택
(실지거래가액×)

① or ②

2개의 주택 1,800만원 → 비과세

고가주택 1,500만원 → 비과세

1개의 주택 3,000만원 → 비과세

· 비과세 주택임대소득

직접법	간접법
	당기순이익
(－)총수입금액	(＋)총수입금액산입·필요경비불산입
필요경비	(－)필요경비산입·총수입금액불산입
사업소득금액	사업소득금액

· 사업소득금액의 계산

임대료	약정일(약정액) 선세금 월할 (초월산입, 말월불산입)
＋	
간주임대료	보증금적수 × 정기예금이자율 × 1/365(366) (보증금적수 - 건설비적수) × 정기예금이자율 × 1/365(366) - 금융수익
＋	
관리비	순수관리비○ 공공요금징수액×

· 부동산임대업 관련 총수입금액

	1형 추계	2형 추계外 (소득세법 모든임대업자)
대상	모든 법인	① 내국영리법인 ② 부동산임대업 주업 ③ 차입금 과다
계산	보증금적수 × r × $\frac{1}{365}$ (소득세법 주택제외)	(보증금적수-건설비적수) × r × $\frac{1}{365}$ - 금융수익 (소득세법 이자/배당)
	주택 포함	주택 제외

· 간주임대료

산식① : 건설비적수와 금융수익 차감×
산식② : 건설비적수와 금융수익 차감○

구 분	법인세법		소득세법		부가가치세법
	추계	추계외	추계	추계외	
대상	All	Only	All	All	All
산식	①	②	①	②	①
금융수익	-	4가지	-	2가지	-
주택포함여부	○	×	×*	×*	×

* 3주택 이상 소유 & 3억원 초과의 경우에는 주택임대에 대해 간주임대료를 계산한다.

3주택 이상 & 3억초과

60㎡ 이하 & 기준시가 3억 이하 제외 — 보증금 합계액

1형 추계	(보증금 - 3억원) × 60% × 적수 × 이자율 × 1/365
2형 추계외	(보증금 - 3억원) × 60% × 적수 × 이자율 × 1/365 - 금융수익

* 3억원은 적수가 가장 큰 주택의 보증금부터 순서대로 뺀다.

· **주택의 간주임대료**

구분	임대료	간주임대료
1개의 주택	×	×
2개의 주택	○*	×
3개의 주택	○*	○*

* 소규모 주택임대소득자(총수입금액의 합계액이 2천만원 이하인 자)의 경우 비과세한다.

구분	법인세법 = 소득세법	부가가치세법
판매장려금 수령	익금산입, 총수입금액산입	과세표준에 포함하지 않음
판매장려금 지급	손금산입, 필요경비산입	과세표준에서 공제하지 않음*

* 판매장려물품을 지급한 경우에는 사업상증여로서 해당 물품의 가액을 과세표준에 가산해야한다.

· **판매장려금**

구 분	자산수증이익 · 채무면제이익
사업관련	**총수입금액산입** if) 이월결손금 충당 → 총수입금액불산입
사업무관	**총수입금액불산입** (증여세과세)

· 자산수증이익 · 채무면제이익

	익금	총수입금액
과세범위	순자산증가설 유형자산/유가증권 처분 과세○	소득원천설 유형자산/유가증권 처분 과세×
과세방법	종합 이자/배당 : 각사업연도소득○	종합/분류/분리 이자/배당 : 사업소득×
자산수증이익	익금	사업관련 : 총수입금액
자가소비	규정×(원가 : 손, 시가 : 익)	규정○(원가 : 필, 시가 : 총)
출자금	업무무관가지급금○	업무무관가지급금×

· 익금 vs 총수입금액

구 분	건강보험료 등	연금보험료
필요경비	○	×
소득공제	×	○

· 대표자 본인의 건강보험료 등 vs 연금보험료

	손금	필요경비
지급이자	① 채권자불분명 사채이자 ② 비실명채권·증권이자 ③ 건설자금이자(특, 일) ④ 업무무관자산이자	① 채권자불분명 사채이자 ② 건설자금이자(특) ③ 초과인출금이자 ④ 업무무관자산이자

· 지급이자

· **초과인출금 관련이자**

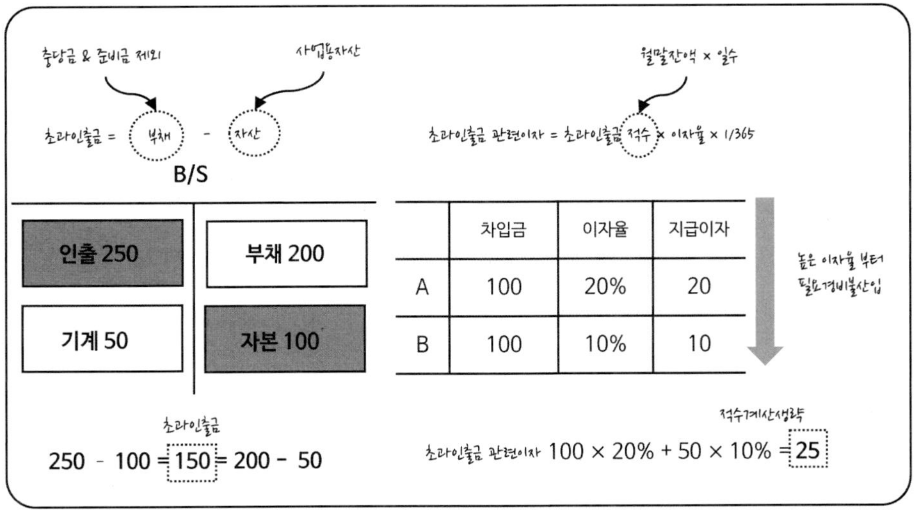

· **접대비 시부인 단위**

1. 원칙 : 사업자단위
2. 예외 : 사업장단위

2개 이상의 사업장이 있는 사업자가 **사업장별로 감면을 달리 적용받는 경우**로서 사업장별로 거래내용이 구분될 수 있도록 장부에 기록한 때에는 접대비한도액을 **각 사업장별**로 계산하여야 한다.

이 때 사업장별로 지출한 접대비가 접대비한도액에 미달하는 경우와 초과하는 경우가 각각 발생하는 때에는 그 미달하는 금액과 초과하는 금액을 통산하지 않는다.

	사업장A	사업장B	합계
수입금액	90억	30억	120억
기본한도	9	3	12
수입금액한도	① 9 × 2 ② 7 × 2 + 2 × 1	① 1 × 2 + 2 × 1 ② 3 × 2	10 × 2 + 2 × 1

· 사업장별 접대비 한도액

기본한도 12백(24백) × $\frac{月}{12}$ × $\frac{\text{사업장별 수입금액}}{\text{총수입금액}}$

(By 주업종 판단 / By 긴 사업장 기준 / 추계사업장 → '0')

수입금액한도 일반 × 적용률 + 특정 × 적용률 × 10%

(선택)

· 기부금 한도

	소득세법	법인세법
① 법정	A × 100%	A × 50%
② 우리사주조합	(A − ①) × 30%	(A − ①) × 30%
③ 지정	(A − ①, ②) × 30%(10%) (B)	(A − ①, ②) × 10%
④ 비지정	필不	손不

Only 종교단체	B × 10%
Only 이외단체	B × 30%
Both종교+이외	B × 10% + Min[이외, B ×20%]

· 지정기부금 한도

정치자금 지출액	처리방법
10만원 이하 금액	정치자금기부금 세액공제(지출액 × 100/110)
10만원 초과 금액	①사업자 : 사업소득의 필요경비산입 ②사업자 이외 : 기부금 세액공제

· 정치자금기부금

· 특별재난지역의 자원봉사용역의 가액
→ 법정기부금

특별재난지역의 자원봉사용역의 가액 = ① + ②
① 봉사용역가액 : 봉사일수(총봉사시간 ÷ 8시간) × 5만원
② 직접비용(해당 봉사용역에 부수되어 발생하는 유류비·재료비 등) : 제공시점의 시가 또는 장부가액

* 봉사일수 계산시 소수점 이하의 부분은 1일로 보아 계산한다.

甲 월 1h 화 1h → $\frac{2h}{8h}$ ⇨ 1日 × 5만원

乙 월 10h 화 0h → $\frac{10h}{8h}$ ⇨ 2日 × 5만원

· 손금 vs 필요경비

	손금	필요경비
대표자인건비 및 퇴충	손금 퇴충설정대상○	필요경비불산입 퇴충설정대상×
가사관련경비	규정없음	필요경비불산입
대손충당금 설정대상채권	대여금과 고정자산처분미수금 포함	대여금과 고정자산처분미수금 제외

	손금	필요경비
양도자산 감가상각비	시부인× 전기유보추인	시부인○ 전기유보소멸
생산설비 폐기처분손실	폐기시 : 손금(비망계정 1,000) 처분시 : 손금	폐기시 : 필요경비× 처분시 : 필요경비산입

· 처분손실 vs 폐기손실 vs 폐기처분손실

	법인세법	소득세법
일반처분손실	○	×
폐기손실	○ 1,000	×
폐기처분손실	○	○

· 양도자산의 감가상각시부인 & 처분손실

	법인세법 (유보 추인)	소득세법 (유보 소멸)
처분손실	-	필요경비불산입
양도자산 전기유보	손금산입	필요경비산입 - 필요경비불산입
양도자산 감가상각시부인	손금불산입 - 손금산입	필요경비불산입 필요경비산입 - 필요경비불산입

· 기준경비율제도

단순경비율법

Min [①, ②]
① 수입금액 × (1 - 단순경비율)
② 수입금액 × (1 - 기준경비율) - 주요경비

기준경비율법

Min [①, ②]
① 수입금액 × (1 - 기준경비율) - 주요경비
② 수입금액 × (1 - 단순경비율) × 3.2배(2.6배)

* 업무관련 재화의 매입비용
ex) 현물접대비 포함, 현물기부금 제외
cf) 외주가공비, 운송업자의 운송료 포함

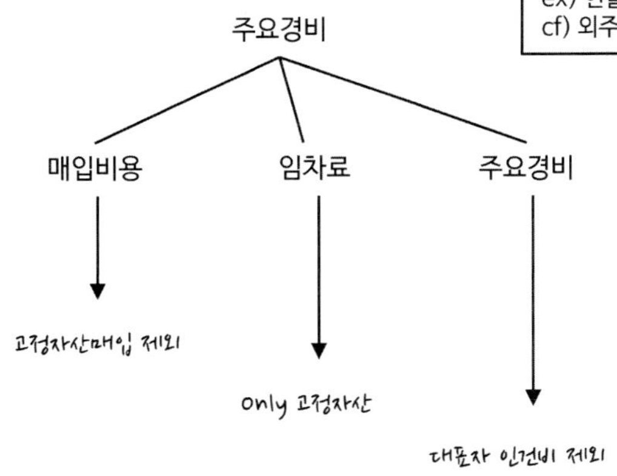

제4장
근로 · 연금 · 기타소득

근로소득

범위

By 근로제공 소득(근로: 독립성×, 계속성○)

근로소득○	근로소득×
① 출자임원의 사택제공이익/주택자금대여이익 ② For 종업원 보험료 ③ 단체환급부보장성보험 환급금 ④ 퇴직전 주식매수선택권행사이익 ⑤ 퇴직전 직무발명보상금	· 비출자/소액주주임원/사용인 사택제공이익 · 업무책임배상보험 보험료 · 단체보장성보험료 중 연 70만원이하 · 퇴직후 주식매수선택권행사이익 · 퇴직후 직무발명보상금 · 퇴직급여로 지급되기 위하여 적립되는 급여 · 사회통념상 타당한 범위내의 경조금

· **근로소득**(독립성×, 계속성○)

근로소득은 고용계약에 의하여 근로를 제공하고 받는 대가이다.

① 일반급여
② 잉여금처분에 의한 상여
③ 인정상여
④ 퇴직소득이 아닌 소득
⑤ 퇴직전 직무발명보상금

	출자임원	비출자 등
사택제공이익	근로소득○	근로소득×
주택자금대여이익	근로소득○	근로소득○

· **사택제공이익 vs 주택자금대여이익**

소액주주 〈 지분율 1% and 액면가액 3억원

· 소액주주 × ← 지분율 0.9% and 액면가액 4억원
· 소액주주 × ← 지분율 1% and 액면가액 2억원

· 소액주주

소액주주<지분율 1% & 액면가액 3억원

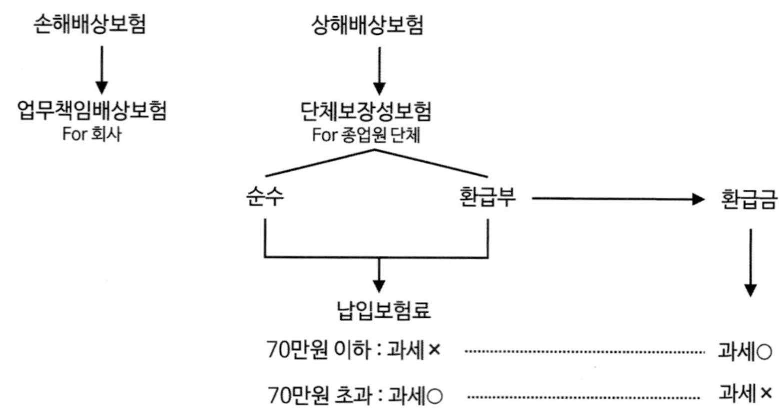

· 보험료

· **단체환급부보장성보험의 환급금**

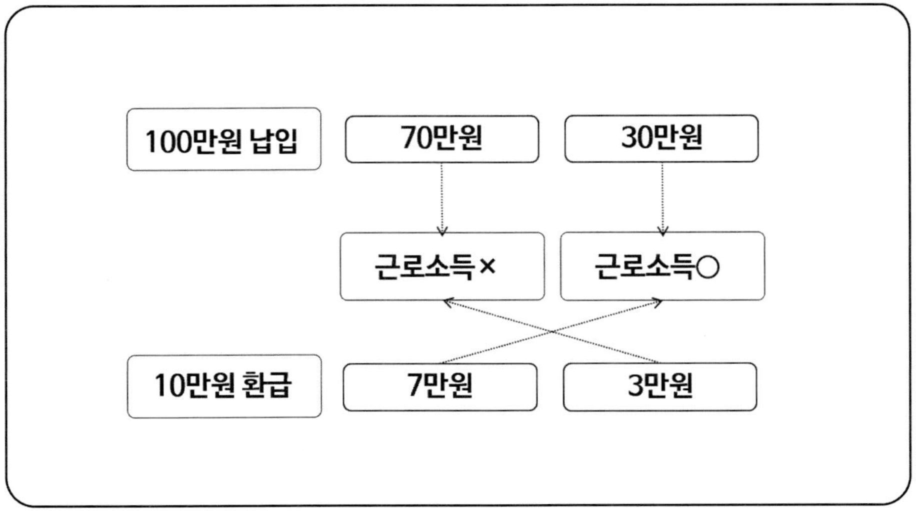

다음의 금액은 근로소득으로 과세한다.

$$\text{단체환급부보장성보험의 환급금} \times \frac{\text{납입보험료 중 연 70만원 이하 금액의 합계액}}{\text{납입보험료 합계액}}$$

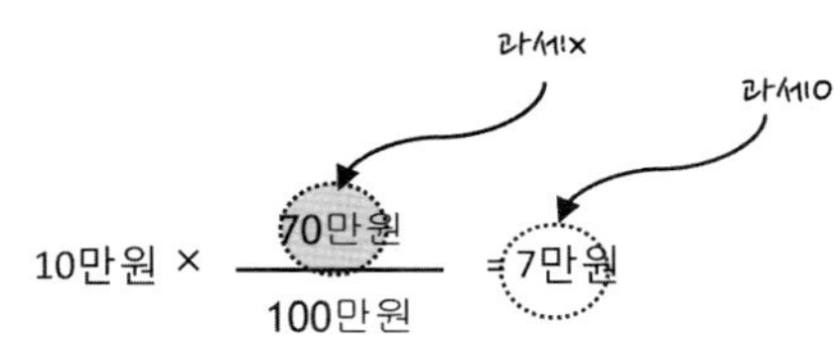

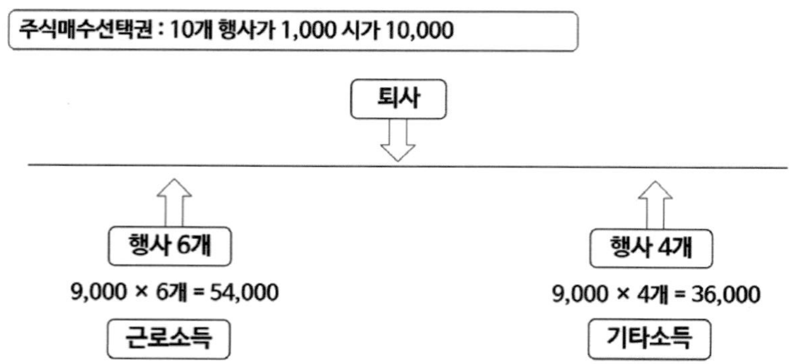

· **주식매수선택권**

구분		소득
근무법인 등으로부터 부여받은 경우	근무기간중 행사	근로소득
	퇴직 후 행사	기타소득
고용관계 없이 부여받은 경우		기타소득

구 분	적립시	퇴직시
적립규칙有	근로소득×	퇴직소득○
적립규칙無	근로소득○	퇴직소득×

· **퇴직급여로 지급되기 위하여 적립되는 급여**

퇴직급여로 지급되기 위하여 적립되는 급여(근로자가 적립금액 등을 선택할 수 없는 것으로서 사업장내의 근로자 전원에게 적용되는 퇴직연금 적립규칙을 정하고 그 방법에 따라 적립되는 경우에 한정)의 경우 근로소득에 포함하지 않는다.

근로소득		
비과세	실비변상적성질급여	無/월 20만원
	식사와 식사대	無/월 10만원
	보육수당	월 10만원
	국외근로소득	월 100만원/300만원
	생산직 초과수당	연 240만원/전액
	본인 학자금	납입금액
	직무발명보상금	연 300만원
	건보료 등	無

· **비과세근로소득**

월 20만원까지 비과세

자가운전보조금

종업원(배우자포함)차량

비과세요건		요건불충족	
① 업무수행사용할 것	vs	출퇴근용으로 사용한 경우	
② 시내출장비등 실비 수령하지 않을 것	vs	시내출장비등 수령한 경우	cf) 시외출장비 수령시에는 비과세요건충족

· **자가운전보조금**

자가운전보조금이란 종업원의 소유차량을 종업원이 직접 운전하여 사업주의 업무수행에 이용하고 시내출장 등에 소요된 실제 여비를 대신하여 받는 금액을 말한다.

· 식사 또는 식사대

① 근로자가 사내급식 등으로 제공받는 식사 기타 음식물
② 식사를 제공받지 아니하는 근로자가 받는 월 10만원 이하의 식사대

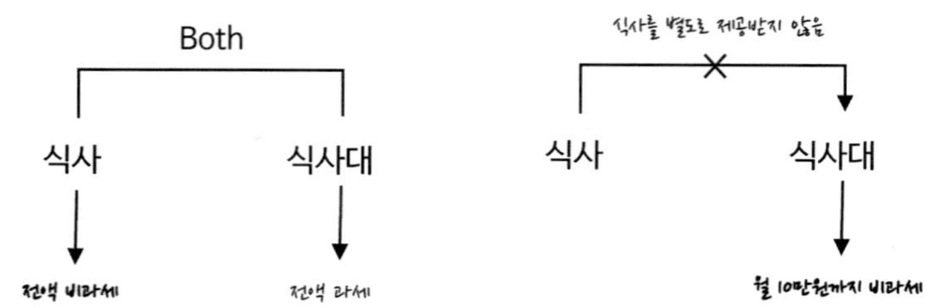

· 업무관련 본인의 교육비 부담금

(자녀학자금은 과세대상임)

학교(외국의 유사교육기관 포함)와 직업능력개발훈련시설의 교육비 중 다음의 요건을 모두 갖춘 학자금
① 업무와 관련있는 교육·훈련일 것
② 정해진 지급기준에 따라 받는 것일 것
③ 교육·훈련기간이 6개월 이상인 경우 교육·훈련 후 해당 교육기간을 초과하여 근무하지 아니한 때에는 지급받은 금액을 반납하는 조건일 것

장기 [단기 [① 업무관련 교육
② By 지급규정]
③ if) 6개월 이상 → unless 초과근무 → 반환조건]

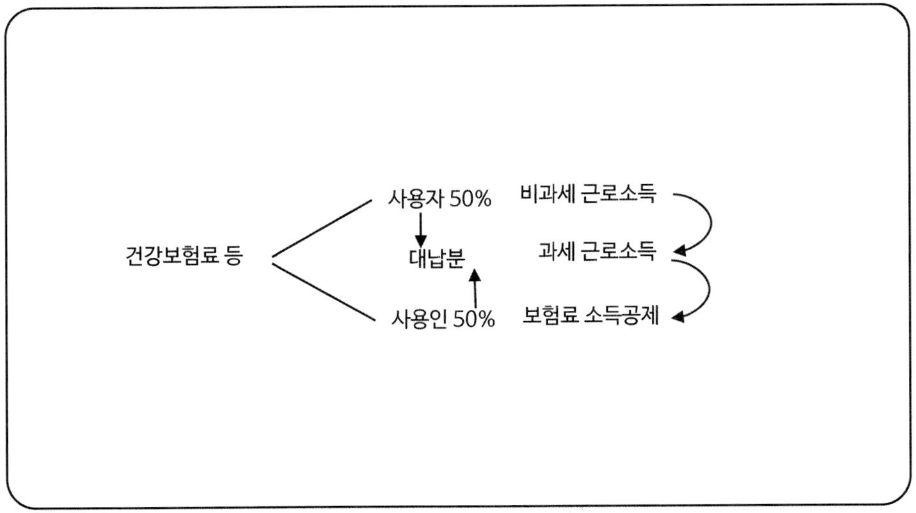

· 법에 따라 사용자가 부담하는 부담금

국민건강보험법·고용보험법 또는 노인장기요양보험법에 의하여 국가·지방자치단체 또는 사용자가 부담하는 보험료

* 사용자가 건강보험료·고용보험료·연금보험료 중 근로자부담분을 대신 부담한 금액은 근로소득에 포함한다.

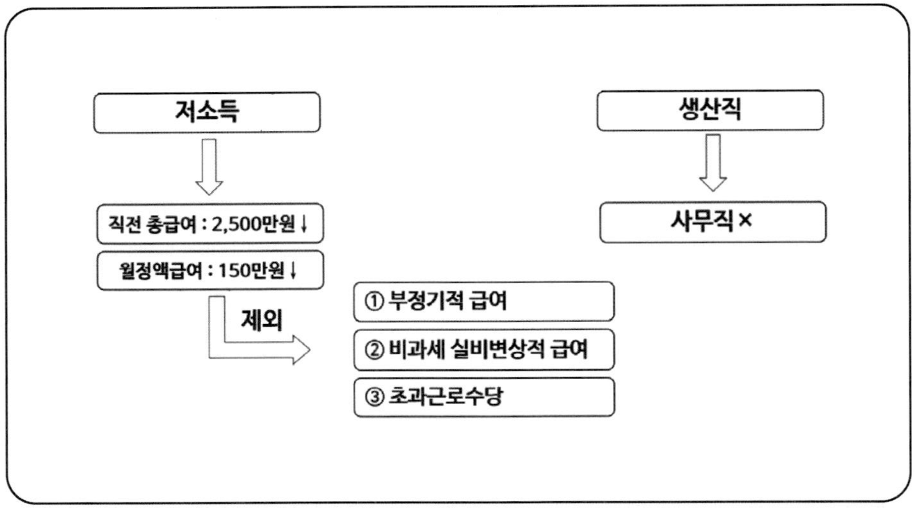

· 생산직근로자가 받는 초과 근로수당

월정액급여 150만원 이하이며, 직전 과세기간의 총급여액이 2천5백만원 이하인 생산직근로자가 연장시간근로·야간근로·휴일근로로 인하여 통상임금에 가산하여 받는 급여 중 연 240만원 이내의 금액(광산근로자와 일용근로자는 전액)은 비과세한다.

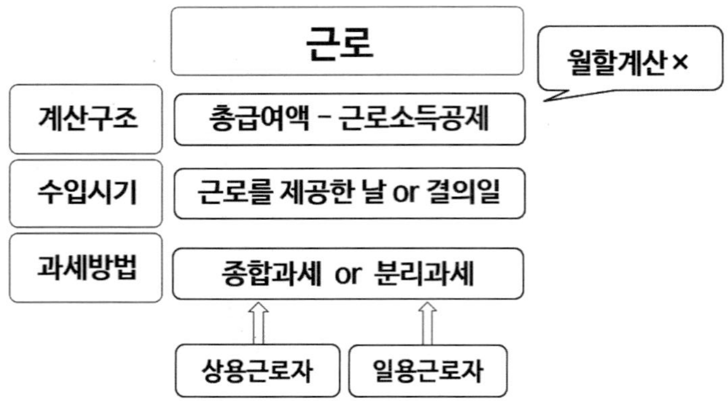

· **계산구조**
근로소득공제
① 상용근로자 : by 근로소득공제 Table
② 일용근로자 : 1일 10만원

· **수입시기**
① 급여 : 근로를 제공한 날
② 인정상여 : 해당 사업연도 중 근로를 제공한 날
③ 잉여금처분에 의한 상여 : 잉여금처분결의일
④ 주식매수선택권 : 주식매수선택권행사일
⑤ 임원의 퇴직급여 중 퇴직소득세법상 한도초과액 : 지급받거나 받기로 한 날

· **과세방법**
① 상용근로자 : 종합과세
② 일용근로자 : 분리과세

일용근로자 = 일당, 시간당 수당 and 3개월 미만

· 일용근로자 × ← 일당 and 4개월
· 일용근로자 × ← 월급 and 2개월

· **일용근로자**

①과 ②의 요건을 모두 충족한 자

① 일당 또는 시간당 수당 수령할 것
근로를 제공한 날 또는 시간에 따라 근로대가를 계산하거나 근로를 제공한 날 또는 시간의 근로성과에 따라 급여를 계산하여 받는 자

② 3개월 미만 고용될 것
근로계약에 따라 동일한 고용주에게 3개월(건설현장은 1년, 하역현장은 기간제한없음)이상 고용되어 있지 않은 자

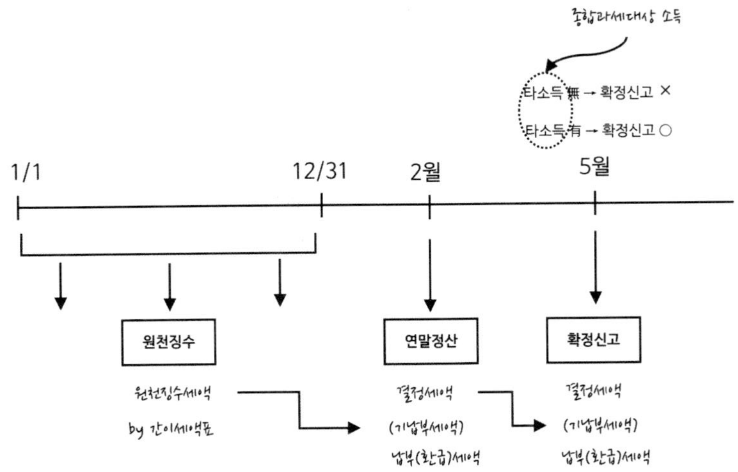

연말정산대상 사업소득 20 × t / 3 + 상용근로자 근로소득 30 × t / 5 < 종합소득 50 × t / 10

· 근로소득의 과세방법

구분		원천징수	연말정산	확정신고
원천징수대상 근로소득	상용근로자	○	○	○, ×
	일용근로자	○	×	×
원천징수대상이아닌근로소득		×	×	○

· 연말정산 & 확정신고

근로소득만 있는 자는 연말정산에 의하여 납세의무가 종결되므로 과세표준확정신고를 할 필요가 없다.

그러나 근로소득 이외의 종합소득이 있는 경우에는 종합소득과세표준에 근로소득을 합산하여야 하므로 연말정산시에도 다음 연도 5월에 과세표준확정신고를 하여야 한다.

	연금소득	
범위	공적연금/사적연금	수령연도과세방식
비과세	장애연금·유족연금	
계산구조	총연금액 – 연금소득공제	한도 900만원
수입시기	공적 : 약정일 or 사적: 지급일	
과세방법	원칙 : 종합과세 or 사적 : 분리과세 선택가능	이 의 득 / 1,200만원 이하

· **연금소득**

* 무조건 분리과세 연금소득

이	이연퇴직소득
의	의료비인출액
득	부득이한 사유로 인출한 금액

공적연금
· 국민연금
· 직역연금

사적연금(=연금계좌)
· 연금저축계좌
· 퇴직연금계좌

· **연금소득의 범위**

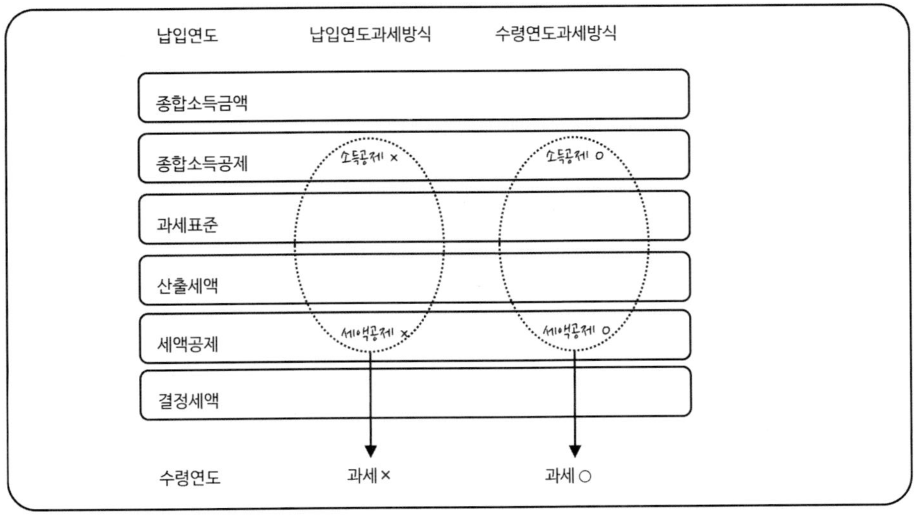

· 납입연도 과세방식 vs 수령연도 과세방식

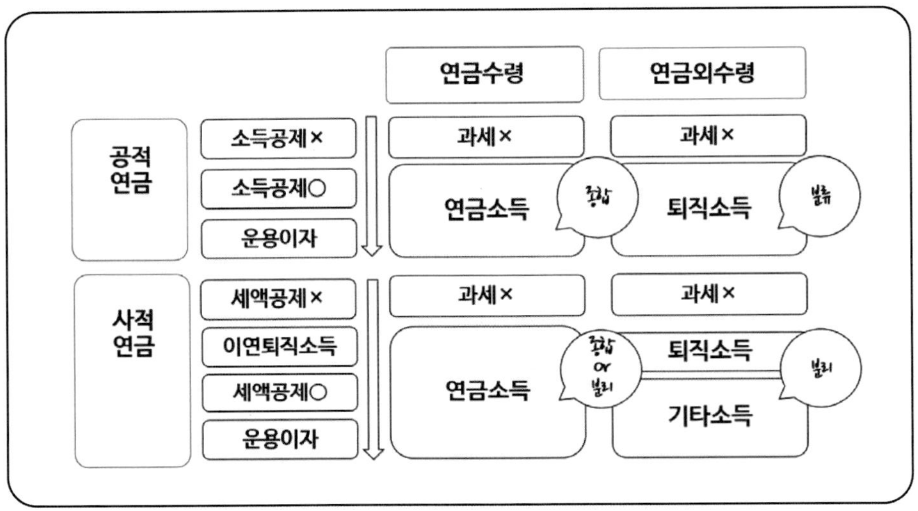

· 연금소득의 과세체계

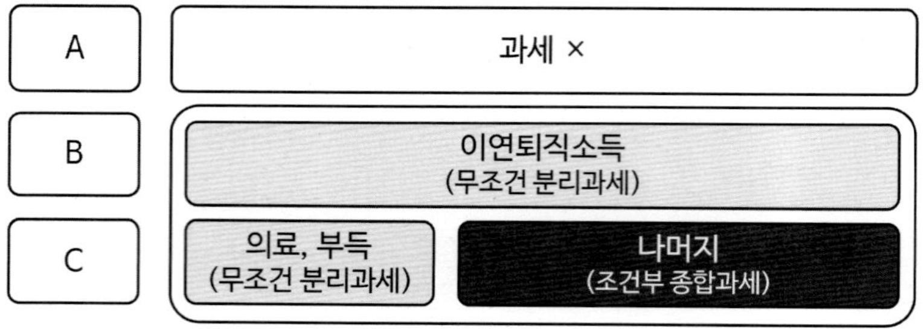

· **사적연금**

연금수령 - 요건충족(기간, 나이, 한도) 연금형태 인출

연금외수령 - 일시금 인출 또는 요건미충족 연금형태 인출

· **사적연금**

연금수령 vs 연금외수령

· 연금소득금액의 계산구조

900만원

총연금액 - 연금소득공제 = 연금소득금액

$\frac{②}{① + ②}$

공적연금 : 과세기준금액 - 과세제외기여금 + 연체이자

사적연금 : 연금수령액 - 과세제외 - 이 - 의득

· 공적연금 총연금액

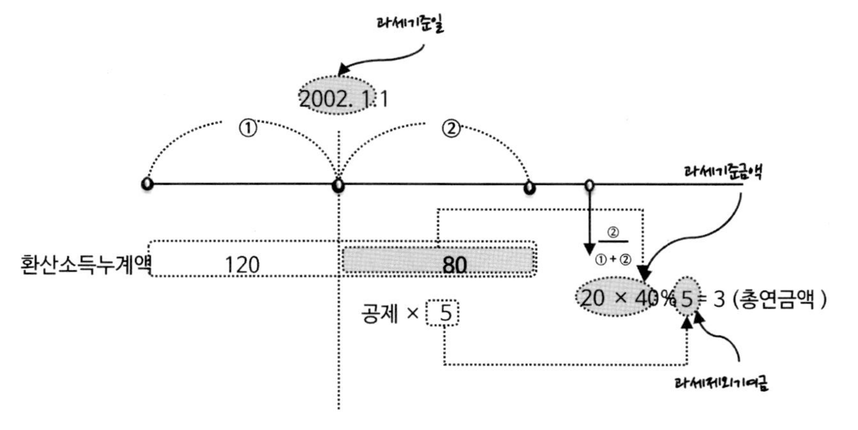

총연금액 = 과세기준금액 - 과세제외기여금* + 연체이자

*1.과세제외기여금등이 해당 과세기간의 과세기준금액을 초과하는 경우 그 초과하는 금액은 그 다음 과세기간부터 과세기준금액에서 뺀다.

2.공적연금을 지급하는 자가 연금소득의 일부 또는 전부를 지연하여 지급하면서 지연지급에 따른 이자를 함께 지급하는 경우 해당 이자는 공적연금소득으로 본다.

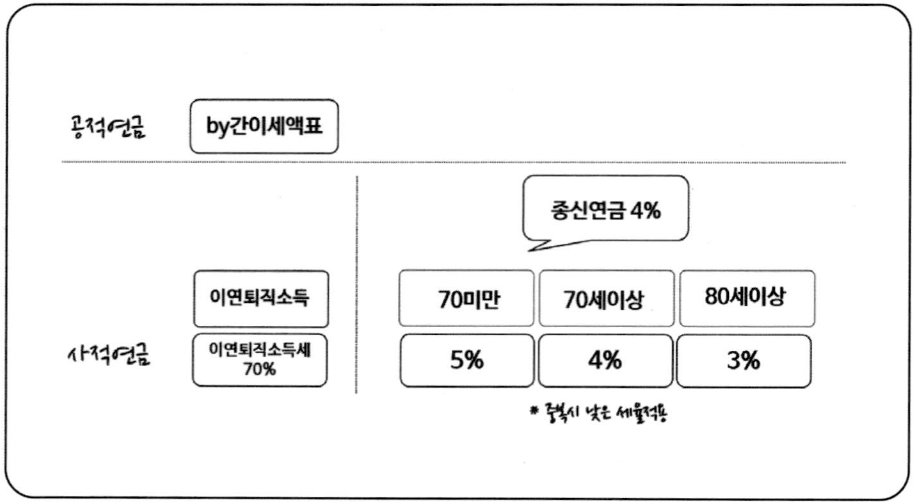

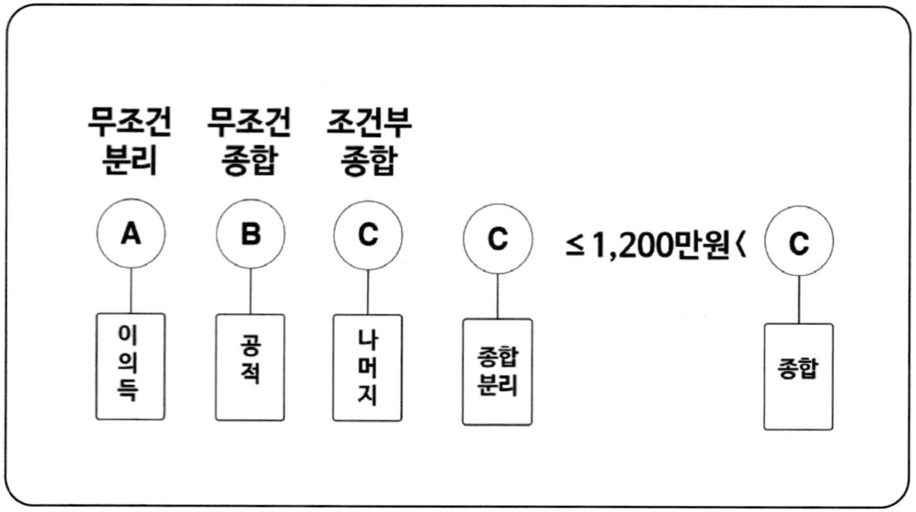

· 연금소득의 과세방법

구분		원천징수	연말정산	확정신고
공적연금소득		○	○	○, ×
사적연금소득	종합과세대상	○	×	○
	분리과세대상	○	×	×

C 〈 12백만원

↓

선택적 분리과세

① 분리과세시 세부담 : 총연금액 × 원천징수세율(3%~5%)

② 종합과세시 세부담 : 연금소득금액 × 한계세율(6%~40%)

· **사적연금**

연금수령 요건	이연	의료비	부득이한
① 기간 : 5년 경과후	×	○	×
② 나이 : 55세 이후	○	○	×
③ 한도 : 1/5×120%	○	×	×

▪ **연금수령 요건**

① 연금계좌 가입일부터 5년이 경과된 후에 인출할 것
② 가입자가 55세 이후 연금계좌취급자에게 연금수령 개시를 신청한 후 인출할 것
③ 연간 연금수령한도 내에서 인출할 것

$$\text{연금계좌평가액} \times \frac{1}{11 - \text{연차}} \times 120\%$$

↓

2013. 3. 1 : 6연차

■ 한도요건

이연퇴직소득	연금계좌
① 확정기여형	이미 有
② 확정급여형	이체(강제)
③ 퇴직금	이체(선택)

· **이연퇴직소득**

거주자의 퇴직소득이 연금계좌에 있거나 연금계좌로 지급된 경우 또는 지급받은 날로부터 60일 이내에 연금계좌에 입금되는 경우에 해당하여 퇴직당시 퇴직소득세를 원천징수하지 않았던 퇴직소득을 말한다.

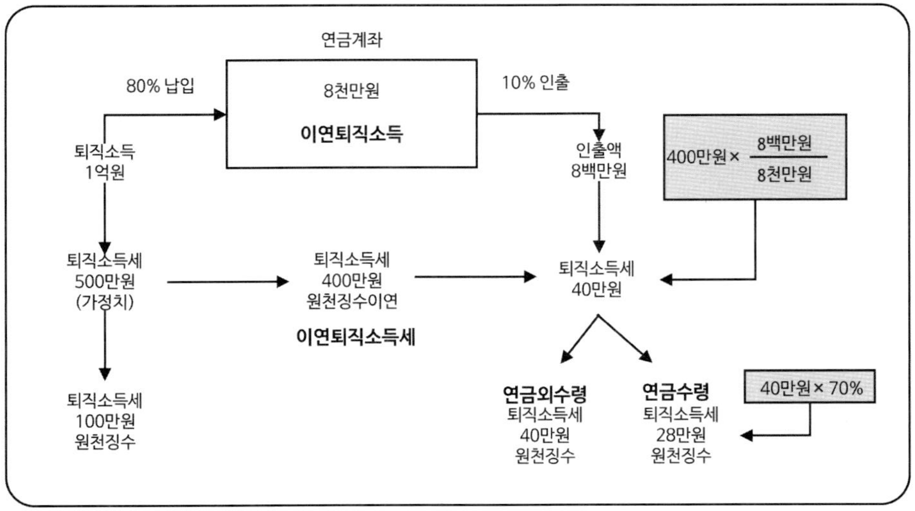

· 사례

인출	45	연금	연금외
세액공제×	16	16	
이연퇴직소득	60	20	9
세액공제○	44		
운용이자	30		
합계	150	36	9

인출	50	연금	연금외
세액공제×	0	0 (연금(분리))	
이연퇴직소득	31	31 (연금(종합))	
세액공제○	44	11	8 (기타(분리))
운용이자	65		
합계	140	42	8

	기타소득	
범위	타소득"외"의 소득	
비과세	By 법 보상금등	
계산구조	총수입금액-필요경비	실제,추정
수입시기	지급일 or 결산확정일 or fast(대,인·사), 위약일	
과세방법	종합과세 or 분리과세	권 연 서 / 300만원 이하

· **기타소득**
기타소득은 이자·배당·사업·근로·연금·퇴직·양도 소득 이외의 소득으로서 법에 열거된 일정한 소득을 말한다.

▪ 무조건 분리과세 기타소득

권	복권, 승마투표권, 슬롯머신당첨금 등
연	연금계좌에서 연금외수령한 기타소득
서	서화·골동품 양도소득

구분	대여	양도
광업권 등	기타소득 (지급일)	기타소득 Fast(대, 인,사)
지상권	기타소득 (지급일)	양도소득

· 광업권 등 vs 지상권

1. 범위 : 6천만원이상, 국내 원작자 생존 과세×
2. 비과세 : To 박물관, 미술관, 문화재 지정
3. 계산구조 : 총 - 필[Max(실제, 80%,90%)]
4. 과세방법 : 분리과세, 20%

· 서화·골동품의 양도로 발생하는 소득

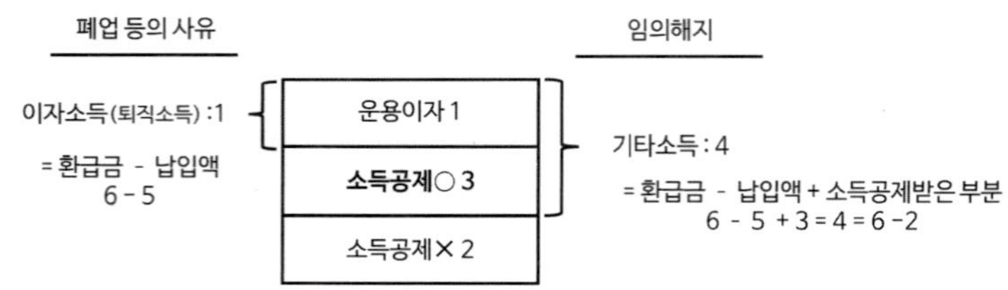

· 소기업·소상공인 공제부금의 해지일시금

구분	내용
비과세	① 보상금등 : 유공자 보상금, 탈북자 정착금등, 퇴직후 직무발명보상금(300만원이하) ② 상금등 : 상훈법에 의한 상금, 부상/발명진흥법에 의한 종업원보상금 ③ 서화·골동품 : 문화재지정 서화·골동품 양도/박물관 또는 미술관에 양도
과세최저한	① 승마투표권등 (@10만원이하 & 100배 이하 & 200만원 이하, @10만원이하 & 10만원이하) ② 슬롯머신 (@200만원 이하) ③ 기타소득금액 (@5만원 이하, 연금외수령제외)
분리과세	① 복권 등 당첨소득 ② 연금계좌에서 연금외수령한 기타소득 ③ 서화·골동품 양도소득 ④ 분리과세 선택한 연 300만원 이하의 기타소득금액(①~③, 뇌물 등 제외)

· 비과세 기타소득 & 과세최저한 & 분리과세

· 직무발명보상금

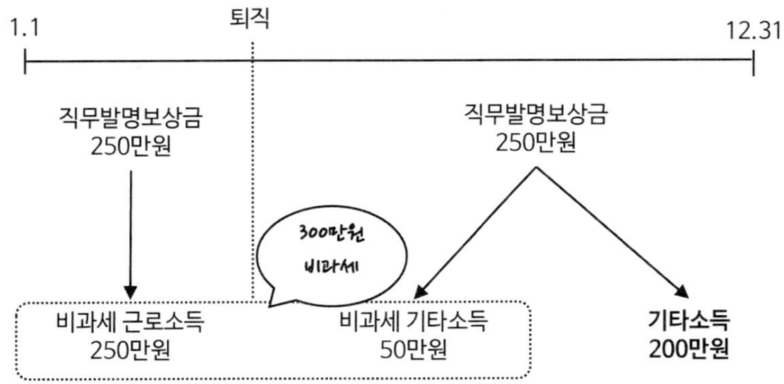

· 승마투표권 등

① or ②

구분	권면표시금액	환급금
①	10만원 이하 &	10만원 이하
②	10만원 이하 &	100배 이하 & 200만원 이하

· 복권 등 당첨소득

1. 과세최저한 : 승마투표권 등 , 슬롯머신, 복권
2. 과세방법 : 분리과세

· 필요경비의제

구분	필요경비산입액
① 공익법인의 설립·운영에 관한 법률의 적용을 받는 공익법인이 주무관청의 승인을 받아 시상하는 상금 및 부상과 다수가 순위 경쟁하는 대회에서 입상자가 받는 상금 및 부상 ② 지역권·지상권을 설정 또는 대여하고 받는 금품 ③ 주택입주지체상금 ④ 인적용역의 일시적 제공대가 및 문예창작소득 (원작자 원고료 등) ⑤ 산업재산권등을 양도 또는 대여하고 받는 소득 ⑥ 법 소정 서화·골동품의 양도로 발생하는 소득	Max[①,②] ①총수입금액×80%* ②실제필요경비

*10년 이상 보유한 서화·골동품 양도소득은 90%로 한다.

Max [①, ②]		① 총수입금액 80%(90%)			② 실제필요경비	
지	상	서	원	주	인	無
지상권·지역권	상금·부상	서화·골동품양도	원작자원고료 등	주택입주지체상금	인적용역일시제공	무체재산권

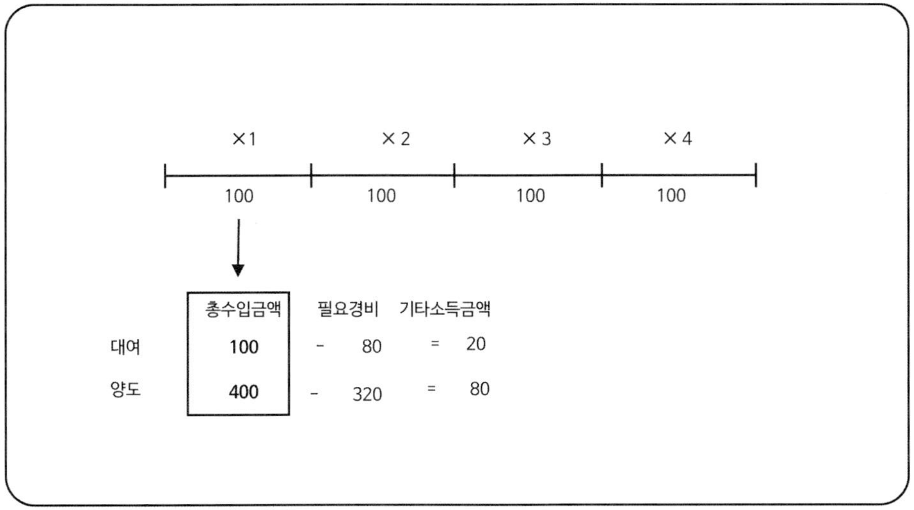

· 광업권 등 대여·양도

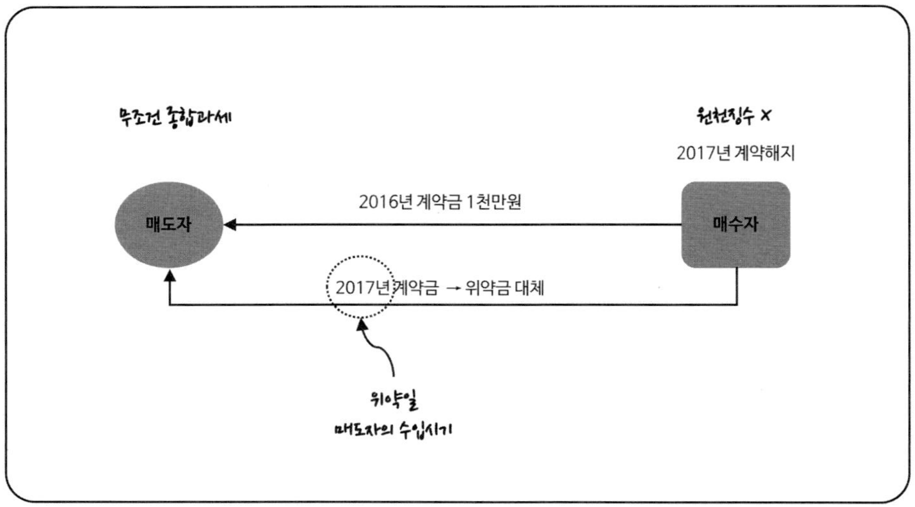

· 계약금이 위약금으로 대체된 금액

구분		필요경비	원천징수여부	과세방법	수입시기
일반	주택입주지체상금	Max	○	조건부종합과세(C)	지급일
	그 외	실제			
계약금 → 위약금		실제	×	무조건종합과세(B)	위약일

· **위약금과 배상금**

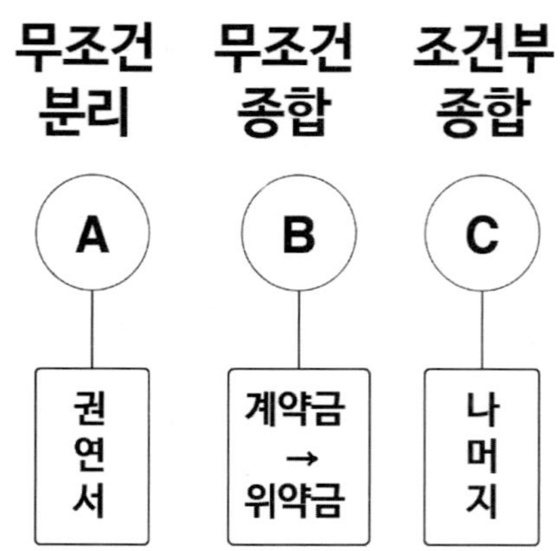

· **기타소득의 구분**

▪ 무조건 분리과세
① 권 : 복권 등의 당첨소득(20%, 3억원초과분은 30%)
② 연 : 연금계좌에서 연금외수령한 기타소득(15%)
③ 서 : 서화·골동품의 양도로 발생하는 소득(20%)

▪ 무조건 종합과세
계약금이 위약금·배상금으로 대체되는 경우(원천x)

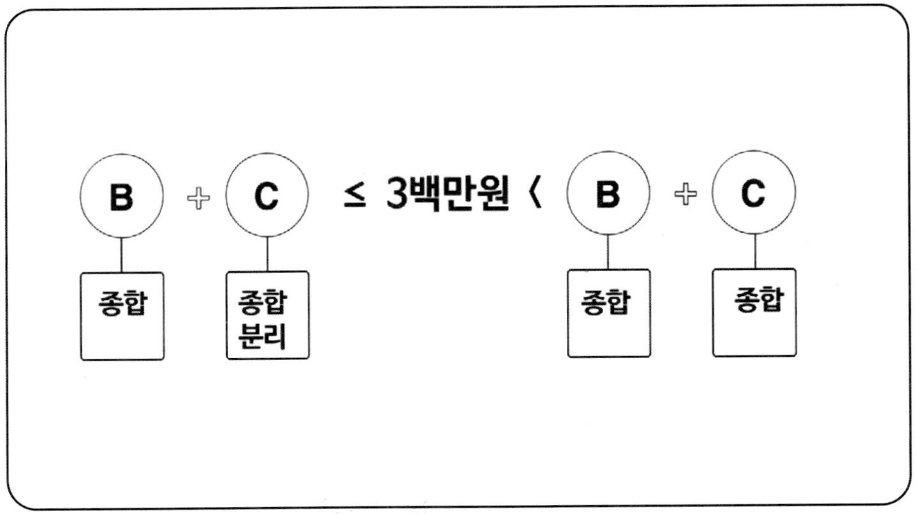

· **종합과세여부판정**

뇌물, 알선수재·배임수재에 의하여 받은 금품도 무조건 종합과세되나, 기타소득 종합과세여부 판정시 제외한다.

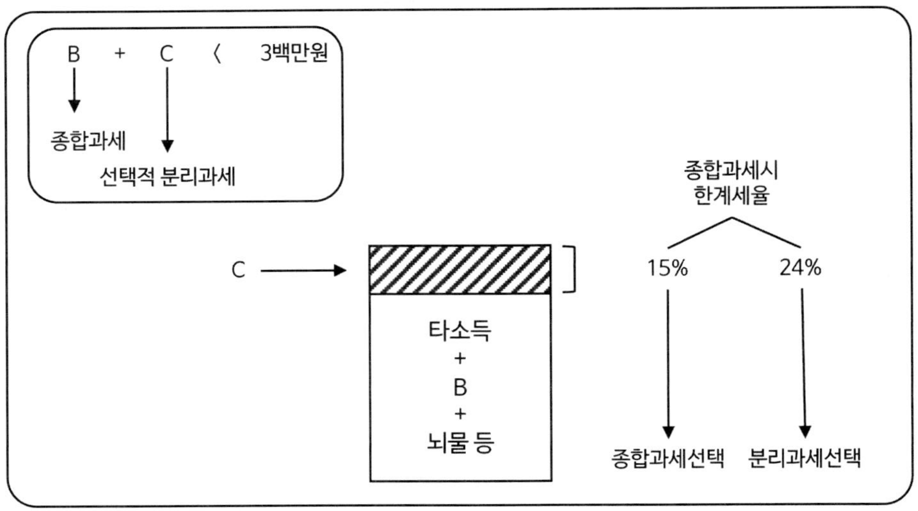

· **조건부 종합과세 기타소득(C)**

금융 : B + C + G + 출자
연금 : B + C - S
기타 : B + C + 뇌물 등

· **종합과세되는 소득금액 계산**

A : 무조건 분리과세
B : 무조건 종합과세
C : 조건부 종합과세

G : Gross - up 금액
S : 연금소득공제

제5장
소득금액계산의 특례

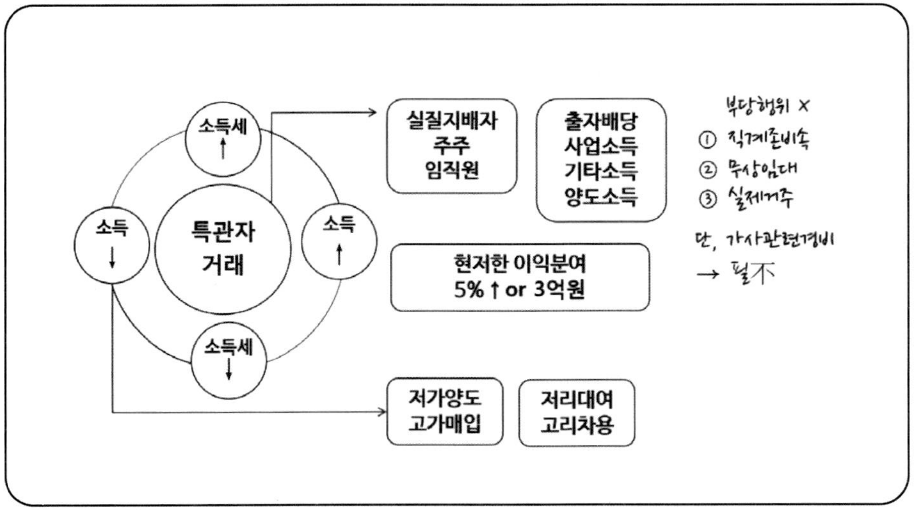

· **부당행위계산의 부인**

Case1. 동생에게 사업자금을 무상으로 대여한 경우 ➡ 이자소득 감소 ➡ 부당행위× (단, 대부업의 경우는 부당행위○)

Case2. 형으로부터 사업자금을 고율로 차입한 경우 ➡ 사업소득 감소 ➡ 부당행위○

Case3. 모친에게 주택을 무상으로 임대하고 모친이 실제 그 주택에 거주하는 경우 ➡ 부당행위×

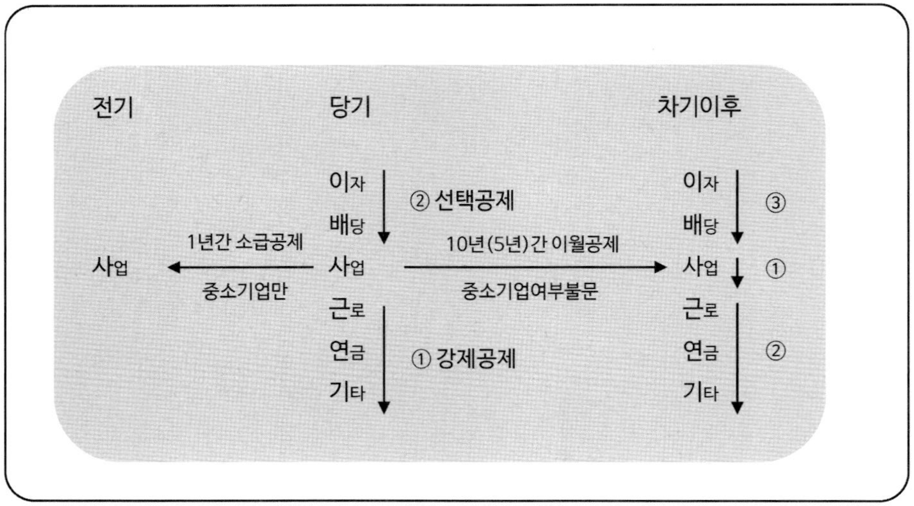

· **일반사업소득**(주택임대업 포함) **결손금**

· 부동산임대사업소득(주택임대업 제외) 결손금

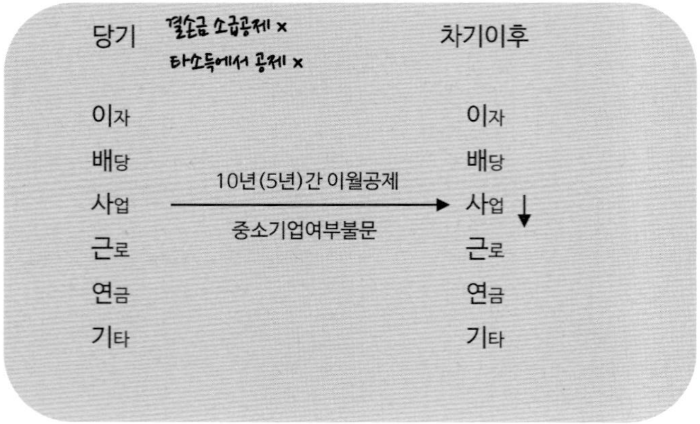

· 결손금 및 이월결손금공제의 특례

종합소득에 합산되는 금융소득이 있는 경우
사업소득의 결손금 및 이월결손금의 공제여부는
다음에 의한다.

구분	공제방법
(1) 원천징수세율적용금융소득금액	공제불가
(2) 기본세율적용금융소득금액	공제여부및공제금액선택

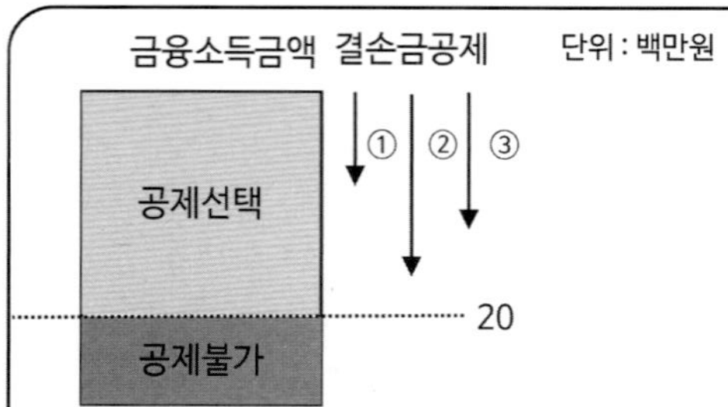

· 귀속법인세가 없는 경우 : 일반산출세액 = 비교산출세액

If) 세부담최소화가정 Max
- 1. 일반산출세액 : ① 18 → 결손금공제 증가시킴
  ② 13 → 결손금공제 감소시킴
  ③ 15 → 결손금공제 최종선택
- 2. 비교산출세액 : 15 (고정)

· 귀속법인세가 있는 경우 : 일반산출세액 - 귀속법인세 = 비교산출세액

[1단계] 공동사업장 소득금액계산 　 공동사업장을 1거주자로 보아 소득금액 계산

공동사업장

이자수익10
비품처분손실 20
당기순이익 90

당기순이익	90
+총入,필不	20
-필入,총不	(10)
사업소득금액	100
이자소득금액	10

[2단계] 공동사업장 소득금액분배

생계를 같이하는 특수관계인 & 조세회피목적有
→ 사업소득을 주된공동사업자 소득에 합산

1. 원칙: 손익분배비율

구성원	사업소득금액	이자소득금액
A(50%)	50	5
B(30%)	30	3
C(20%)	20	2
합계	100	10

1. 예외: 공동사업합산과세

구성원	사업소득금액	이자소득금액
A(父)	80	5
B(子)	0	3
C(他)	20	2
합계	100	10

[3단계] 과세표준 확정신고

공동사업장에서 분배받은 소득을 각 공동사업자의 종합소득금액에 합산하여 신고납부한다.

· 공동사업에 대한 소득금액계산의 특례

- 1단계 공동사업장의 소득금액 계산

공동사업장을 1거주자로 보아 공동사업장별로 소득금액 계산

- 2단계 소득분배

① 원칙 : 약정된 손익분배비율(약정된 손익분배비율이 없는 경우에는 지분비율)에 의한 소득분배
② 예외 : 공동사업합산과세의 경우 합산대상 특수관계인의 소득금액을 주된 사업자에게 합산하여 분배

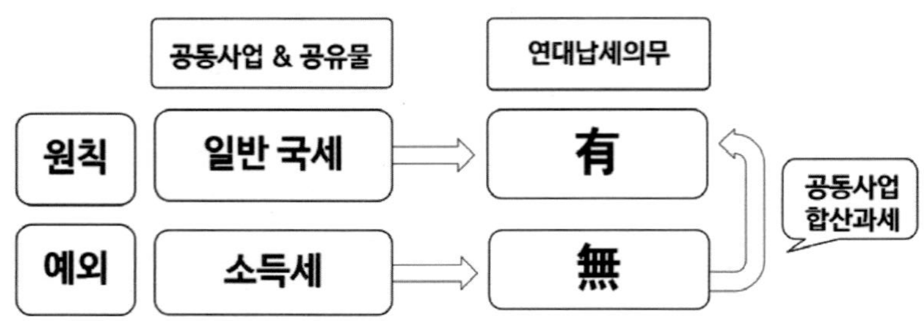

▪ 연대납세의무

① 원칙 : 공동사업자간 연대납세의무 없음
→ 국세기본법규정의 예외
② 예외 : 공동사업합산과세의 경우 합산대상 특수관계인은 본인의 손익분배비율에 해당하는 소득을 한도로 주된 공동사업자와 연대납세의무 있음

제6장
종합소득과세표준의 계산

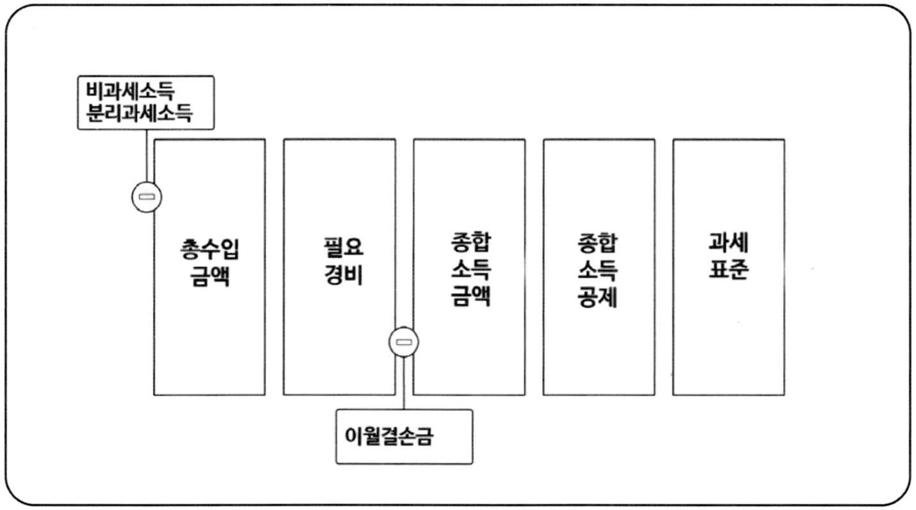

· 종합소득과세표준의 계산

각사업연도소득
(-) 이월결손금
(-) 비과세소득
(-) 소득공제

과세표준

· 법인세법상 과세표준 계산구조

소득공제	인적공제 150 50, 100, 200	보험료공제(공적) 주택자금공제	연금보험료공제(공적) 주택담보노후연금이자
세액공제	자녀세액공제 15 30, 50, 70	보험료세액공제(12%,15%) 의료비세액공(20%,15%) 교육비세액공제(15%) 기부금세액공제(15%,30%)	연금계좌세액공제 (12%, 15%)

If) 지출액 100만원, 세액공제율 12%

	6%	35%
소득공제의 세액감소 effect	6만원	35만원 소득이 많은자가 유리
세액공제의 세액감소 effect	12만원 소득이 적은자가 유리	12만원

· 소득공제 vs 세액공제

종합소득금액
(-) 종합소득공제 — ① 인적공제 ② 특별소득공제 ③ 연금보험료공제

과세표준
× t

산출세액
(-) 세액공제 — ① 자녀세액공제 ② 특별세액공제 ③ 연금계좌세액공제

결정세액

· 소득공제

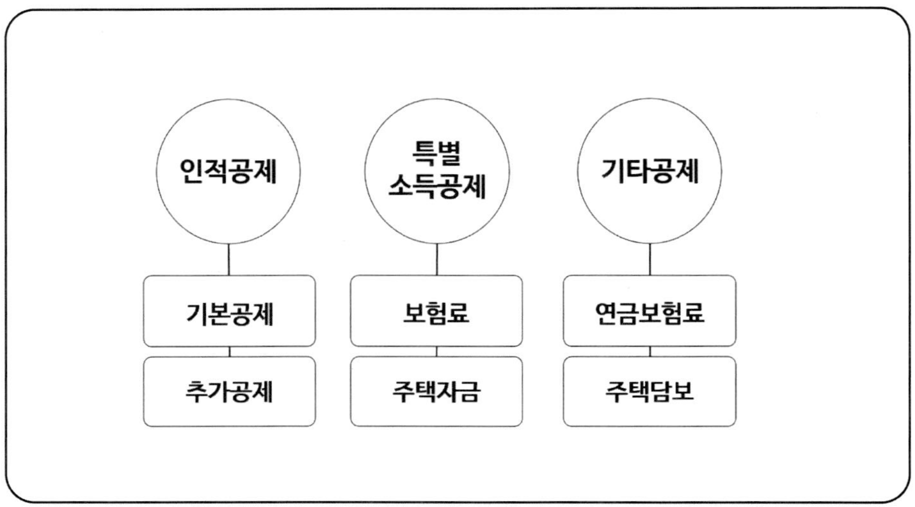

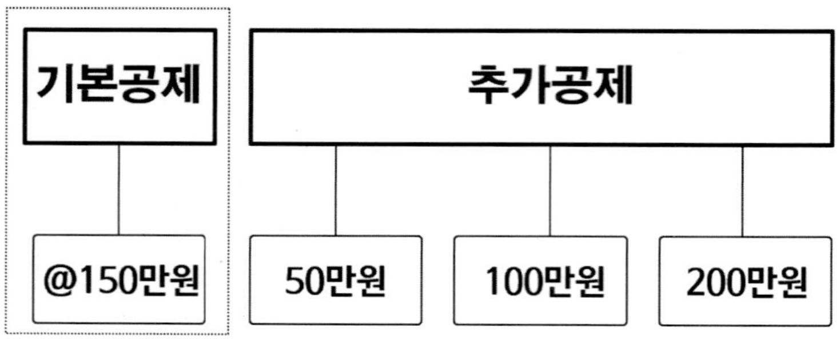

· 인적공제

기본공제

종합소득이 있는 거주자(자연인만 해당)에 대해서는 기본공제대상자 1명당 연 150만원을 곱하여 계산한 금액을 그 거주자의 해당 과세기간의 종합소득금액에서 공제한다.

생계	관계	나이	소득
-	본인	-	-
항상충족	배우자	-	100만원 ↓
주거형편상별거	직계존속	60세 ↑	100만원 ↓
항상충족	직계비속	20세 ↓	100만원 ↓
일시퇴거자증명	형제자매	20세 ↓ or 60세 ↑	100만원 ↓

· 기본공제 요건

1. 장애인은 연령의 제한은 받지 않으나 소득금액의 제한은 받는다.

2. 공제대상의 판정기준이 되는 소득금액은 소득세법상 종합과세되는 종합소득·퇴직소득·양도소득금액임에 주의하여야 한다. 따라서 분리과세소득이나 비과세·비열거소득은 포함되지 않는다.

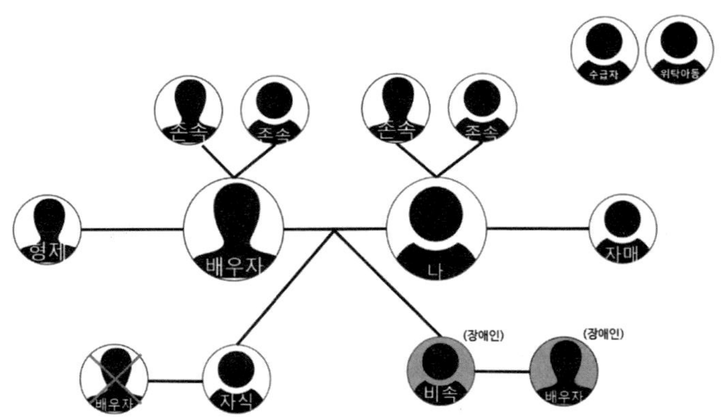

· **관계도**

기본공제대상자가 직계비속 또는 입양자인 경우 해당 직계비속 또는 입양자와 그 배우자가 모두 장애인에 해당하는 경우에는 그 배우자도 기본공제대상자에 포함한다.

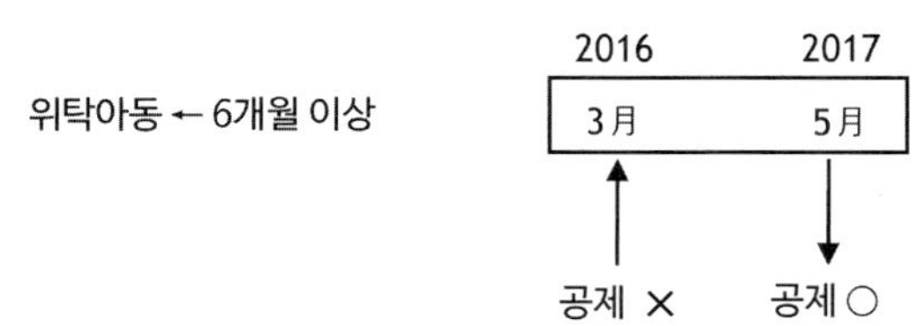

· **위탁아동**

해당 과세기간에 6개월 이상 직접 양육한 위탁아동을 말한다. 다만, 직전과세기간에 소득공제를 받지 못한 경우에는 해당 위탁아동에 대한 직전 과세기간의 위탁기간을 포함하여 계산한다.

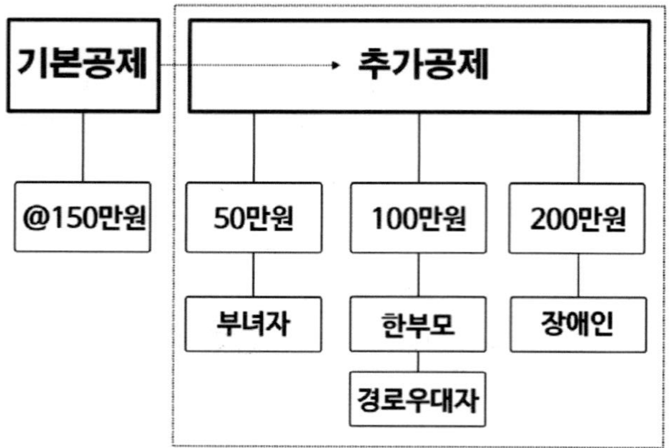

Case1. 73세 + 장애인 + 총급여액 10 → 기본공제 ×, 추가공제 ×

Case2. 73세 + 장애인 + 총급여액 5 → 기본공제 150만원, 추가공제 100만원 + 200만원

· **추가공제**

<u>기본공제대상자</u>가 추가공제사유에 해당하는 경우에는 거주자의 해당 과세기간 종합소득금액에서 기본공제 외에 법에 정한 공제금액을 추가로 공제한다.

부녀자공제 (종합소득금액 3,000만원 이하)

① 여성 + 배우자有
② 여성 + 기본공제대상자인 부양가족 有 + 세대주

한부모공제

여성 · 남성 +기본공제대상자인 직계비속(입양자)有

· 부녀자공제 & 한부모공제

부녀자공제와 한부모공제 모두 해당하는 경우 한부모공제를 적용한다.

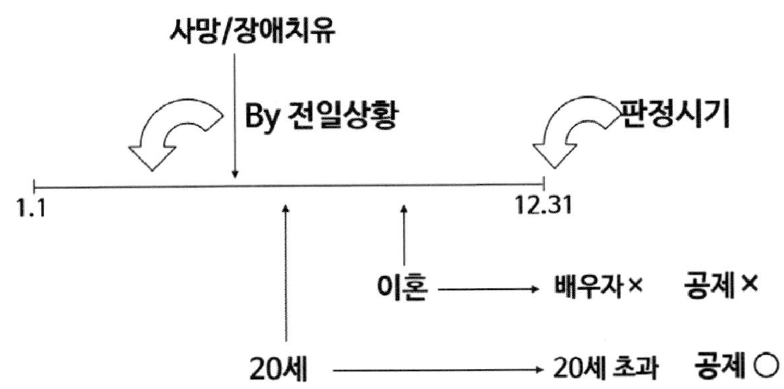

· 공제대상여부의 판정시기

공제대상자에 해당하는 지의 여부에 대한 판정은 해당연도의 **과세기간 종료일** 현재의 상황에 의한다. 다만, 다음의 예외사항이 있다.

① 과세기간 종료일 전에 사망한 자 또는 장애가 치유된 자에 대하여는 **사망일 전일 또는 치유일 전일의 상황**에 의한다.
② 부양가족공제 또는 자녀세액공제의 규정을 적용함에 있어서 해당연도의 과세기간 중에 해당 나이에 해당되는 날이 있는 경우에는 공제대상자로 한다.

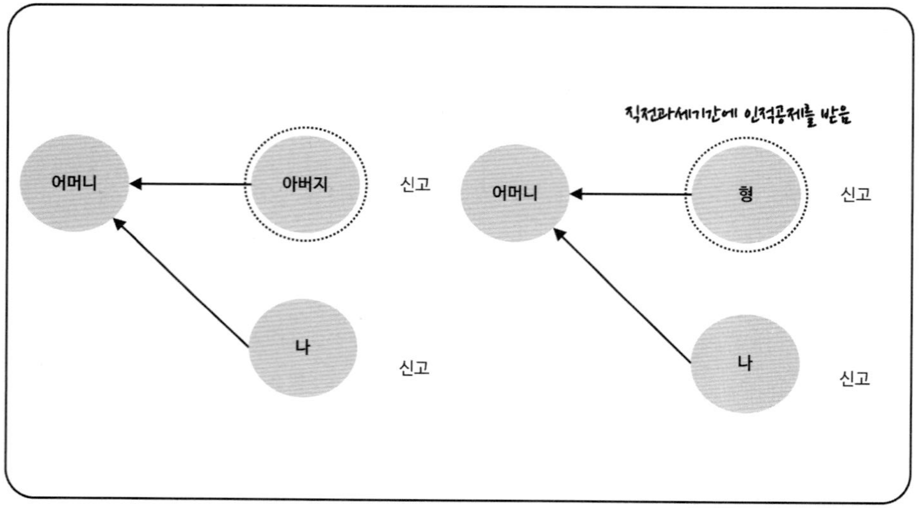

· **인적공제의 중복적용 배제**

1. 원칙 : 신고서에 따름

2. 예외 : 중복신고 등의 경우 다음의 순서대로 적용함
① 배우자
② 직전과세기간 인적공제 받은 자
③ 해당과세기간 종합소득금액이 많은 자

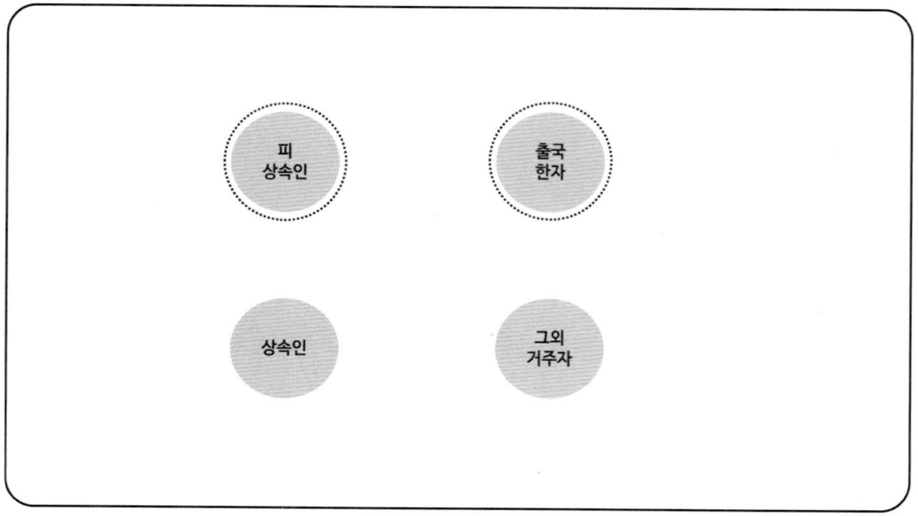

· **사망 또는 출국의 경우**

해당 과세기간의 중도에 사망하였거나 외국에서 영주하기 위하여 출국한 거주자의 공제대상가족으로서 상속인 등 다른 거주자의 공제대상가족에 해당하는 사람에 대해서는 **피상속인 또는 출국한 거주자**의 공제대상가족으로 한다.

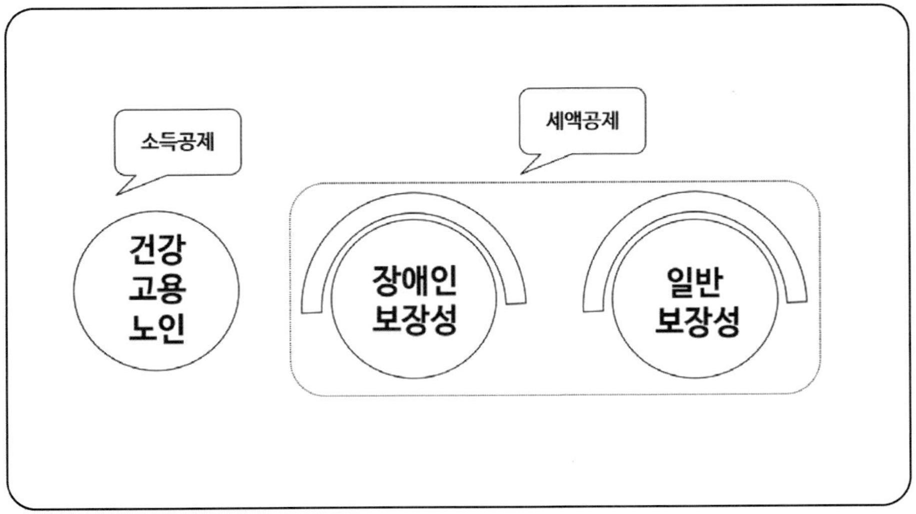

· **특별소득공제**

▪ **보험료공제**

<u>근로소득이 있는 거주자</u>(일용근로자는 제외)가 해당 과세기간에 국민건강보험법, 고용보험법 또는 노인장기요양보험법에 따라 근로자가 부담하는 보험료*를 지급한 경우 그 금액을 해당 과세기간의 근로소득금액에서 공제한다.

* 보험료공제대상에는 근로자부담분을 사용자가 대납한 부분도 포함한다.

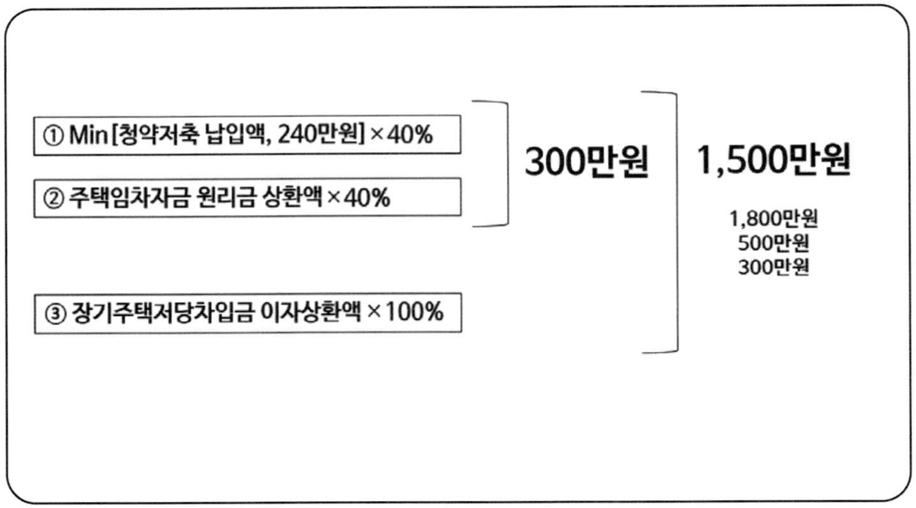

▪ **주택자금공제**

<u>근로소득이 있는 거주자</u>(일용근로자는 제외)가 해당 과세기간에 주택자금을 지출한 경우에는 일정금액을 근로소득금액에서 공제한다.

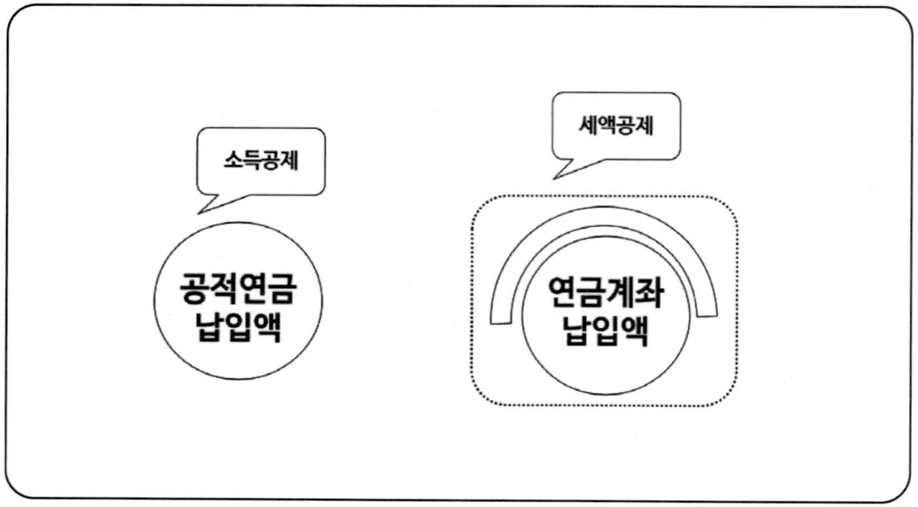

· **연금보험료공제**

<u>종합소득이 있는 거주자</u>가 공적연금 관련법에 따라 납입하는 기여금 또는 개인부담금을 종합소득금액에서 공제하는데 이를 연금보험료공제라 한다.

* 종합소득공제액이 종합소득금액을 초과하는 경우 그 초과하는 금액을 한도로 연금보험료공제를 받지 아니한 것으로 본다.

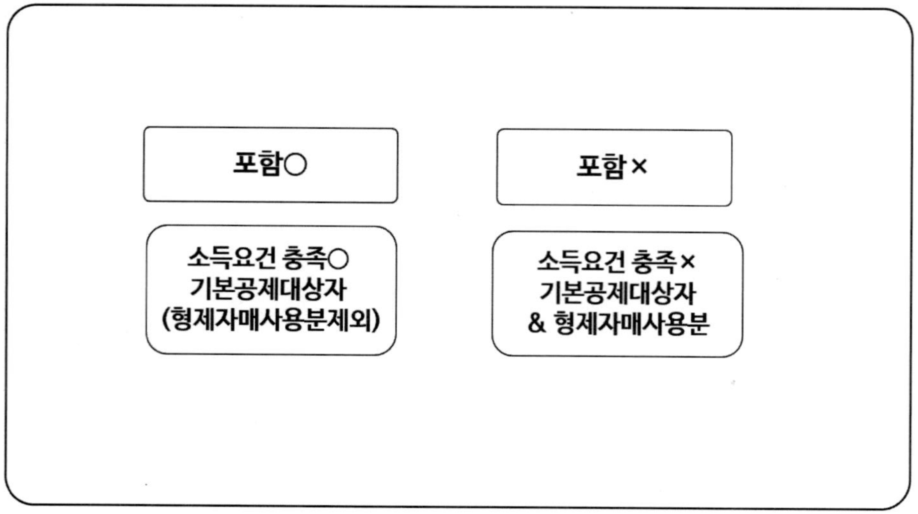

· **신용카드 등 사용금액에 대한 소득공제(근로소득자)**

신용카드사용자의 범위
(나이요건×, 소득요건○, 형제자매사용분 제외)

포함○	포함×
의료비 학원비	매출파악× 이중혜택방지 제재

· **신용카드 등 사용금액에 대한 소득공제**

신용카드 등 사용금액 제외대상
(학원비, 의료비는 무조건 공제대상에 포함)

Min[①, ②]

① 공제대상 : (신용카드 등 사용액−총급여×25%) × 15%(30%)

② 한도 : Min(총급여×20%,3)+Min(전통×30%, 1)+Min(대중×30%, 1)

· **소득공제액의 계산**

구분	사용금액	최저사용금액	초과사용금액	공제율	공제대상액
① 전통시장	6		6	30%	1.8
② 대중교통	3.2		3.2	30%	0.96
③ 직불카드	7	4	3	30%	0.9
④ 신용카드	9	9		15%	
합계	25.2	13			3.66

Min[①, ②] = 3.66

① 3.66

② 4.96 = Min(52×20%,3)+Min(6×30%, 1)+Min(3.2×30%, 1)

· 사례

제7장
종합소득세액의 계산

· 세액공제

구 분	소득세법	법인세법
①배당세액공제	○	×
②기장세액공제	○	×
③전자계산서 발급·전송에 대한 세액공제	○	×
④외국납부세액공제	○	○
⑤재해손실세액공제	○	○
⑥근로소득세액공제	○	×

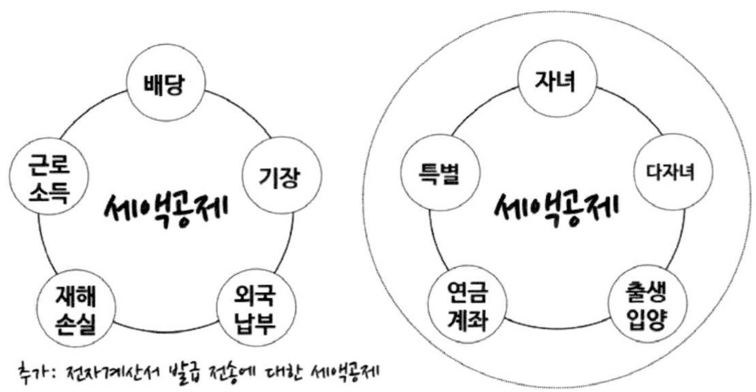

· 자녀세액공제(종합소득자)

기본공제대상자에 해당하는 자녀(입양자 및 위탁아동 포함)가 있는 경우 일정금액을 종합소득산출세액에서 공제한다.

1. 기본공제　2명 × 15만원 + (공제대상자녀수 - 2명) × 30만원

2. 추가공제　(6세 이하 공제대상자녀수 - 1명) × 15만원

출산 입양 공제대상자녀 30만원(첫째), 50만원(둘째), 70만원(셋째이상)

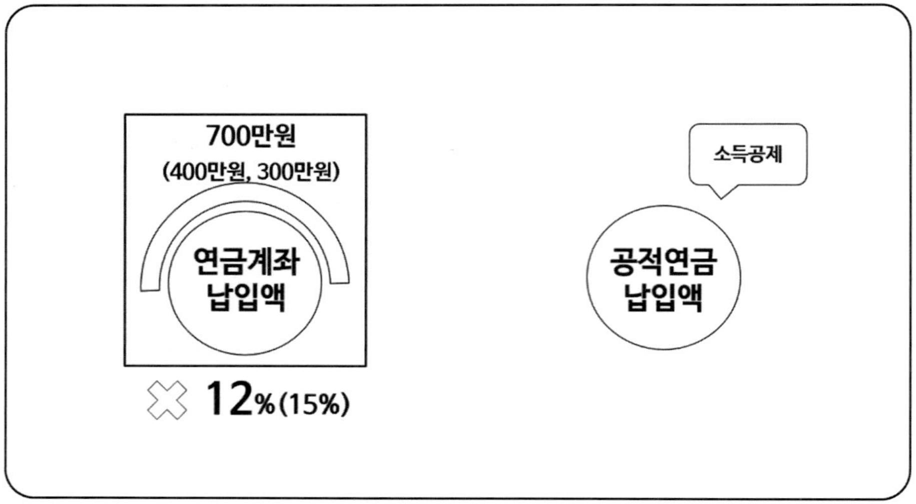

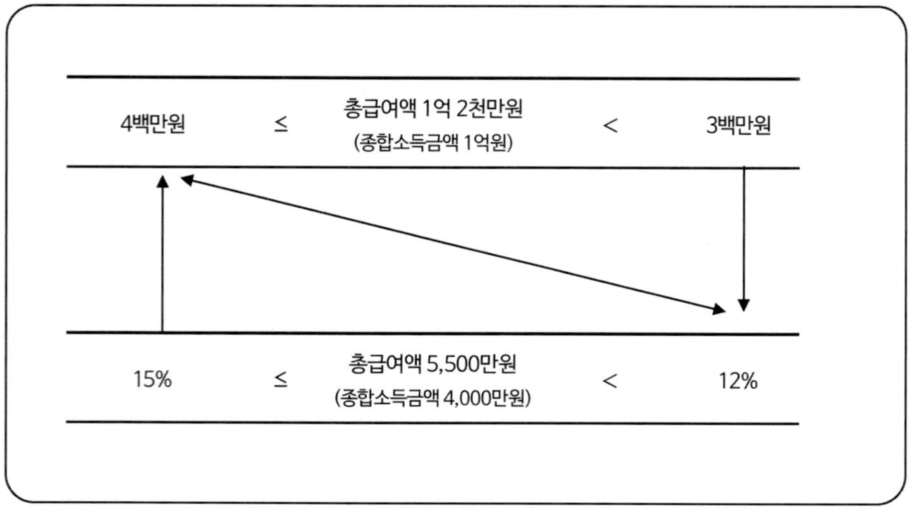

· **연금계좌세액공제**

연금계좌세액공제 : Min [①,②] × 12%(15%)
① Min [연금저축계좌납입액, 400만원(300만원)] + 퇴직연금계좌납입액
② 700만원

총급여액	공제율	저축계좌 한도
5,500만원 이하	15%	4백만원
5,500만원 초과 ~ 1억 2천만원 이하	12%	4백만원
1억 2천만원 초과	12%	3백만원

* 종합소득금액은 4,000만원, 1억원 기준이다.

근로소득 有	특별소득공제와 특별세액공제 or 표준세액공제13만원
근로소득 無	기부금세액공제 and 표준세액공제 7만원(12만원)

* 사업소득만 있는 자는 기부금세액공제를 적용하지 않는다.

· 특별세액공제

* 주택청약종합저축공제, 정치자금기부금·우리사주조합기부금 세액공제는 조세특례제한법상의 소득공제·세액공제로서 표준세액공제와 중복적용이 가능하다.

소득세법상 성실사업자 C = A + B

구분	소득세법 요건	조특법 요건	
A	○	○	→ 조특법상 성실사업자
B	○	×	→ A외의 성실사업자

· 성실사업자의 요건

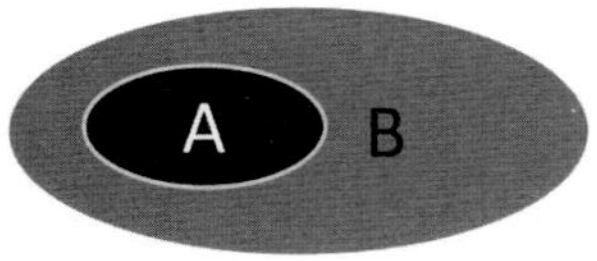

· A : 조세특례제한법상 성실사업자

· B : A외의 소득세법상 성실사업자

- 사업소득만 有 : 표준세액공제(7만원)
- 이외 경우 : 기부금세액공제 + 표준세액공제(7만원)

소득세법상 성실사업자(A+B)는 표준세액공제(7만원) 대신에 다음을 적용받을 수 있다.

- A : 의료비·교육비·월세세액공제 또는 표준세액공제(12만원)
- B : 표준세액공제(12만원)

· 소득세법상 성실사업자 : A + B

① 조세특례제한법에 따른 성실사업자와 성실신고확인 대상사업자로서 성실신고확인서를 제출한 자는 의료비세액공제와 교육비세액공제를 받을 수 있다.

② 소득세법에 따른 성실사업자는 의료비·교육비세액공제를 신청하지 않은 경우 12만원의 표준세액공제를 적용한다.

	나이	소득
보험료	○	○
의료비	×	×
교육비	×	○
기부금	×	○

· 항목별 세액공제

장애인전용 보장성보험료 : 기본공제대상자 중 장애인은 연령요건은 불문한다.

장애인 특수교육비 : 기본공제대상자 중 장애인은 나이요건 뿐만 아니라 소득요건도 불문한다.

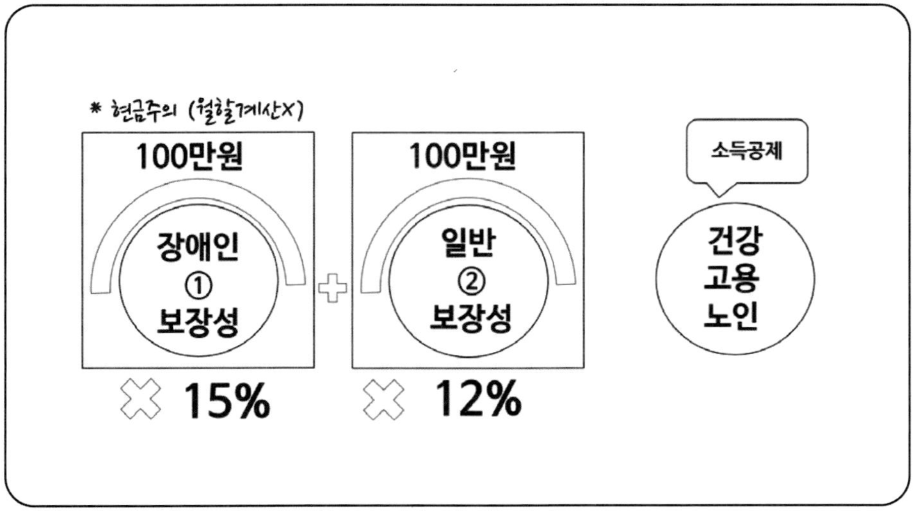

· **보험료 세액공제**(근로소득자)

보험료세액공제액 = (①×15%) + (②×12%)
① 장애인전용보장성보험료 : Min[보험료지급액, 연 100만원]
② 일반 보장성보험료 : Min[보험료지급액, 연 100만원]

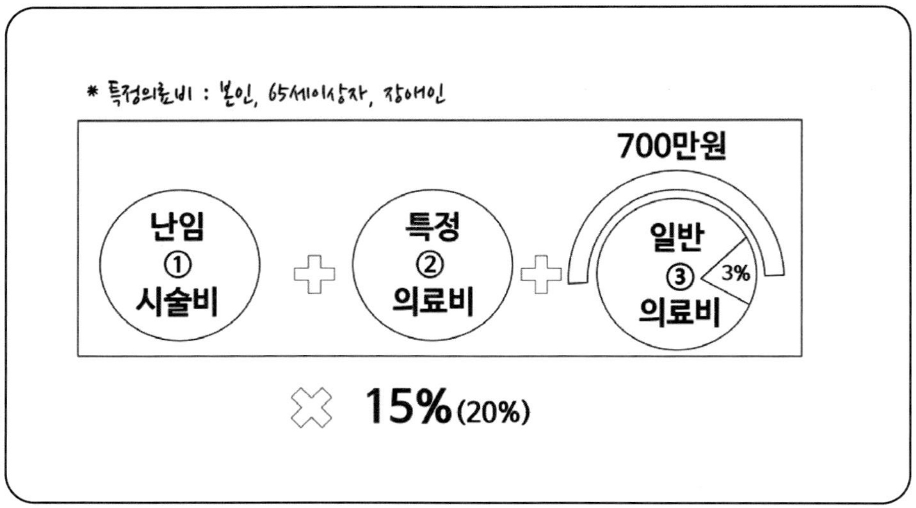

· **의료비 세액공제**(근로소득자, 조특법상 성실사업자)

의료비 세액공제액 = ① × 20% (②+③) × 15%
① 난임시술비
② 본인·과세기간종료일 현재 65세이상자·장애인을 위한 의료비 → 한도 無
②Min[①, ② 이외의 의료비 - 총급여(사업소득금액) × 3%, 700만원]

1. ③의 금액이 부(-)인 경우에는 의료비세액공제액 계산시 ②의 금액에서 뺀다.
2. ① 이외의 의료비 합계액이 총급여액의 3%에 미달하는 경우에는 그 미달하는 금액을 ①에서 뺀다.
3. 조특법상 성실사업자는 ①에 20% 대신 15%를 적용한다.

구분	지출액 (A)	총급여 × 3% (B)	초과지출액 (A-B)	공제율	세액공제액
① 난임시술비				20%	
② 특정의료비				15%	
③ 일반의료비			한도 700만원	15%	
합계					

- 공제대상 의료비 포함

① 치료(양약, 한약)
② 시력보정용 안경, 렌즈 1인당 50만원
③ 보청기
④ 장애인 보장구

- 공제대상 의료비 제외

① 해외 의료기관에 지출한 비용
② 미용·성형수술을 위한 비용
③ 건강증진을 위한 의약품 구입비용

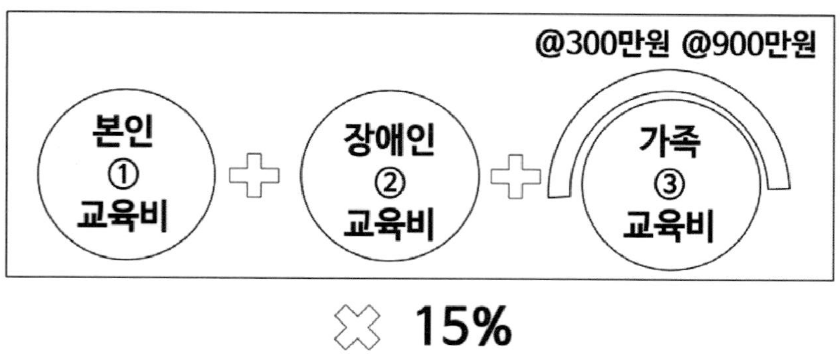

· **교육비 세액공제**(근로소득자, 조특법상 성실사업자)

교육비세액공제액 = (①+②+③) × 15%
①본인을 위한 일반교육비→한도 無
②Min [부양가족(직계존속, 기초생활수급자 제외)을 위한 일반교육비, 한도*]
③장애인특수교육비(직계존속,, 기초생활수급자 포함, 소득의 제한을 받지 않음)→한도 無

* 한도
① 대학생 : 1명당 연 900만원
② 초등학교 취학전 아동, 초·중·고등학생 : 1명당 연 300만원

	본인	가족
대학원	전액	×
대학교	전액	900만원
초중고	전액	300만원
유치원 등	전액	300만원

▪ 공제대상 교육비 포함

① 수업료
② 교재비
③ 급식비
④ 교복비 1인당 50만원(중, 고) 초×
⑤ 체험학습비 1인당 30만원(초, 중, 고) 취학전×
⑥ 국외교육비

학원

원칙 : ×
예외 : 부양가족 취학전 아동(월단위 1주 1회)

대학원 (시간제과정, 직업능력훈련개발시설 ← 성실사업자×)

원칙 : ×
예외 : 본인

▪ 공제대상 교육비 제외

① 취학전 아동이 아닌 자에 대한 학원비
② 부양가족에 대한 대학원비

Only 사업소득	필요경비
Only 이외소득	세액공제
Both사업+이외	필요경비+세액공제

* 연말정산대상 사업소득자는 기부금세액공제

· **기부금세액공제(종합소득자)**

→사업소득만 있는 자는 제외하되 연말정산대상 사업소득자는 포함

거주자(사업소득만 있는 자는 제외하되, 연말정산대상 사업소득만 있는 자는 포함함)가 해당 과세기간에 지급한 기부금이 있는 경우 다음의 세액공제대상 기부금 금액의 15%(해당 금액이 2천만원을 초과하는 경우 그 초과분에 대해서는 30%)에 해당하는 금액을 종합소득산출세액(필요경비에 산입한 기부금이 있는 경우 사업소득에 대한 산출세액은 제외함)에서 공제한다.

지출 150 한도 100 필요경비 100

지출 150 한도 100 세액공제 100 × 15%(30%)

지출 150 한도 100 필요경비 40, 세액공제 (100 - 40) × 15%(30%)

· **기부금세액공제**

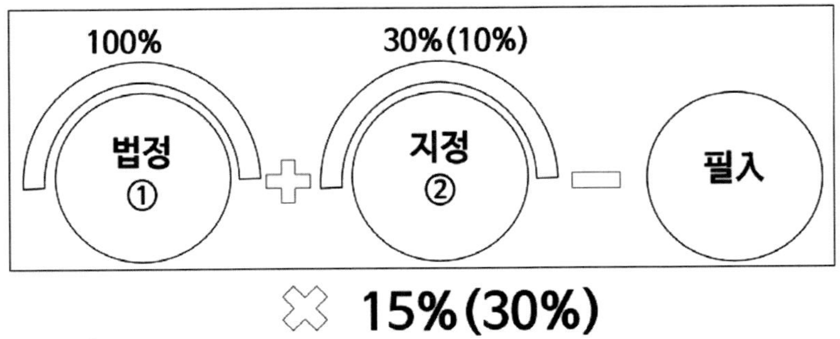

세액공제대상기부금

기부금 세액공제액 = (①+②+③-필요경비산입액) × 15%(30%*)

① 법정기부금→한도 無

② Min[우리사주조합기부금, 한도]

③ Min[지정기부금, 한도]

* 세액공제대상 기부금이 2천만원을 초과하는 경우 그 초과분에 대해서는 30%를 적용한다.

Max[①, ②]

① 일반 : 2천만원 x 14%(9%) + (과표-2천만원) x 기본세율

② 비교 : 금융소득 x 14%(9%, 25%) + 타소득과표 x 기본세율

· 세액계산의 특례

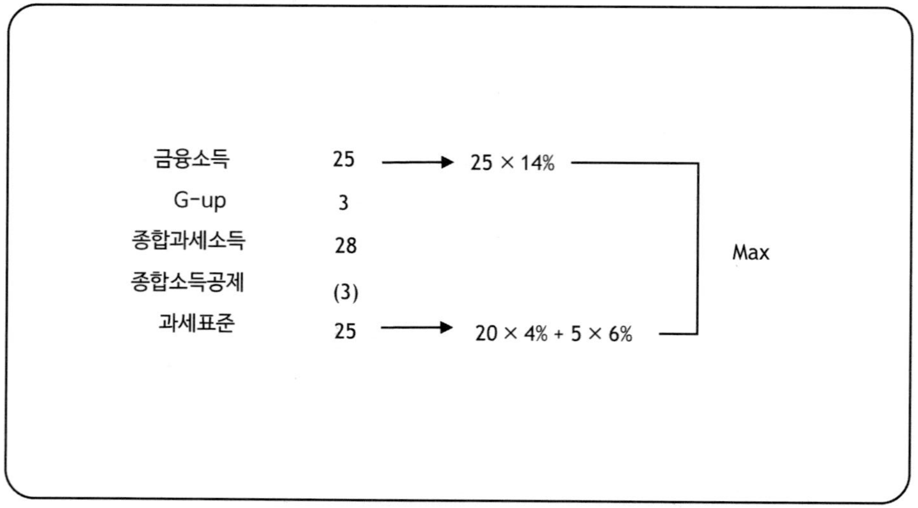
금융소득 25 → 25 × 14%
G-up 3
종합과세소득 28
종합소득공제 (3)
과세표준 25 → 20 × 4% + 5 × 6%
Max

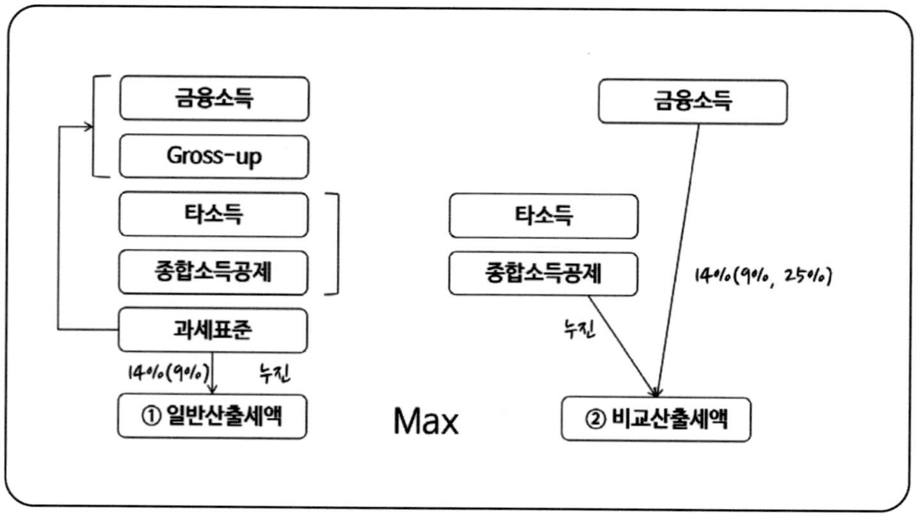
금융소득
Gross-up
타소득
종합소득공제
과세표준
14%(9%)
누진
① 일반산출세액
Max
금융소득
타소득
종합소득공제
14%(9%, 25%)
누진
② 비교산출세액

- **일반산출세액**

2,000만원 적용세율
종합과세기준금액(2,000만원)에 14%를 적용하되,
종합과세기준금액(2,000만원)에 고배당기업으로부터 받은
배당소득이 있을 경우 그 배당소득에 대해서는 9%를 적용한다.

- **비교산출세액**

원천징수세액
① 비영업대금이익 → 25%,
② 종합과세기준금액(2,000만원)에포함된고배당기업주식배당 → 9%
③ 나머지금융소득 → 14%

① 일반산출세액
② 비교산출세액

B + C ≤ 2천만원 < B + C

↓ ② ↓ Max[①, ②]

금융소득금액이 2천만원 이하인 경우에는 비교산출세액을 종합소득산출세액으로 한다.

출자공동사업자 배당소득 있는 경우의 비교산출세액 계산

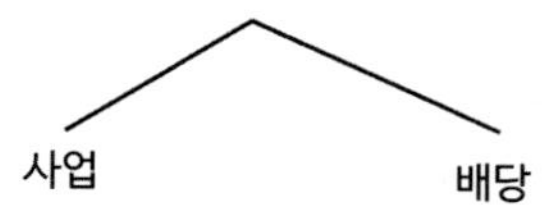

비교산출세액 : 금융소득 × 원천t + Max [①, ②]

① 타소득과표 × 기본t

② (타소득과표 - 출자) × 기본t + 출자 × 14%

· 세액공제

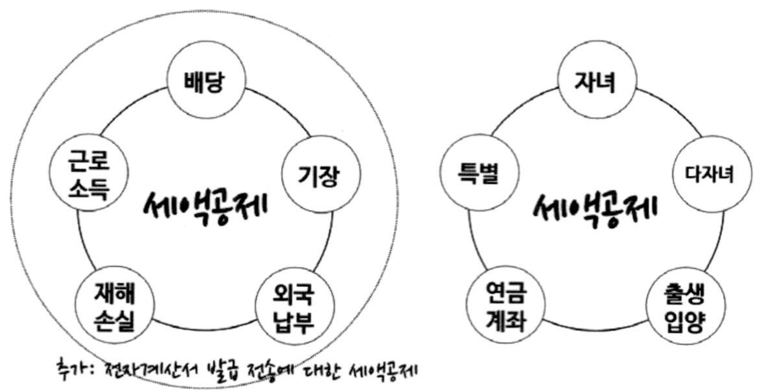

· Gross-up 제도 vs 수입배당금 익금불산입

G-up
90 + 10 = 100 → ×t → 30
(10) 배당세액공제
20

수입배당금 익
90 - 20 = 70 → ×t → 7

· 배당세액공제(배당소득자)

종합소득산출세액 − 배당세액공제 ≥ 비교산출세액

Min [①, ②]

① 귀속법인세

② 종합소득산출세액-비교산출세액

종합소득산출세액 − 비교산출세액 ≥ 배당세액공제

Min [①, ②]

① 기장소득산출세액 × 20%

② 100만원

	간편장부대상자 소규모	간편장부대상자 일반	복식부기 대상자
기장세액공제	○	○	×
무기장가산세	×	○	○

· **기장세액공제**(간편장부대상자 & 복식부기기장)

간편장부대상자가 종합소득과세표준 확정신고를 할 때 **복식부기**에 따라 기장하여 소득금액을 계산하고 기업회계기준을 준용하여 작성한 재무상태표·손익계산서와 그 부속서류 및 합계잔액시산표와 조정계산서를 제출하는 경우에는 종합소득산출세액에서 기장세액공제액을 공제한다.

무기장 가산세 : 기장안된 사업소득금액

$$\text{Min}\begin{cases} \text{산출세액} \times \dfrac{\text{기장된 사업소득금액}}{\text{종합소득금액}} \times 20\% \\ \text{한도 100만원} \end{cases}$$

무기장 가산세 : 한도×

▪ 기장세액공제적용을 배제

① 비치·기록한 장부에 의하여 신고하여야 할 소득금액의 20% 이상을 누락하여 신고한 경우
② 기장세액공제와 관련된 장부 및 증명서류를 해당 과세표준 확정신고기간 종료일부터 5년간 보관하지 아니한 경우. 다만, 천재지변 등의 사유로 보관하지 않은 경우는 그러하지 아니하다.

전자계산서 발급·전송에 대한 세액공제 = Min[발급건수×200원, 연 100만원]

· 전자계산서 발급·전송에 대한 세액공제(사업자)

사업자가 전자계산서를 2018. 12. 31.까지 발급(전자계산서 발급명세를 발급일의 **다음날**까지 국세청장에게 전송하는 경우에 한함)하는 경우에는 전자계산서 발급·전송에 대한 세액공제액을 해당 과세기간의 사업소득에 대한 종합소득산출세액에서 공제할 수 있다.

Min[①, ②]

① 외국납부세액

② 국외원천소득산출세액

· 외국납부세액공제(국외원천소득자)

외국납부세액이 공제한도를 초과하는 경우 그 초과하는 금액은 해당 과세기간의 다음 과세기간부터 **5년**이내에 끝나는 과세기간으로 이월하여 그 이월된 과세기간의 공제한도 범위에서 공제받을 수 있다.

구분		5년간 이월공제	필요경비산입 가능여부
종합소득	사업소득	○	○
	그외소득	○	×
퇴직소득		×	×
양도소득		×	○

국외	국내	합계
100	100	200
		(50)
		150
		× t
		30
		(15)

(15) ← Min[50, 15]

$30 \times \frac{100}{200}$ → 15

Min [①, ②]

① 사업소득세액 x 재해상실비율

② 상실된 자산가액

· **재해손실세액공제**(사업자)

사업자가 해당 과세기간에 천재지변이나 그 밖의 재해로 인하여 자산총액의 **20% 이상**에 해당하는 자산을 상실하여 납세가 곤란하다고 인정되는 경우에는 다음의 사업소득에 대한 소득세액에 재해손실세액공제액을 그 세액에서 공제한다.

① 재해 발생일 현재 부과되지 아니한 소득세와 부과된 소득세로서 미납된 소득세액(가산금포함)
② 재해 발생일이 속하는 과세기간의 소득에 대한 소득세액

Min [①, ②]

① **130만원 이하 세액 × 55% or 715,000 + 130만원 초과 세액 × 30%**

② **74만원, 66만원, 50만원**

산출세액 × $\frac{\text{근로소득금액}}{\text{종합소득금액}}$

130만원 이하 : 세액 × 55%

130만원 초과 : 715,000 + (세액 - 130만원) × 30%

· **근로소득세액공제**(근로소득자)

구분	세액공제
모든	외국납부세액공제 자녀세액공제 연금계좌세액공제
금융	배당세액공제 기부금세액공제 표준세액공제
사업	기장세액공제 재해손실세액공제 표준세액공제
근로	근로소득세액공제 특별세액공제

· **세액공제정리**

월세세액공제액 = Min [월세액, 750만원] × 10%

· **월세세액공제(근로소득자)**

과세기간 종료일 현재 주택을 소유하지 아니한 세대주 [세대주가 월세세액공제 및 주택자금공제(청약저축공제제외)를 받지 아니하는 경우에는 세대의 구성원을 말함] 로서 해당 과세기간의 **총급여액이 7천만원 이하**인 근로소득이 있는 자(해당 과세기간에 종합소득과세표준을 계산할 때 합산하는 **종합소득금액이 6천만원을 초과하는 사람은 제외**)가 월세액을 지급하는 경우 월세세액공제액을 해당 과세기간의 종합소득산출세액에서 공제한다.

Min [①, ②]

① 종합과세기준금액(2,000만원)*을 초과하는 고배당기업 주식의 배당소득 × 5%

② 한도 : 2,000만원

* 이 경우 종합과세기준금액(2,000만원)의 구성순서는 다음과 같다.

① 이자소득
② Gross-up 불가(법인단계요건 불충족) 배당소득
③ Gross-up 가능(법인단계요건 충족) 배당소득 중 고배당기업의 배당소득
④ Gross-up 가능(법인단계요건 충족) 배당소득 중 고배당기업의 배당소득 이외 배당소득

· **고배당기업 주식의 배당에 대한 세액공제**

제8장

퇴직소득세

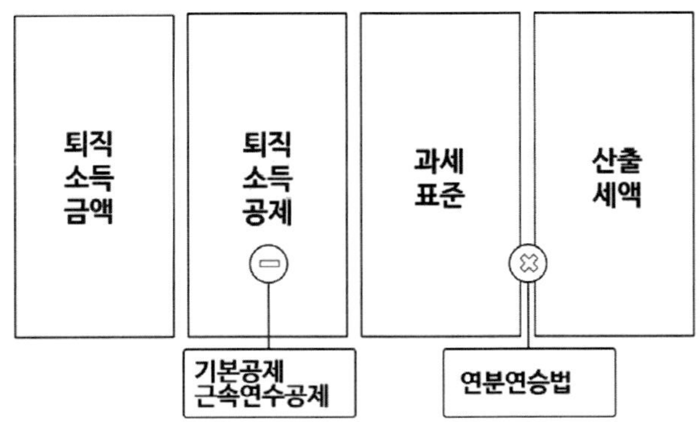

퇴 직 소 득 금 액
(−) 퇴 직 소 득 공 제 → 기본공제 40% / 근속연수공제 年
과 세 표 준
(×) 세 율
산 출 세 액 → $과세표준 \times \frac{5}{근속연수} \times 기본세율 \times \frac{근속연수}{5}$

· **퇴직소득세**

퇴직소득 산출세액 − 외국납부세액공제 = 퇴직소득결정세액

* 외국납부세액공제 ➡ 필요경비산입×, 이월공제×

퇴직일이 속하는 과세기간	퇴직소득산출세액
2016년	종전규정에따른 퇴직소득 산출세액 × 80% +개정규정에따른 퇴직소득 산출세액 × 20%
2017년	종전규정에따른 퇴직소득 산출세액 × 60% +개정규정에따른 퇴직소득 산출세액 × 40%
2018년	종전규정에따른 퇴직소득 산출세액 × 40% +개정규정에따른 퇴직소득 산출세액 × 60%
2019년	종전규정에따른 퇴직소득 산출세액 × 20% +개정규정에따른 퇴직소득 산출세액 × 80%

· **종전규정 퇴직소득세 산출세액**

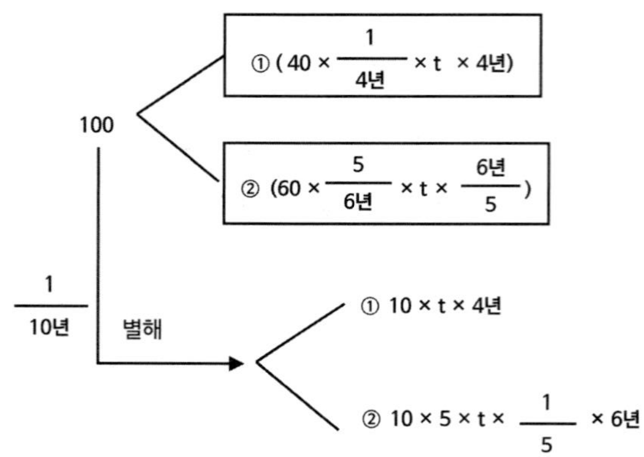

· 개정규정 퇴직소득세 산출세액

환 산 급 여 ⟶ (퇴직소득금액 - 근속연수공제) × $\frac{12}{근속연수}$

(-)환산급여공제

과 세 표 준

(×)세 율

산 출 세 액 ⟶ 과세표준 × 기본세율 × $\frac{근속연수}{12}$

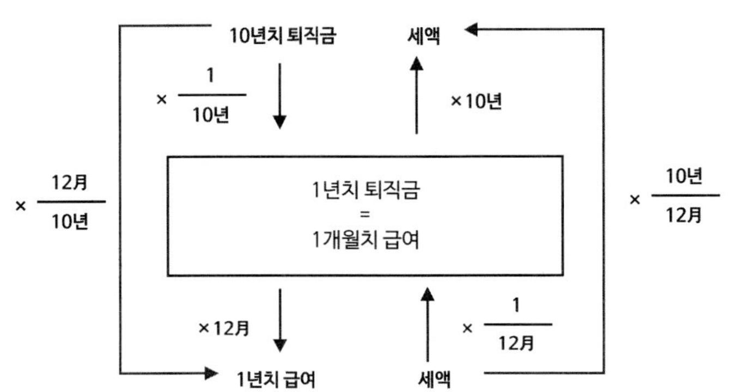

구분	수입시기
① 일반적인 퇴직소득	퇴직한 날 ➞ 연금외수령한 날 ×
② 국민연금법에 따른 일시금과 건설근로자의 고용개선 등에 관한 법률에 따른 퇴직공제금	소득을 지급받는 날 (분할하여 지급받는 경우에는 최초로 지급받는 날)

· 퇴직소득 수입시기

퇴직소득 = 과세기준금액 - 과세제외기여금 + 연체이자

국민연금	Min[a, b]
공무원연금	일시금 × $\frac{②}{① + ②}$

· 공적연금 일시금

퇴직소득금액 = 과세기준금액 - 과세제외기여금+연체이자

* 공적연금 관련법에 따라 일시금 퇴직소득을 지급하는 자가 퇴직소득의 일부 또는 전부를 지연하여 지급하면서 지연지급에 따른 이자를 함께 지급하는 경우 해당 이자는 퇴직소득으로 본다.

과세기준금액
국민연금 및 연계노령연금 : Min [a, b]

a.과세기준일 이후 납입한 연금보험료(사용자 부담분 포함)의 누계액 + 이에 대한 이자 및 가산이자
b.실제 지급받은 일시금 - 과세기준일 이전에 납입한 연금보험료(사용자 부담분 포함)

법인세법		법인	개인
한도	내	손금	퇴직소득
	초과	손不(상여)	근로소득

소득세법		개인
한도	내	퇴직소득
	초과	근로소득

직전3년 연평균 총급여액 × 10% × 근속연수 × 3배

1개월 미만 → 1개월

· 회사규정 有 : by 회사규정
· 회사규정 無 : by 세법규정 → 직전1년 총급여액 × 10% × 근속연수

1개월 미만 → 절사

· 임원퇴직소득 한도

구분		소득구분
1번 퇴직금(2012.1.1 이전분)		퇴직소득
2번 퇴직금(2012.1.1 이후분)	한도내	퇴직소득
	한도초과	근로소득

제9장

종합 · 퇴직소득세의 납세절차

대상	사업소득자
절차	원칙 : 고지납부(직전실적)
	예외 : 신고납부(당기실적)

의무 × : 신규사업자, Almost 원천징수된자, 수시부과된 자

소액부징수 : 30만원 미만

납부 → 분납가능

당기실적기준

해야한다. → 직전(1년) 납부세액 無

할수있다. → 당기(6月) 납부세액 少 〈 직전(1년) 납부세액 × 30%

· **중간예납세액**(종합소득 중 사업소득이 있는 자)

중간예납세액이란 종합소득 중 사업소득이 있는 거주자에 대해서 1월 1일부터 6월 30일까지의 기간을 중간예납 기간으로 하여 납세지 관할세무서장이 이 기간에 대한 소득세를 결정하여 징수한 세액을 말한다.
➡ 퇴직소득·양도소득에 대해서는 중간예납이 없다.

원천징수세액	다음달 10일
납부	원칙 : 월별납부
	예외 : 반기별납부

반기별 납부 직전 월평균 상시고용인원 20명 이하 & 승인, 지정

금융보험업 제외, 인정상여등 제외

· **원천징수세액**

원천징수세액이란 거주자 또는 비거주자가 원천징수 대상이 되는 소득을 지급받는 경우에 그 소득을 지급하는 자로부터 원천징수당한 세액을 말한다.

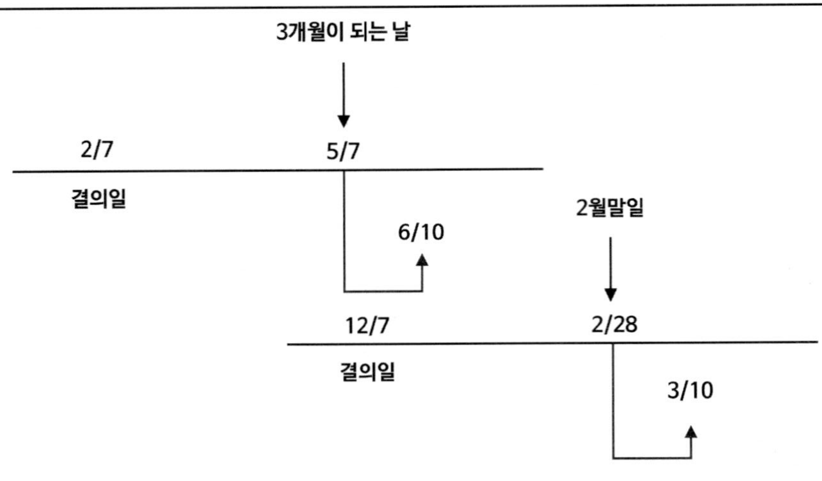

· **원천징수시기의 특례**

▪ **배당소득**
잉여금의 처분에 의한 배당소득의
미지급 : 처분결의일부터 3개월이 되는 날.
단, 11월 1일부터 12월 31일 사이에 결정된 처분에 따라 다음 연도 2월 말일까지 배당소득을 지급하지 아니한 경우에는 다음 연도 2월 말일

▪ **근로소득**
법인의 잉여금처분에 의한 상여의
미지급 : 처분결의일로부터 3개월이 되는 날. 단, 그 처분이 11월 1일부터 12월 31일 사이에 결정된 경우로서 다음 연도 2월 말일까지 그 상여를 지급하지 않은 때에는 2월 말일

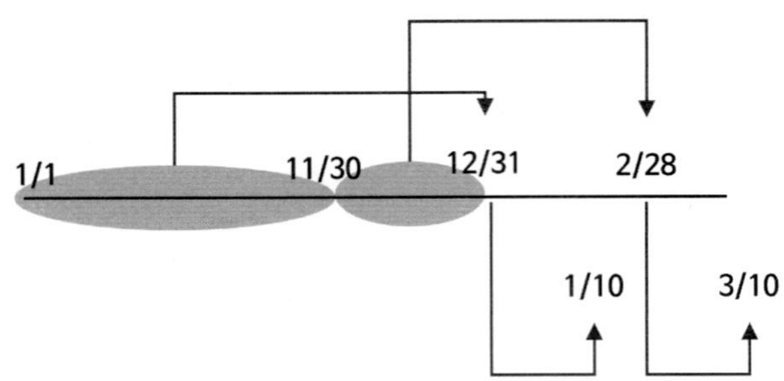

미지급소득에 대한 원천징수세액 → 대납 → 업무무관가지급금 ×

▪ **근로소득**
① 1월부터 11월까지의 급여액의 미지급 : 12월 31일
② 12월분의 급여액의 미지급 : 2월 말일

▪ **퇴직소득**
① 1월부터 11월까지의 퇴직한 자의 퇴직급여액의 미지급 : 12월 31일
② 12월에 퇴직한 자의 퇴직급여액의 미지급 : 2월 말일

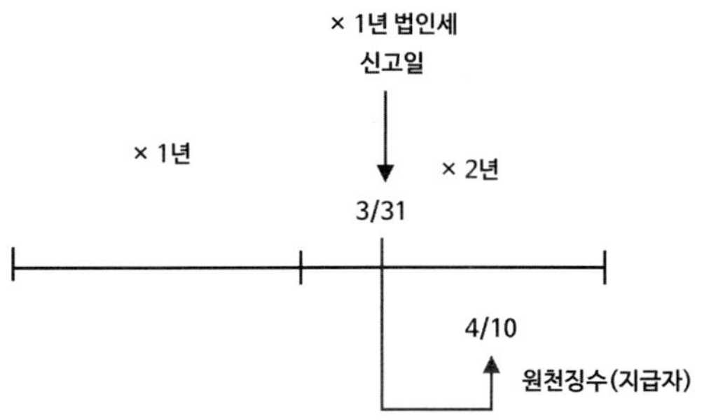

〈참고〉 소득자 귀속시기

· 인정배당·기타소득 : × 2년 소득

·인정상여 : × 1년 소득

▪ 법인세법상 소득처분에 의한 배당·상여·기타소득

▪ 법인세 과세표준을 신고하는 경우 : 그 신고일 또는 수정신고일

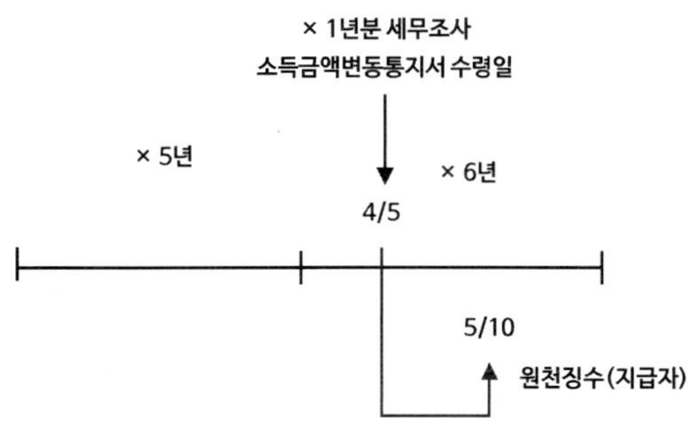

〈참고〉 소득자 귀속시기

· 인정배당·기타소득 : × 2년 소득

· 인정상여 : × 1년 소득

▪ 법인세법상 소득처분에 의한 배당·상여·기타소득

▪ 법인세 과세표준을 결정 또는 경정하는 경우 : 소득금액 변동통지서를 받은 날

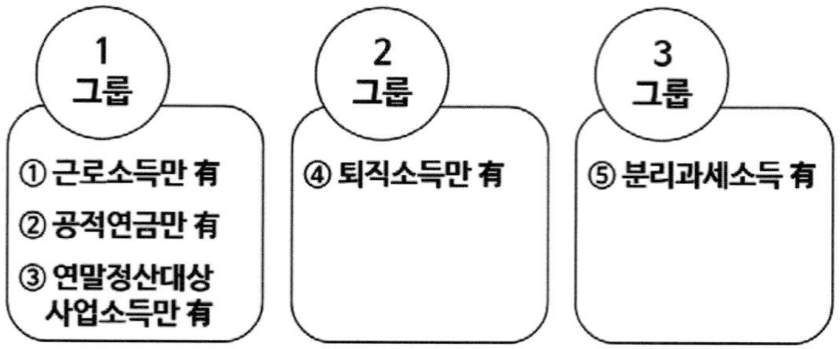

· **확정신고의무의 면제**

해당연도의 종합소득금액·퇴직소득금액이 있는 거주자는 과세표준 확정신고를 하여야 하지만 일정한 경우 과세표준 확정신고를 하지 않아도 된다.

납부세액	납부기한	~2개월
2천만원 이하	1천만원	1천만원을 초과하는 금액
2천만원 초과	50% 이상	50% 이하의 금액

· **분납**

중간예납세액·부동산매매업자의 토지 등 매매차익 예정신고납부세액·확정신고납부할 세액이 각각 1천만원을 초과하는 자는 그 납부할 세액의 일부를 납부기한이 지난 후 2개월 이내에 분할납부할 수 있다.

구분	내용	
대상자	해당연도 총수입금액 기준금액 이상인자	
제출	성실신고확인서 제출	
혜택	확정신고기한 연장	세액공제
재제	가산세	세무조사 수시선정사유

· 성실신고확인제도

성실신고확인제도란 개인사업자의 성실신고를 유도하기 위해 수입금액이 업종별로 일정규모 이상의 개인사업자의 경우 종합소득과세표준 확정신고시 세무사 등이 장부기장 내용의 정확성 여부를 확인하고 작성한 성실신고확인서를 의무적으로 제출하도록 하는 것이다.

저자약력

양소영

아주대학교 경영학과 졸업
43회 공인회계사시험 합격
45회 세무사시험 합격

前 한국중부발전 근무
삼정회계법인 근무
아이파 부산경영아카데미 세법 강사
나무경영아카데미 세법 강사
現 KG패스원(미래경영아카데미) 세법 강사

〈주요저서〉

세법스케치(비앤엠북스)
세법첫걸음(공저, 도서출판 가치산책)
지니세법(공저, 도서출판 가치산책)
세무회계연습(공저, 도서출판 가치산책)
공인회계사 1차 기출문제집 세법(공저, 도서출판 지금)
세무사 1차 기출문제집 세법(공저, 도서출판 지금)

저자와의
협의하에
인지생략

세법스케치 Ⅱ

2017년 3월 20일 초판 인쇄
2017년 3월 24일 초판 1쇄 발행

저　자 : 양소영
발행인 : 정광식
발행처 : **비앤엠북스**
서울특별시 금천구 가산디지털1로 70 B1-103
등　록 2004. 12. 29. / 제313-2004-00298호
전　화 2627-5710~13, 팩스 2627-5720
홈페이지 www.대학교재.net
이 메 일 bnmbook@daum.net

가격 14,000원　ISBN 978-89-6821-060-0